FENOMENOLOGIA
E
GESTALT-TERAPIA

Dados Internacionais de Catalogação na Publicação (CIP)
(Câmara Brasileira do Livro, SP, Brasil)

Müller-Granzotto, Marcos José
Fenomenologia e Gestalt-terapia / Marcos José
Müller-Granzotto, Rosane Lorena Müller-Granzotto. 3. ed. –
São Paulo: Summus, 2016.

Bibliografia.
ISBN 978-85-323-0402-5

1. Fenomenologia 2. Gestalt-terapia
I. Müller-Granzotto, Rosane Lorena. II. Título.

07-5670   CDD-616.89143
                                                          NLM-WM 420

Índices para catálogo sistemático:

1. Fenomenologia e Gestalt-terapia : Ciências médicas   616.89143
2. Gestalt-terapia e fenomenologia : Ciências médicas   616.89143

Compre em lugar de fotocopiar.
Cada real que você dá por um livro recompensa seus autores
e os convida a produzir mais sobre o tema;
incentiva seus editores a encomendar, traduzir e publicar
outras obras sobre o assunto;
e paga aos livreiros por estocar e levar até você livros
para a sua informação e o seu entretenimento.
Cada real que você dá pela fotocópia não autorizada de um livro
financia o crime
e ajuda a matar a produção intelectual de seu país.

Marcos José Müller-Granzotto
Rosane Lorena Müller-Granzotto

FENOMENOLOGIA
E
GESTALT-TERAPIA

summus
editorial

FENOMENOLOGIA E GESTALT-TERAPIA
Marcos José Müller-Granzotto
Rosane Lorena Müller-Granzotto
Copyright © 2007 by autores
Direitos desta edição reservados por Summus Editorial

Editora executiva: **Soraia Bini Cury**
Assistentes editoriais: **Bibiana Leme e Martha Lopes**
Capa: **Daniel Rampazzo, baseado na obra "Mandala", de
Rosilene Chaves Horta, fotografada por Marcus Quint**
Projeto gráfico e diagramação: **Raquel Coelho/Casa de
Idéias**

2ª reimpressão, 2024

Summus Editorial
Departamento editorial
Rua Itapicuru, 613 – 7º andar
05006-000 – São Paulo – SP
Fone: (11) 3872-3322
http://www.summus.com.br
e-mail: summus@summus.com.br

Atendimento ao consumidor
Summus Editorial
Fone: (11) 3865-9890

Vendas por atacado
Fone: (11) 3873-8638
e-mail: vendas@summus.com.br

Impresso no Brasil

"O inacabamento da fenomenologia e seu andar incoativo não são o signo de um fracasso, eles eram inevitáveis porque a fenomenologia tem como tarefa revelar o mistério do mundo e o mistério da razão."

MERLEAU-PONTY

"Realidade nada mais é
Do que a soma das consciências
Experienciadas aqui e agora
Aparece então a última ciência
Como a unidade do fenômeno
Que Husserl descreveu
E a descoberta
Que Ehrenfels realizou:
O fenômeno irredutível
De toda consciência,
O nome que ele deu
Ainda hoje nós usamos: GESTALT."

PERLS

"Fenomenologia não é uma ciência fácil."

PERLS

Sumário

Introdução 13
Deriva da fenomenologia na clínica gestáltica:
da descrição das essências à etica

PARTE 1 – GÊNESE E CONSTRUÇÃO DE UMA CLÍNICA GESTÁLTICA, 29

1. FENOMENOLOGIA COMO PSICOLOGIA EIDÉTICA E A PRIMEIRA GERAÇÃO DA PSICOLOGIA DA GESTALT: DIVERGÊNCIAS 32

Franz Brentano: constituição intencional dos objetos imanentes...35
    Crítica ao associacionismo................................... 38
    Teoria da intencionalidade 41
    Psicologia descritiva... 43

Edmund Husserl: constituição intencional dos objetos transcendentes e o nascimento da fenomenologia como psicologia eidética 45
    Crítica de Husserl à noção brentaniana de imanência.......... 48
    Caráter universal das essências e a publicidade da consciência:
        os rudimentos da temática da correlação 49
    Intuição e significação: as duas "caras" da intencionalidade ... 54
    Transcendência dos objetos intencionais: rudimentos da
        temática do idealismo transcendental............................ 68

Psicologia descritiva como eidética: a fenomenologia........... 72
Conseqüências para a história da psicologia 74

Nascimento da psicologia da Gestalt (primeira geração da
Gestalttheorie) 75
Os enunciados empíricos da psicologia da Gestalt............... 78
A tese do isomorfismo 82
A tese da transobjetividade 83
A noção de "figura e fundo"... 85

Primeira geração da psicologia da Gestalt e a Gestalt-terapia .. 89

2. FENOMENOLOGIA COMO IDEALISMO TRANSCENDENTAL
E A SEGUNDA GERAÇÃO DA PSICOLOGIA DA GESTALT:
CONVERGÊNCIAS 96

Husserl: a fenomenologia transcendental do ego.................. 101
Crítica à noção de coisa-em-si e a passagem para o idealismo
transcendental..103
Redução fenomenológica 106
O ego transcendental 115
O problema do outro e a guinada ética da fenomenologia ..117
Conseqüências para a história da psicologia 123

Segunda geração de psicólogos da Gestalt: a consciência como
campo.. 124
Teoria de campo de Lewin..125
Teoria organísmica de Goldstein......................................127

3. PERLS LEITOR DA PSICOLOGIA DA GESTALT E A
CONSTRUÇÃO DE UMA CLÍNICA GESTÁLTICA.....................132

As intenções programáticas de Perls nos anos 1930 e 1940 ... 133

Da crítica à metapsicologia freudiana à "terapia da
concentração" na *awareness*... 136

Fundamentação teórica da terapia da concentração: releitura
gestáltica da psicanálise clássica 142

Leitura holística da psicologia da Gestalt............................. 145

Aplicação do "pensamento diferencial" de Salomon
Friedlaender... 147

Da "leitura diferencial" da teoria organísmica à teoria do ego
insubstancial... 152

Fluxograma de autores importantes para a construção de uma
clínica gestáltica... 154

PARTE 2 – LEITURA FENOMENOLÓGICA DA CLÍNICA GESTÁLTICA, 161

4. *AWARENESS* E INTENCIONALIDADE.................................. 172

Encontro com Paul Goodman e o nascimento
da Gestalt-terapia... 172

Releitura fenomenológica da noção de *awareness*.............. 175
Definição de *awareness*..176
Analogia entre o emprego fenomenológico da noção de
intencionalidade e o emprego gestáltico da noção de
awareness..182
Awareness e consciência...185

5. CONTATO E O *A PRIORI* DE CORRELAÇÃO...................... 191

Releitura fenomenológica da teoria organísmica: o contato
com *awareness*.. 191

Contato como *a priori* de correlação................................. 193

Fronteira de contato como um evento temporal.................. 196

Releitura fenomenológica da noção de ego insubstancial:
o agente do contato.. 199

6. *SELF* E TEMPORALIDADE... 203

Descrição geral do *self*.. 208

As funções do *self*.. 211

As dinâmicas do *self*.. 220

10 | Marcos José Müller-Granzotto Rosane Lorena Müller-Granzotto

Redução à consideração dinâmica do *self*..........220
Self como um sistema temporal 223
Aplicação do diagrama husserliano às dinâmicas do *self*..........231

O sentido ético da teoria do *self*..........236

PARTE 3 – CLÍNICA GESTÁLTICA DOS AJUSTAMENTOS NEURÓTICOS, 241

7. AJUSTAMENTOS NEURÓTICOS 247

Crítica à teoria freudiana da repressão (recalcamento)..........249

Teoria da inibição reprimida: figura e fundo da neurose 252
A inibição deliberada 252
A primeira etapa da repressão: a formação do hábito..........253
A segunda etapa da repressão: a formação reativa..........258
Definição de repressão 259

A neurose como perda das funções de ego (para a fisiologia secundária)..........261

Descrição dos ajustamentos neuróticos..........263

8. ÉTICA DA INTERVENÇÃO CLÍNICA NOS AJUSTAMENTOS NEURÓTICOS 280

Psicoterapia como "análise gestáltica"..........283

Psicoterapia como experiência de campo e a percepção do "outro"..........290
Campo como ser de indivisão: uma leitura merleau-pontyana..........291
A percepção de outrem..........296
Outrem como Tu..........300
O outro na experiência clínica 305

Fenomenologia e Gestalt-terapia ‖ 11

9. Estilo gestáltico de intervenção clínica nos
ajustamentos neuróticos 313

Contato inicial e configuração do campo clínico 314

O contrato clínico 318

Diagnose e intervenção clínica 325
Diagnose como experiência de campo 325
O método reversivo da inibição reprimida 327
Um exemplo de reversão 334
A função do olhar clínico no desencadeamento
das reversões 337

"Frustração habilidosa" como estilo de intervenção 339

Angústia e experimento clínico 347

Considerações finais: "a alta" 356

Referências bibliográficas 360

Introdução

Deriva da fenomenologia na clínica gestáltica: da descrição das essências à ética

I

Na obra *Gestalt-terapia*, Perls, Hefferline e Goodman se propõem a apresentar uma nova clínica psicoterapêutica balizada na fé perceptiva de que, na relação social, nós nos recriamos, sem deixarmos de ser o que sempre fomos. Nas palavras dos autores: "a natureza humana básica é em parte dada, [...] mas em parte, [...] *cria a si própria* [...]" (PHG[1], 1951, p. 90; grifo dos autores). Para os fundadores da GT[2] é como se, no contexto da relação terapêutica, os consulentes pudessem recriar formas de lidar com isso que, em cada qual, não muda, precisamente, suas histórias; histórias essas que não se limitam àquilo que denominamos de biografias. E não bastasse a dificuldade de se saber o que é uma história ou em que medida uma história se distingue de uma biografia; a questão que agora se nos impõe é compreender até que ponto, no contexto terapêutico, os consulentes recriam a si mesmos. Afinal, essa recriação pode se dar a expensas da aceitação incondicional do modo de pensar do terapeuta. De onde se depreende o seguinte problema clínico: "como arregimentar o poder de ajustamento criador do paciente sem forçá-lo a encaixar-se no estereótipo da concepção científica do terapeuta[?]" (*Ibidem*).

Conforme os autores em tela, essa forma de propor a questão já está contaminada pelo prévio juízo de que o clínico possa impor sua concepção científica ou, então, de que a relação terapêutica não implicará o próprio clínico, porquanto ele não passa de um "objeto da transferência do paciente" (*Ibidem*, p. 94). Em verdade, acreditam Perls, Hefferline e Goodman, o clínico "está em seu próprio crescimento dentro da situação, colocando sua pré-concepção em jogo" (*Ibidem*, p. 94-5). E já não podemos nos basear no mito de haver uma posição teórica inteiramente não sugestiva ou que não se deixe afetar na relação terapêutica. Há uma "contaminação" originária, a ponto de não podermos dizer se são as concepções do clínico que interferem na vida dos consulentes, ou se são as vivências dos consulentes que modificam as concepções teóricas do clínico. De onde se segue, da parte de Perls, Hefferline e Goodman, o reconhecimento de haver, no seio da experiência terapêutica, um "*a priori* de correlação", relativamente ao qual: as repetições e as criações, as certezas teóricas e as lacunas epistêmicas não são mais que dimensões. Ora, *self* é o nome que Perls, Hefferline e Goodman dão a esse *a priori* de correlação, do qual a experiência terapêutica é tão-somente um caso.

O reconhecimento do primado de um *a priori* de correlação não é exclusividade da GT. Meio século antes, o filósofo Edmund Husserl (1913) já havia enunciado, com base nas lições do mestre Franz Brentano (1874), a vigência desse domínio de implicação – a que denominou de "consciência transcendental". É verdade que, para Husserl, a plena compreensão desse *a priori* dependia de um trabalho de redução: passagem do nível empírico – praticado na linguagem cotidiana e científica – para um nível transcendental. Nesse nível, caberia ao fenomenólogo descrever não os objetos e os sujeitos empíricos envolvidos nas múltiplas experiências mundanas, mas o formato temporal da própria experiência, o qual consistiria na "presença originária" do "potencial" para o "atual"; a ponto de se poder dizer que, do ponto de vista dessa presença originária, a experiência consistiria num só campo temporal, numa só consciência transcendental. Ainda assim, Husserl admitia que os esclarecimentos fornecidos por uma investigação transcendental não fariam mais que exprimir, de maneira semanticamente "evidente", uma compreensão já presente em nossa inserção "ingênua" no mundo das coisas e de nossos semelhantes. Qual seja essa compreensão: que em todas as nossas experiências partimos da "prévia presença" daquilo que se manifesta desde si, como uma vivência que nos é própria; embora possamos considerar tal vivência tanto do ponto de vista objetivo (o que faz dela uma coisa) quanto do ponto de vista subjetivo (o que é o mesmo que considerá-la um ato humano). Eis novamente aqui o *a priori* de correlação, apenas que descrito empiricamente, enquanto apresentação do mundo dos objetos e do mundo psíquico como as duas facetas de um só campo fenomenal. A fenomenologia, por sua vez, seria a descrição estritamente temporal desse campo fenomenal – o que faz dele uma consciência transcendental, domínio puro dos modos de correlação entre os atos subjetivos (e respectivos vividos) e os modos de doação do mundo ele mesmo. O que ainda assim implica a paradoxal admissão de algo que não é, de antemão, um indivíduo, precisamente o campo fenomenal entendido como generalidade potencial ou, simplesmente, consciência transcendental. E talvez esteja aqui a razão pela qual, ao deparar com a proposta clínica de Perls e com a noção de *self* que ela ensejava, Goodman tenha sugerido a fenomenologia como referencial teórico mais apropriado para pensá-los. Afinal, em ambos os casos, trata-se de trabalhar com base em um fundo irredutível de potencialidades, em que não se pode dizer o que é meu e o que é do outro, o que é da cultura e o que é da natureza...

II

A fenomenologia que se pode ler nas páginas do *Gestalt-terapia* não se parece com aquela de Husserl, ao menos com a que se esforça para tratar o *a priori* de correlação como a presença originária do potencial para o atual. A descrição que os autores do livro *Gestalt-terapia* fazem do *a priori* de correlação tem antes ligação com os estudos que, na obra *Ego, fome e agressão* (1942), Perls fez das "patologias" à luz dos trabalhos de Goldstein (1933), especialmente de sua teoria da auto-regulação organísmica. No *Gestalt-terapia*, os autores retomam o tema da auto-regulação organísmica por compreenderem nele um modo de apresentação de uma criatividade espontânea, que vigeria mesmo na patologia. É como se a noção de auto-regulação organísmica descrevesse empiricamente o *a priori* de correlação que caracteriza a presença do potencial para o atual.

Essa forma de fazer fenomenologia é evidentemente inspirada em outro pensador muito admirado pelos autores do *Gestalt-terapia*, ainda que não se tratasse de um fenomenólogo. Esse pensador é John Dewey (1922)[3]. Para ele, apesar de não se poder negar que muitos setores da ciência contemporânea se deixam afetar por teorias do conhecimento que só se interessam por objetos puros, desvinculados de nossas experiências não cognitivas, os próprios cientistas compreendem que a condução das investigações científicas está alicerçada em elementos não cognitivos: motivações pragmáticas relativas ao combate de uma epidemia, à melhoria da qualidade de uma semente para o plantio e assim por diante. O que, de alguma forma, corrobora a intuição fenomenológica sobre a prevalência de uma potencialidade pré-objetiva, que estaria a orientar nossas ações e nossos pensamentos no mundo da vida. Ainda assim, a delimitação desses valores não implicaria a suspensão do discurso da ciência. Ao contrário, é no âmbito da própria investigação científica que as motivações pré-científicas haveriam de aparecer. Eis então que – inspirados em Dewey – Perls, Hefferline e Goodman (1951) operam uma fenomenologia transcendental escrita não exatamente em termos científicos, mas apoiada no mundo da vida que esses termos tentam transformar.

Ora, esse recurso ao mundo da vida deu ao discurso fenomenológico de Perls, Hefferline e Goodman um caráter não apenas semântico, como se pode encontrar nos textos de Husserl. Inspirada em Dewey e atingida pelo apelo mundano presente nos experimentos de Goldstein e no trabalho clínico do próprio Perls, a fenomenologia escrita pelos fundadores da GT migrou da "evidência" das potencialidades desse campo temporal chamado consciência para a "obscuridade" daquilo que, inclusive na "patologia", se mostra como algo estranho, como algo "outro". Tal migração introduziu no discurso fenomenológico de Perls, Hefferline e Goodman uma orientação ética – entendendo-se por ética a postura de abertura e acolhimento àquilo que se manifesta como motivação mundana, como algo "outro". Essa postura está cunhada pelo uso do termo *êthos* (com a letra *eta* inicial, que em grego se escreve: ήθωζ), o qual era empregado pela cultura helênica em seus primórdios para significar "morada, abrigo, refúgio", lugar onde somos "autênticos e despidos" de defesas, onde estamos protegidos, abrigados, e podemos receber o outro. Emprego esse que não se confunde com aquele da expressão *éthos* (com *épsilon* inicial e cuja grafia em grego é: έθωζ), o qual designa nossa adesão deliberada a uma regra ou padrão de comportamento social. Na pena de Perls, Hefferline e Goodman, as potencialidades da experiência (entendida como um campo temporal ou consciência transcendental) passaram a incluir aquilo que não faz sentido, aquilo que não se deixa saber, que se revela antes como outro, como estranho. Ainda assim, trata-se de uma potencialidade que se apresenta e que, portanto, pode ser descrita.

Daqui se segue que a fenomenologia do livro *Gestalt-terapia* não é uma empresa inédita. O entendimento – de que a descrição do *a priori* de correlação não só pode como deve ser exercida a partir de nossa inserção no mundo da vida – foi antes formulado por Merleau-Ponty. Para ele, a fenomenologia:

> [é] uma filosofia transcendental que coloca em suspenso, para compreendê-las, as afirmações da atitude natural, mas é também uma filosofia para a qual o mundo já está sempre "ali", antes da reflexão, como uma presença inalienável, e cujo esforço todo consiste em reencontrar esse contato ingênuo com o mundo, para dar-lhe enfim um estatuto filosófico. É a ambição de uma filosofia que seja uma "ciência exata", mas é também um relato do espaço, do tempo, do mundo "vividos". (Merleau-Ponty, 1945, p. 1-2)

Ainda assim, não obstante estabelecer essa mescla do transcendental (semântico) e do empírico (mundano), instituindo para a fenomenologia uma deriva na direção da ética, a obra *Gestalt-terapia* conserva a estrutura metodológica sugerida pelo estilo husserliano: a) ela parte da suspensão e crítica das teorias clássicas sobre o que seja o *self*, em proveito do modo como se pode compreendê-lo na obra de Goldstein; b) depois, tenta pensar as funções ou estruturas fundamentais que caracterizam o *self* como um domínio de correlação e, por fim, c) se ocupa de descrever a dinâmica ou funcionamento espontâneo daquelas estruturas, o que remete o leitor à temática da temporalidade, núcleo duro da teoria do *self* e da diferença de perspectiva em relação a Goldstein.

Aliás, nesse particular, é preciso dizer que: se é verdade que é com base em Goldstein que Perls, Hefferline e Goodman compreendem a possibilidade de se descrever a experiência clínica como um evento espontâneo de conservação e crescimento, de repetição e criação; também é verdade que, porquanto as descrições de Goldstein ignoram a importância dos laços sociais remotos na constituição das relações de auto-regulação, Perls, Hefferline e Goodman transportam a temática da auto-regulação do plano material para o plano das relações intersubjetivas construídas temporalmente, sedimentadas como horizonte histórico. Os autores do *Gestalt-terapia* agregam às descrições de Goldstein uma dimensão histórica, exigida pelo discurso fenomenológico e pela prática clínica a que se propõem repensar. Por conta disso, a auto-regulação deixa de ser entendida como um processo de síntese de múltiplos fatores em torno de uma "necessidade" dominante (fome, sede, curiosidade...); e passa a designar um processo espontâneo de diferenciação, diferenciação de uma história em relação a si mesma, em decorrência das possibilidades de recriação abertas pelas contingências materiais, mesmo no caso das psicopatologias. Foi essa modificação, enfim, o que permitiu a migração das categorias goldsteinianas do campo da fisiologia para o campo da psicoterapia.

III

Pode parecer paradoxal, em uma obra que se ocupe de refletir sobre o significado dos comportamentos tradicionalmente denominados disfuncionais, patológicos ou anormais – como é o caso da obra *Gestalt-terapia* (1951) –, que seus autores se proponham como tarefa: elaborar uma teoria sobre o "excitamento e o crescimento" daquilo que, classicamente, se chamou de "personalidade" humana, mas que, mais ao estilo fenomenológico, preferiram denominar de *self*. Essa estratégia, todavia, nós a podemos encontrar em outras obras, tais como *A estrutura do comportamento* (1942) e *Fenomenologia da percepção* (1945), ambas de Merleau-Ponty. Também nelas, para falar do sentido filosófico do campo fenomenal descortinado pela percepção, seu autor baseia-se na descrição de quadros "patológicos", como se eles pudessem nos ensinar algo sobre a normalidade como nem mesmo as mais sólidas teorias acadêmicas saberiam fazer. Esse parentesco entre o estilo de Merleau-Ponty, por um lado, e o de Perls, Hefferline e Goodman, por outro, não chega a ser surpreendente se temos em conta que, nas obras de todos eles, há um nome em comum, precisamente o de Goldstein. São os casos médicos e as reflexões de Goldstein que fornecem a Perls, Hefferline e Goodman, assim como a Merleau-Ponty quase contemporaneamente, a ocasião para compreenderem a vigência de uma significação pré-objetiva – que nos doentes está modificada ou comprometida – acerca da qual os modelos explicativos advindos das ciências naturais e do subjetivismo filosófico silenciam. Não apenas isso: é com a obra de Goldstein que todos eles aprendem a identificar, nas "patologias", não apenas interrupções, mas formas criativas de emancipação das existências que foram atingidas por inibições de toda ordem.

Daqui não se segue que Perls, Hefferline e Goodman, por um lado, e Merleau-Ponty, por outro, se limitassem a comentar as descobertas experimentais de Goldstein. Tanto na obra *Gestalt-terapia*, quanto nas obras *A estrutura do comportamento* e *Fenomenologia da percepção*, seus autores procuram alcançar o significado filosófico das descobertas de Goldstein. Esse propósito levou Merleau-Ponty a apresentar os fenômenos descritos por Goldstein como expressão, ainda que "parcial", de nossa inserção primordial no "campo fenomenal". Já Perls,

Hefferline e Goodman, de modo semelhante ao de Merleau-Ponty, interpretaram aqueles fenômenos como um tipo específico de ajustamento criador, com base no qual deveríamos compreender nossa dinâmica de inserção integral no campo organismo/meio, qual seja essa dinâmica, o sistema *self*.

No caso de Perls, Hefferline e Goodman, entrementes, havia uma motivação adicional. Eles queriam, com base nos fenômenos estudados por Goldstein (e em função do sentido filosófico que nesses fenômenos se exprimisse), repensar a empresa psicoterapêutica. É como se a teoria do *self*, depois de refletir fenomenologicamente sobre os principais conceitos empregados por Goldstein para pensar a doença, devesse retornar ao "campo da patologia" – o que caracteriza uma postura ética (no sentido de *êthos*, com *eta*). Tal retorno e tal postura se prestariam menos para homenagear e mais para ultrapassar as análises de Goldstein, as quais não conseguiram reconhecer a importância da historicidade de cada qual na constituição de nossos ajustamentos no campo organismo/meio. Eis em que sentido, portanto, as ocorrências psicopatológicas descritas por Goldstein – e a teoria do *self* que, na mediação das idéias de Husserl, tais ocorrências ensejam – aparecem articuladas com a proposta de invenção de uma clínica, de uma deriva da fenomenologia na direção da ética, precisamente, a Gestalt-terapia.

IV

A transposição fenomenológica das idéias de Goldstein para o campo da clínica restabelece, para a noção mesma de clínica, um sentido há muito preterido pela etimologia oficial do termo. Conforme essa, clínica vem do adjetivo grego *klinikós* – que é aquilo que se exerce junto ao leito. Mas a compreensão segundo a qual, a cada instante, nossa experiência expressaria uma sorte de auto-regulação do tempo em torno de uma contingência material pouco ou nada tem a ver com aquela noção de clínica. O sentido marcadamente assistencial inerente ao uso médico do termo *klinikós* – e segundo o qual alguém administraria seu saber ou sua farmácia em proveito da

reabilitação de outro alguém incapacitado de cuidar de si autonomamente – de forma alguma traduz as intenções de Perls, Hefferline e
Goodman. Muito antes de ser uma forma de cuidado, a clínica é para
os fundadores da GT só mais uma entre as infinitas experiências de
auto-regulação das quais participamos. O que nos permite arbitrar
que, talvez, o uso da noção de clínica na GT tenha mais relação com
o emprego ético (*éthos*) que os seguidores de Epicuro (341-270 a.c.)
deram à expressão *clinamen*. Afinal, é nos termos desse emprego que
os epicuristas designavam a capacidade que cada homem tem para
introduzir, a qualquer momento, um desvio no curso de sua vida, de
modo a deflagrar uma novidade para si mesmo. *Clinamen* é o movimento mesmo de desestabilização a partir do qual, no momento a
seguir, nossa história e a natureza encontram uma nova composição,
uma nova forma de relação. *Clinamen* é a denominação mesma da espontaneidade que, não por acaso e em sintonia com o pensar husserliano, Perls, Hefferline e Goodman reconheceram viger no coração
do sistema *self*, como uma de suas principais características.

Em rigor, a expressão *clinamen* traduz a maneira como a física epicurista designa o "desvio" espontâneo que sofrem os átomos e que
lhes propicia o encontro e a aglomeração. Afastando-se do rígido
mecanicismo da física dos primeiros atomistas, Epicuro (conforme
Pessanha, 1988, p. XI) afirma que, sem nenhuma razão mecânica, os
átomos, em qualquer momento de suas trajetórias verticais, podem
se desviar e se chocar. O *clinamen* aparece, então, como a introdução
do arbítrio e do imponderável num jogo de forças estritamente mecânico. *Clinamen* é o que vem romper, no plano da física, com a idéia
de pura necessidade, estendendo direito de cidadania à contingência.
Mas os epicuristas não se limitaram a empregar o termo *clinamen* ao
campo da física. Esta noção também mereceu um uso ético (no sentido de *éthos*, com eta). Se tudo o que há é formado de átomos, inclusive o homem, e se todo átomo está sujeito a um "desvio", a noção
de *clinamen* explica em que sentido podemos reconhecer a liberdade
humana, a espontaneidade da alma, a autonomia da vontade. Esses

acontecimentos não são mais que um efeito do desvio que acomete cada homem em decorrência da própria constituição atômica[4]. De onde se segue enfim que, com a noção de *clinamen*, o epicurismo designa a espontaneidade que habita os diversos estratos de combinação atômica que constituem a existência, desde as ligações físicas mais simples às condutas humanas mais complexas.

Esse holismo inevitavelmente faz lembrar a maneira como, a partir da leitura fenomenológica que fez da psicologia da Gestalt, Goldstein reconheceu, nos mais elementares processos fisiológicos, a mesma intencionalidade ou poder de auto-regulação vigente nos comportamentos lingüísticos. Isso certamente não faz de Goldstein um epicurista, pois os epicuristas não trabalhavam com a idéia de auto-regulação; tampouco faz da noção de *clinamen* uma categoria fenomenológica, como querem Perls, Hefferline e Goodman. Afinal, Epicuro não relacionava a espontaneidade ao tempo. De toda sorte, no plano dos efeitos, podemos admitir que tanto a noção de *clinamen* quanto a noção de intencionalidade organísmica (tal como ela foi temporalmente interpretada por Perls, Hefferline e Goodman) designam um poder desviante, uma espontaneidade criadora. O que talvez nos autorize a denominar o projeto veiculado por Perls, Hefferline e Goodman – e que consiste na transposição das idéias goldsteinianas do campo da neurofisiologia para o campo da psicoterapia – um empreendimento clínico.

É preciso, entretanto, frisar que a GT não é e nunca se pretendeu uma teoria epicurista. A GT é uma forma de laço social cujo propósito é estabelecer (com base naquilo que no homem se manifesta como fundo temporal) uma deriva, um desvio, a repetição criativa de uma mesma história que, dessa forma, diferencia-se de si mesma. A GT, nesse sentido, é uma clínica, do mesmo modo que se diz que um *clinamen* é uma experiência de deriva. Ela não é uma ética (*éthos*) no sentido de um compromisso com uma regra ou valor, mas uma ética (*éthos*) no sentido de uma abertura ao inédito. Por outras palavras, a GT é uma forma de intervenção social cujo propósito é permitir a manifestação daquilo que faz derivar, precisamente, a espontaneidade criadora de nossa história. Gestalt é o nome dessa espontaneidade; razão pela qual a GT se entende como uma "clínica gestáltica".

Em certa medida, *clinamen* e *Gestalt* são termos que designam o mesmo acontecimento, precisamente, a emergência espontânea do iné-dito. A única diferença repousa em que, enquanto para o epicurismo o desviante nunca é por si só um todo, mas a pura contingência; para a tradição de pensadores que se reportam ao intuicionismo de Franz Brentano e a seu uso técnico do termo "Gestalt", as *Gestalten* são totalidades pré-objetivas que imprimem, no campo fenomenal, seja ele físico (natural) ou cultural (instituído), não uma orientação psíquica, mas uma orientação inesperada. O que é o mesmo que dizer que as *Gestalten* não são nem necessárias nem contingentes; elas são próprias, no sentido em que se diz que uma intuição é algo próprio. E a questão que se levanta, quando se mira uma clínica gestáltica, é a seguinte: quem é esse desviante capaz de impor de maneira própria uma orientação inesperada?

V

O desviante – agente "invisível" da clínica gestáltica – não é uma essência semântica evidente, não é o ego puro como chancela absoluta da correlação entre nossos atos e o mundo ele mesmo. O desviante é sim "outro", o "outro-eu-mesmo" de que falava Merleau-Ponty comentando a filosofia da intersubjetividade proposta por Husserl. Ou, ainda, o desviante é o "outro" tal como nós o vivemos no seio da "palavra-princípio EU-TU" formulada por Martin Buber e retomada por Perls, Hefferline e Goodman. Não se trata desse alguém achatado embaixo de nossas expectativas cotidianas, sabidas de antemão e desprovidas de surpresa. Esse alguém é apenas o semelhante, o espelho de nossas idéias e de nossos valores, o objeto em quem celebramos aquilo que nos dá identidade objetiva, pessoalidade ou personalidade (conforme preferem os fundadores da GT). Mas o outro em sentido radical é esse "terceiro", ambíguo e impessoal, que não está nem dentro nem fora e para o qual somos arremessados toda vez que nossos consulentes nos surpreendem com um ato que não podíamos prever. Ele é também esse efeito de nós mesmos num corpo que já não é o nosso e que percebemos como se tivesse adquirido vida própria, feito idéia que, depois de publicada, já não pertence mais ao seu autor, embora carregue consigo a marca dele. O outro é essa companhia antiga e onipresente, que nunca se manifesta igual; é esse rastro de nós mesmos que nunca conseguimos possuir e que, por isso, nos faz parecer com a natureza e com a humanidade, inatingíveis no essencial. O outro é o tempo, o "fundo" de passado e o "horizonte" de futuro que meu corpo e o corpo de meu semelhante, minhas palavras e as dele, juntos, tentam apreender como se pudessem reter, entre os dedos das mãos, fios de água vindos não se sabe de qual lugar, fluindo não se sabe para onde. A produção de laços sociais em que esse "outro" possa se mostrar, em que essa "deriva" venha a se produzir: eis o sentido ético da clínica gestáltica. Eis o que define a GT menos como um "saber" a ser administrado (junto ao leito) ou sustentado como suposição (junto ao divã); e mais como um "ato" de se deixar descentrar por aquilo que esteja acontecendo por si, desde si como um fenômeno outro, como o próprio outro entre o clínico e seu consulente.

Uma clínica – no sentido que estamos a apresentar – é, portanto, uma postura ética de tolerância àquilo que se mostra como outro. Mais do que isso: é a produção de um ajustamento social, em que uma deriva possa se manifestar. Acontece, todavia, que alguns ajustamentos parecem inibir a manifestação desse outro. Não querem permitir deriva alguma. Mantêm-se rígidos, como se pudessem controlar de maneira muscular a manifestação de um inesperado. Estamos falando dos comportamentos neuróticos, daqueles em que a espontaneidade perdeu lugar para um controle habitual, como se os laços sociais construídos entre mim e meu semelhante sofressem a ação de uma fisiologia secundária, involuntária, não sabida ou, se quiserem, inconsciente. Nada pode derivar e a repetição não é mais espontaneamente criativa. O outro perdeu direito de cidadania; entre mim e o semelhante parece só haver evitação de contato com aquilo que, em cada qual, pode gerar mudança. Mas as formas de evitação são também criativas; muito embora elas não possam criar mais que uma ausência sentida, a ausência do outro, à qual Perls, Hefferline e Goodman denominam de ansiedade. Em vez do outro, a ansiedade. E o laço social não se amplia, porquanto a ansiedade é vazia, não repete uma história que pudesse ser transformada. Ora, o que aqui se passa? O que fez o sistema *self* se interromper? Como essa interrupção se formou? Como ela se manifesta? Pode ela ser revertida? Pode-se fazer uma "clínica" num ajustamento neurótico? Qual o sentido ético dessa clínica? Por meio de quais intervenções ela se estabeleceria?

VI

Nosso livro é uma tentativa de resposta às questões supra. Rigorosamente afiliados à obra *Gestalt-terapia*, ensaiamos aqui uma reflexão que se pretende um "retorno" a Perls, Hefferline e Goodman[5]. Mais do que idéias, esses autores nos propõem matrizes de idéias que pretendemos retomar à luz dos referenciais que eles mesmos apontaram, mas nem sempre exploraram, como é o caso da fenomenologia husserliana e seus desdobramentos no campo da psicologia da Gestalt e da filosofia francesa de inspiração fenomenológica. Não recorremos a esses referenciais, entretanto, para "fundamentar" as formulações dos criadores da GT. Fazemo-lo para demarcar o "desvio" que eles desencadearam por meio delas, sobretudo quando elegeram o "outro" – e não os modos de doação semânticos (ou essências) – como *telos* e princípio de uma releitura fenomenológico-gestáltica da clínica psicanalítica.

O trabalho que ora apresentamos é composto de nove capítulos dispostos em três partes. Os capítulos podem ser lidos independentemente, na ordem que melhor convier ao leitor. A organização em partes é uma sugestão de leitura que toma como parâmetro a historiografia dos conceitos empregados pelos fundadores da GT e a tradição de mais de vinte anos de ensino praticada pela co-autora deste livro. Mas essa organização não inviabiliza outras formas de leitura. De toda sorte, cabe informar que, na primeira parte do livro, partimos de um estudo genético sobre a origem da noção de "Gestalt" e em que sentido ela repercutiu nas escolas e nos autores que, direta ou indiretamente, contribuíram para a construção de uma proposta clínica gestáltica; tal como nós a pudemos conhecer pela pena de Frederick Perls nos idos de 1940, ocasião em que escreveu e publicou a obra *Ego, fome e agressão*. Os dois primeiros capítulos, de leitura mais cerrada, são consagrados a dissertar sobre a maneira como a noção de Gestalt, primeiramente empregada para designar o fenômeno psíquico como uma totalidade autônoma, foi encampada por Husserl nos termos de uma psicologia das essências, a qual ensejou, por sua vez, a consecução de uma psicologia experimental dos fenômenos psíquicos tomados como estruturas autóctones (psicologia da Gestalt). O segundo capítulo trata das críticas de Husserl à psicologia da Gestalt, das transformações que ele próprio imprimira em seu filosofar de modo a distinguir a fenomenologia da psicologia e, por fim, do efeito dessas transformações sob os próprios psicólogos da Gestalt. Interessa-nos especialmente a maneira como a noção husserliana de campo como *a priori* de correlação viabilizou um tratamento holístico da relação organismo–meio, tal como o lemos na obra de Kurt Goldstein. O terceiro capítulo trata do modo como essas noções foram assumidas por Frederick Perls em sua tentativa de releitura da metapsicologia freudiana à luz do gestaltismo presente sobretudo na obra de Goldstein.

A segunda parte procura estabelecer uma leitura fenomenológica dos operadores conceituais com os quais Perls concebeu uma clínica gestáltica. Trata-se, finalmente, de um estudo sobre as teorias que efetivamente participam da concepção clínica da GT, destacadamente a teoria do *self*. Dissertamos, no quarto capítulo, sobre a importância de Paul Goodman para o redirecionamento fenomenológico da proposta gestáltica de Perls, a ponto de formularem, juntos, uma fenomenologia da *awareness*. No quinto capítulo continuamos essa discussão, mas sob a ótica daquilo que os autores chamaram de fenomenologia do contato. No sexto capítulo, retomamos sistematicamente a teoria do *self*, núcleo duro das formulações teóricas dos gestalt-terapeutas, agora sob a luz das bases fenomenológicas que o próprio Paul Goodman admitiu como constitutivas da proposta de clínica gestáltica, especialmente a fenomenologia do tempo.

Na terceira parte discutimos a clínica gestáltica da neurose, especificamente. Começamos, no capítulo sétimo, com uma apresentação da teoria gestáltica dos ajustamentos neuróticos. Retomamos as críticas de Perls à metapsicologia de Freud para demarcar o sentido preciso da noção de inibição reprimida na GT e sua função na configuração dos ajustamentos neuróticos. No oitavo capítulo, nos propomos a discutir a ética da intervenção gestáltica nos ajustamentos neuróticos, ocasião que nos servimos das reflexões de Merleau-Ponty e Martin Buber para pensar o "outro", esse destinatário privilegiado da clínica gestáltica. No nono e último capítulo, dissertamos sobre o "estilo" de intervenção gestáltica. Discutimos temas concretos, tais: a configuração da experiência clínica como um fenômeno de campo; a formulação do contrato clínico; o diagnóstico e a intervenção clínica; o método reversivo da inibição reprimida na configuração dos ajustamentos neuróticos; a técnica da frustração habilidosa dos ajustamentos neuróticos e a técnica do experimento com a polaridade da inibição reprimida; o tema da alta em GT, dentre outros assuntos.

O texto que ora submetemos à comunidade de leitores de GT em língua portuguesa foi primeiramente desenvolvido no âmbito de dois seminários abertos ministrados, respectivamente, em fevereiro de 2005 e em janeiro de 2006 em Florianópolis, mas reeditados em outras cidades brasileiras no decurso desses anos. Trata-se dos Seminários de fenomenologia e Gestalt I e II. As discussões que estabelecemos nesses eventos e a acolhida crítica que recebemos foram determinantes na produção deste livro; razão pela qual manifestamos nossa profunda gratidão àqueles que nos acompanharam.

Notas

1 Para evitar a repetição excessiva dos nomes Perls, Hefferline e Goodman, optou-se, no decorrer do texto, por usar a sigla PHG.

2 Mais uma vez, para evitar a repetição, utilizar-se-á GT para fazer referência à Gestalt-terapia.

3 O progresso científico e tecnológico, acredita Dewey, gerou um efeito colateral indesejável, precisamente, uma profunda crise ética na sociedade contemporânea. Essa crise está fundada no fato de a ciência e a tecnologia desprezarem os valores humanos que se constituem na vida cotidiana em proveito de verdades que subsistiriam nas coisas em si. A solução para esta crise, entretanto, podemos encontrar na própria prática científica, acredita Dewey. Em suas práticas crítico-experimentais, os cientistas sempre partem de experiências não cognitivas, ante as quais e para as quais procuram antecipar conseqüências. Por meio da ciência e da tecnologia, se ocupam de melhorar as condições de vida da humanidade. Nesse sentido, os cientistas jamais abandonam o campo dos valores. Eis por que, a despeito das teorias formalistas, Dewey propõe uma teoria do conhecimento, cuja finalidade é restituir, no campo das discussões epistemológicas, a inexorabilidade das razões pragmáticas do cientista (Dewey, 1922).

4 Conforme o consultor José Américo Motta Pessanha (1988, p. XI), a justificativa do *clinamen* está garantida pela teoria do conhecimento (ou canônica) de Epicuro: a evidência imediata revela que existe um ser – o homem – que, embora constituído de átomos (como todos os seres do universo), manifesta a possibilidade de arbítrio, pelo qual altera os rumos de sua vida ou, pelo menos, pode modificar sua atitude interior diante dos acontecimentos. A existência da vontade livre seria, portanto, o fato experimentado que, por meio do critério da não-infirmação, encontraria explicação no desvio que deve também ocorrer nas trajetórias atômicas. Inconcebível seria admitir que um composto (o homem) apresentasse atributos inexistentes em seus componentes (os átomos). A doutrina do *clinamen* serve, assim, para fundamentar, dentro de um universo de coisas regido pelo fatalismo e pela necessidade mecânica, a espontaneidade da alma, a autonomia da vontade, a liberdade humana.

5 Não somos os únicos, menos ainda os primeiros a propor algo como um retorno às idéias que originalmente formularam a GT, tal como as podemos ler na obra *Gestalt-terapia* (1951). Antes de nós, Walter Ribeiro propôs esse retorno nos termos de um livro de relevância para nossos estudos e para a formação de muitas gerações de Gestalt-terapeutas, a saber, *Existência e essência* (1998). Tal como Walter Ribeiro, os escritos de Jean-Marie Robine também constituem uma tentativa de retorno aos princípios que regem a obra de Perls, Hefferline e Goodman – conforme atesta Michel Vincent Miller, em seu prefácio à obra *S'aparraitre à l'ocasion d'un autre* (Robine, 2004, p. 12).

Parte 1

Gênese e construção de uma clínica gestáltica

Nos próximos três capítulos, nós cumprimos uma tarefa difícil, mas nem por isso dispensável, de caracterização das bases teóricas a partir das quais, na década de 1940, Frederick Perls se propôs a elaborar uma clínica gestáltica como alternativa àquilo que ele julgava censurável na prática clínica e nas elaborações teóricas da psicanálise. Para Perls, a leitura metapsicológica segundo a qual todo sintoma é uma tentativa do paciente para alucinar ou para substituir um objeto primordial perdido; e a postura clínica segundo a qual o psicanalista deve se ocupar de interpretar as manifestações dessa perda além dos sintomas produzidos em regime de transferência; desconsideram a importância teórica e clínica dos sintomas enquanto tais. Não que Perls fosse partidário de Anna Freud e da psicologia do ego no sentido de exortar os analistas a "reforçarem" os mecanismos de defesa dos analisantes contra aquilo que para eles fosse incontornável. Para ele, os sintomas não são processos conscientes, tampouco existem em função de algo inatingível. Eles são deliberações motoras de censura que se tornaram habituais e que, por conseguinte, funcionam autonomamente, como se se tratasse de uma fisiologia secundária. É verdade que, por meio desses hábitos, alguns conteúdos são mantidos inacessíveis, mas nem por isso inatingíveis. Prova é a manifestação incontinente dos afetos, especialmente da ansiedade. Ademais, não são esses conteúdos que determinam a reedição daqueles hábitos. Estes gozam de uma autonomia, muito embora estejam diretamente ligados aos acontecimentos clínicos desencadeados a partir da intervenção do analista, que não é imune àqueles hábitos. Ao contrário, Perls acredita que a motricidade do analisante – quando liberada da prisão do divã – comunica ao corpo do terapeuta uma produção atual que se deixa reconhecer antes como um estilo de evitação ou de manipulação que como um saber a ser interpretado. Razão pela qual Perls sente a necessidade de recorrer a uma reflexão que possa esclarecer a natureza intersubjetiva, eminentemente intercorporal, que ele vê acontecer na vivência clínica.

Ora, muito antes de Perls, Franz Brentano reconhecia que nossos atos mentais estão governados por atos intuitivos, os quais atribuem, àqueles atos, orientações que muitas vezes não se deixam reconhecer como significados verbais, mas como totalidades afetivas, motoras, enfim, pré-mentais. Brentano denominou tais totalidades de "fenômenos psíquicos" ou *Gestalten*, entendendo por isso: representantes pré-verbais de uma representação (verbal ou não) futura, ainda por fazer. Freud – que assistiu aulas com Brentano por volta de 1874 – reconheceu nas *Gestalten* uma maneira de se referir à presença recalcitrante daquele objeto perdido antes que ele pudesse ser reconhecido. Chamou isso de pulsão. Muitos anos mais tarde, Perls preferiu ler nas *Gestalten* uma forma que se articula autonomamente, independentemente de um conteúdo ou de um agente ao qual ela estivesse articulada, fosse ele um objeto perdido, inibido ou simplesmente esquecido. Para Perls, essas formas denunciam a prevalência de uma sorte de corporeidade que perdura no tempo, como um fundo a partir do qual, a cada vivência, nós podemos não apenas repetir, mas criar; porquanto ninguém pode criar a partir do nada.

Essa leitura de Perls não está desguarnecida de antecedentes. Antes dele, o filósofo Edmund Husserl reconheceu, nas *Gestalten* originalmente propostas por Brentano, nossa dupla inserção pré-mental no mundo da vida. Por um lado, uma Gestalt é uma ação (linguageira, motora, perceptiva...) de nosso corpo frente ao mundo ele mesmo. Por outro, uma Gestalt é a manifestação do mundo junto àqueles atos. De onde Husserl intui haver, como uma característica fundante de nossa cultura, uma espécie de intencionalidade operativa, exercida primeiro por nosso corpo, como uma espécie de amarração sensível das formas de manifestação temporal do mundo. Tais idéias de Husserl foram determinantes para que, anos mais tarde, o neurofisiologista Kurt Goldstein reconhecesse, mesmo para as nossas células, uma capacidade de auto-regulação, uma sorte de intencionalidade organísmica. E foi pela mão de Goldstein que, enfim, Perls pôde tomar conhecimento de uma forma gestáltica de se compreender nossas formas de inserção no mundo, o que lhe ensejou uma leitura gestáltica da experiência clínica.

1

Fenomenologia como psicologia eidética e a primeira geração da psicologia da Gestalt: divergências

A noção de "Gestalt" está intimamente ligada à maneira como os psicólogos da Gestalt retomam de Husserl a idéia de objeto intencional transcendente, assim como a própria noção husserliana de objeto intencional transcendente implica uma releitura crítica da teoria brentaniana dos objetos intencionais. Com efeito, para compreendermos as objeções de Perls à metapsicologia freudiana e a postura gestáltica assumida por ele com base em seu contato com as teses de inspiração gestáltica formuladas por Goldstein, julgamos apropriado um retorno à teoria da intencionalidade de Brentano, aos projetos fenomenológicos de Husserl e aos desdobramentos de tais projetos nas duas gerações de pesquisadores da *Gestalttheorie*. Assim, acreditamos poder delimitar os conceitos com base nos quais Perls concebeu, além da escuta analítica, uma clínica gestáltica.

De um modo geral, a noção de "Gestalt" condensa os esforços teóricos e experimentais de várias gerações de pensadores inspirados em Brentano (1874) no sentido de suspender a maneira associacionista, capitaneada por Wundt (1904), de se conceber o objeto do conhecimento (o qual não necessariamente coincide com a coisa da natureza) e as faculdades psíquicas, por cujo meio aquele objeto seria concebido[1]. Para Brentano, mesmo que Wundt estivesse certo ao conceber o objeto do conhecimento como uma ocorrência imanente ao ego psicofísico (que sou eu mesmo, como existente empírico), daí não seguia que tal objeto fosse decorrência exclusiva da ação de atos mentais de associação (estabelecidos por minha vontade com base em meu entendimento e na minha sensibilidade). Haveria que se perceber a prevalência de uma orientação que, de modo intuitivo, se impusesse a esses atos, a qual Brentano (1874) denominou de fenômeno psíquico. Tal fenômeno não seria, ele mesmo, parte ou resultado de uma associação de partes. Não obstante ser indeterminado, seria um todo dotado de sentido, a que se poderia chamar de "Gestalt". Brentano – por razões que remontam a Tomás de Aquino, conforme veremos mais adiante – preferiu denominar de intencionalidade esta capacidade dos fenômenos psíquicos de: a) constituírem-se como unidades espontâneas (ou "*Gestalten*"); b) instituírem uma orientação aos atos mentais. Mas haveria de ser a noção brentaniana de intencionalidade a única condição para se compreender o surgimento da psicologia da Gestalt e de seus vários desdobramentos no século XX?

A teoria da intencionalidade de Brentano não designaria uma escola – precisamente a *Gestalttheorie* – se os psicólogos da Universidade de Göttingen, onde Husserl lecionava, não tivessem recolhido dele, à época da publicação das *Investigações lógicas* (1900-1901), um programa de investigações que justamente modificava a teoria brentaniana (Dartigues, 1992). Apesar de elogiar a definição de fenômeno psíquico elaborada por Brentano, Husserl não podia aceitar a tese de que tais fenômenos fossem ocorrências privadas, imanentes a cada ego psicofísico. Para Husserl, apesar de não se poder negar a existência, em todo fenômeno, de uma dimensão individual ou privativa, era preciso admitir que os fenômenos de que se ocupam as ciências têm um caráter público, são potencialidades que o mundo ele mesmo revela, razão pela qual Husserl passa a chamá-los de essências – no sentido em que se diz que uma essência é uma "forma" partilhada por muitos, comum a muitos e, por muitos, passível de observação.

Em decorrência disso, Husserl também não podia aceitar que os objetos do conhecimento, produzidos com base em essências, fossem realmente imanentes ao ego psicofísico (ou, o que é a mesma coisa, à consciência empírica). A aceitação dessa tese implicaria a conseqüente admissão de que o conhecimento fosse uma empresa psicológica exclusivamente – contra o que Husserl viria a postular que não obstante ser verdadeiro que os objetos do conhecimento são ocorrências ideais (e que, portanto, não se confundem com as coisas da natureza), isso não significa que eles sejam realmente imanentes ao ego psicofísico. Para Husserl, os objetos são idealidades intersubjetivamente compartilhadas e, nesse sentido, transcendentes a cada psiquismo. Eles designam a forma como nossos vividos e os vividos de nossos semelhantes compartilham um campo de possibilidades, um campo de mútua remissão, o qual, não obstante estar fundado nas coisas da natureza, não se confunde com elas. Ou, então, os objetos intencionais[2] designam unidades provisórias nesse campo de possibilidades doado pelas coisas da natureza para o usufruto da consciência.

Ora, os psicólogos de Göttingen, por sua vez, mostraram muita simpatia pela noção de objeto intencional transcendente. Tal noção permitiria a eles pensar os "fenômenos psíquicos" como "realidades" tão transcendentes quanto as coisas da natureza, descritas pelos objetos de conhecimento produzidos no âmbito das ciências naturais. Razão pela qual interpretaram os objetos propostos por Husserl como "estruturas totalitárias", nas quais se exprimiriam mais do que essências – "leis impessoais" capazes de "explicar" nosso psiquismo e nossa participação na realidade natural (onde estão as coisas da natureza). Tal idéia ensejou a Müller (1923), diretor do Laboratório Experimental do Instituto de Psicologia de Göttingen, um ideal de ciência psicológica, segundo o qual, com os objetos da natureza e por meio de experimentos monitorados, seria possível averiguar a pertinência das "leis" constitutivas da experiência perceptiva; e que deveríamos representar na forma de objetos especiais (de conhecimento), meramente "estruturais", denominados de *Gestalten*. Eis aqui as bases da psicologia da Gestalt, que não floresceu na universidade em que Müller lecionava, mas em Frankfurt, para onde foram alguns de seus ex-alunos, destacadamente Wertheimer, e para onde também Husserl se transferiu em 1907.

Esse ideal de ciência psicológica, entretanto, acabou colidindo com as bases programáticas da fenomenologia. Enquanto Husserl se esforçava para mostrar que os objetos intencionais designavam a atividade da consciência junto às possibilidades de relação entre aquilo que a natureza oferecia como atualidade e como inatualidade (ou mera potencialidade), os criadores da *Gestalttheorie* tomavam tais objetos como representantes de leis autóctones e impessoais, que se repetiriam independentemente dos dados empíricos envolvidos. Aquilo que era para ser uma descrição da atividade da consciência frente ao infinito de possibilidades fornecidas pelo mundo se reduziu à descrição de regularidades despidas de subjetividade ou, mais precisamente, de intencionalidade.

Isso posto, no presente capítulo, pretendemos pontuar os traços distintivos desta celeuma que caracterizou o surgimento da psicologia da Gestalt e as razões pelas quais a Gestalt-terapia – como forma específica de se ler a fenomenologia – nunca se serviu dos postulados empíricos formulados pela primeira geração de psicólogos da Gestalt.

FRANZ BRENTANO: CONSTITUIÇÃO INTENCIONAL DOS OBJETOS IMANENTES

Mesmo nos dias de hoje, podemos verificar a maneira "mentalista" como o saber psicológico, especialmente, trata de temas clássicos, como o conhecimento, a liberdade, a saúde, dentre outros. Uma consulta aos manuais diagnósticos das psicopatologias publicados recentemente, por exemplo, rapidamente revela que um dos critérios clínicos (no sentido médico) mais importantes para a identificação das psicopatologias diz respeito ao grau de autonomia que podemos reconhecer para as faculdades mentais superiores dos sujeitos empíricos avaliados. A faculdade de emitir juízos, que é a vontade, ocupa lugar de destaque nessa leitura mentalista da relação dos sujeitos entre si e com o mundo empírico. Quanto mais comprometida for a faculdade da vontade em um sujeito empírico, maior a probabilidade de estarmos diante de alguém acometido de um transtorno psicológico. O saber psicológico, nesse sentido, opera com base em uma concepção socrática dos graus de conhecimento e para a qual o livre exercício das faculdades mentais superiores (sobremodo o da faculdade de julgar, que é a vontade) define a liberdade e a saúde psíquica nos seres humanos. Mas, no final do século XIX, Franz Brentano pôs sob suspeita essa tese, por reconhecer, na autonomia das faculdades pré-mentais ou inferiores (como a sensibilidade), uma espécie de "inteligibilidade" própria capaz de determinar o curso dos juízos de vontade. Que inteligibilidade é essa?

Não é novidade alguma o reconhecimento de que o "apetite" ou "desejo irracional", próprio ao reino animal, é uma faculdade autônoma. Aristóteles assim já o admitia em sua obra "*De Anima*" (1999). Todavia, ninguém antes de Brentano havia ousado afirmar que tal faculdade, além de autônoma, seria capaz de determinar o curso de nossas faculdades mentais superiores, inclusive a vontade. Uma vontade orientada por fenômenos pré-mentais não revelaria mais que uma configuração patológica do psiquismo. Tratar-se-ia de uma deficiência na capacidade de julgar ou, como se diz no senso comum, de uma falta de "juízo" ou, simplesmente, de uma "loucura". Brentano vai na contramão dessa tradição ao afirmar que as representações objetivas[3] produzidas por nossos juízos estariam antecipadas por "representantes" que se constituiriam em um domínio pré-mental, como aquele que caracteriza nossa sensibilidade e nossa motricidade. Brentano chama tais representantes de "fenômenos psíquicos", entendendo por isso totalidades de sentido pré-mental (ou *Gestalten*) investidas da capacidade de antever, de maneira indeterminada, o objeto a ser representado por nossos juízos (produzidos por nossos atos mentais). Para ilustrar essa concepção com um exemplo, podemos dizer que: somos capazes de "pressentir" um perigo que nos ronda ao transitarmos por uma rua qualquer muito antes de nos apercebermos conscientemente de que a rua é sinistra ou de que há alguém nos perseguindo. Tal pressentimento é um fenômeno psíquico. A origem dos fenômenos psíquicos tem relação com a maneira como nossas vivências no tempo retornam na atualidade como indícios de um futuro possível, sem que um ato intelectual as tenha de reunir. Brentano denominou de intencionalidade essa capacidade de antevisão; intencionalidade essa que não tem relação com o uso comum que fazemos da palavra intenção. A noção cotidiana de intencionalidade sempre implica a visão de um objeto já determinado nos termos de um juízo (portanto, um objeto de conhecimento), que nós queremos alcançar ou realizar (por exemplo, a escuridão da rua ou a presença de um suspeito, dos quais "intentamos" nos livrar). Ao passo que a noção brentaniana de intencionalidade não implica a prévia concepção de algum objeto, apenas a antevisão de um objeto possível (que, no caso do exemplo supra, se manifestou como o "pressentimento" do perigo e antes que esse pressentimento tivesse sido identificado ou representado nos termos de um juízo sobre o sentimento de medo).

Com sua teoria da intencionalidade, entrementes, Brentano fez mais do que contestar os postulados da escola associacionista e, por extensão, das matrizes filosóficas que a amparavam. Ele (1874) também deu novo alento à psicologia descritiva – responsável pelo mapeamento de nossas vivências pessoais e, até então, considerada uma atividade propedêutica à verdadeira psicologia, que era a psicologia genética ou explicativa. Para Brentano, tão importante quanto explicar, com base em um modelo associacionista ou reflexivo, como opera o intelecto na constituição dos objetos, é descrever quais as "intenções" (ou de que maneira os sentimentos e as ações) orientam o intelecto. O que não significa que Brentano não especulasse sobre a origem dessas intenções. Para ele, os fenômenos psíquicos têm relação com o retorno, na atualidade da consciência psíquica, de espectros das experiências passadas que, assim, operam como indícios (representantes) de possíveis novos objetos da experiência, sem que estes tenham de ser postulados por um juízo. Freud, aluno de Brentano por volta de 1874, denominou de "pulsão": a) o retorno dos representantes de uma experiência passada e b) o efeito de antecipação que tal retorno gera na atualidade de vivências psíquicas. De onde inferiu a tese de que todo o funcionamento psíquico está fundado numa pulsão ou, o que é a mesma coisa: em um representante de um objeto primordial, ao qual o psiquismo irá substituir fazendo um sintoma, ou irá alucinar na forma de gozo. No terceiro capítulo, nós voltaremos a esse ponto e à crítica de Perls à maneira como Freud interpretou Brentano. Por ora, nos interessa dizer que a reabilitação das ciências descritivas não serviu de estímulo apenas para Freud. Ela abriu caminho para a posterior constituição da psicologia eidética de Husserl e da psicologia da Gestalt de Wertheimer, Köhler e Koffka. Mas quais problemas, exatamente, motivaram Brentano a propor uma teoria da intencionalidade? O que se deve entender por teoria da intencionalidade? Que conseqüências ela gera para o entendimento da tarefa da ciência psicológica?

CRÍTICA AO ASSOCIACIONISMO

À época de Brentano, a teoria associacionista promulgada pela Escola de Psicologia de Berlim – que tinha à frente a figura de Wundt (1894) – talvez fosse a elaboração mais radical do mentalismo clássico. Mesmo se ocupando de estudar a inteligência dos animais, Wundt o fazia de modo a buscar nos animais correlatos das faculdades intelectuais que ele reconhecia viger nos humanos. Por essa razão, era com tal psicologia que Brentano (1874) sobremodo discutia. A crítica que o autor dirigiu contra Wundt é emblemática de uma objeção que ele manifestou ao mentalismo como um todo, especialmente à sua versão moderna, estabelecida no século XVII, por John Locke (1690).

Na esteira de uma longa tradição que remonta ao empirismo de Locke (1690), Wundt (1894) procura demonstrar, no âmbito de suas pesquisas experimentais, que os objetos do conhecimento são ocorrências imanentes à subjetividade psicofísica, produtos da atividade mental. Com isso não está querendo afirmar que tais objetos sejam desprovidos de realidade. Todavia, a realidade deles não diz respeito ao significado que expressam, mas às partes que os compõem, precisamente as sensações espaciais e temporais. Tais sensações são reais, embora não possamos dizer por quê. Provavelmente, elas têm origem em alguma "entidade" real (coisa-em-si). Motivo por que os objetos são apenas modos de consideração dessa entidade possível, que apenas se deixa entrever junto às sensações que desencadeia em nosso organismo. Ou, então, cada objeto é uma representação da possível unidade que causou em nós sensações reais. Tal representação, por sua vez, é uma atividade eminentemente mental, que Wundt denominou de associação de sensações. Associando sensações, a mente se representa – na imanência da subjetividade psicofísica – a unidade que estas sensações haveriam de ter na transcendência.

Brentano não aceita essa definição de objeto do conhecimento. Ainda que concorde em tomá-lo como ocorrência imanente à subjetividade psicofísica, Brentano não aceita derivá-lo da mera associação mental de sensações. Afinal, como já havia mostrado Kant (1781), contra o empirismo de Locke, a associação pressupõe justamente aquilo que ela deveria explicar, ou seja, a possibilidade da correlação das partes entre si. Isso não significa que Brentano seja partidário do intelectualismo kantiano, ao qual também considera uma versão do mentalismo. Na avaliação de Brentano, não obstante criticar o associacionismo, o intelectualismo kantiano faz daquela possibilidade uma decorrência de leis *a priori*. Nesse sentido, o intelectualismo kantiano continuou afirmando que os objetos do conhecimento são construções mentais, o resultado de uma operação de síntese, apenas que assegurada por condições *a priori* e, nesse sentido, supra-sensíveis.

Para Brentano (1874), a totalidade nominal – que é o objeto do conhecimento – não pode ser definida simplesmente como uma decorrência da soma (associação) ou da síntese (segundo um modelo *a priori*) das partes imanentes aos atos da mente (seja ela empírica ou transcendental). Isso implicaria reduzir o objeto às operações ou aos atos mentais do homem. Pior do que isso, tal concepção implicaria reduzir todo o saber a uma espécie de empresa psicológica (seja ela sensualista ou transcendental). Também já não se poderia mais distinguir claramente, por exemplo, objetos psíquicos e objetos físicos, bem como nossos sentimentos e nossas representações das relações materiais no campo perceptivo. Nos termos desses "psicologismos mentalistas", os muitos objetos do conhecimento não seriam mais que variações dos processos mentais da subjetividade.

Para dar conta desse problema, Brentano (1874) propõe a distinção entre atos e conteúdos dos atos em geral. Afinal, se é verdade que todo objeto exige um ato que o proponha, também é verdade que os atos se ocupam de conteúdos diferentes, os quais implicam, possivelmente, diferentes objetos visados. Eis aqui, precisamente, o momento em que Brentano estabelece a discriminação entre "fenômenos físicos", que são conteúdos transcendentes aos atos e, nesse sentido, desprovidos de inteligibilidade própria (como é o caso das qualidades sensíveis descritas pela física e por Wundt), e os "fenômenos psíquicos", que não apenas são imanentes aos atos intuitivos (que são os atos pré-mentais vinculados à senso-percepção, à memória e à afetividade), mas também são capazes de oferecer aos atos mentais (responsáveis pela linguagem e pelas operações volitivas e cognitivas) uma espécie de orientação ou de direção objetiva. Diferentemente dos fenômenos físicos – que carecem da intervenção sintética ou associativa dos atos mentais para poder revelar uma totalidade ou sentido – os fenômenos psíquicos não carecem de intervenção intelectual alguma, sendo eles mesmos que oferecem aos atos mentais a indicação de certa forma objetiva. Portanto, os fenômenos psíquicos já são, na imanência dos atos intuitivos, totalidades que precedem as partes, independentemente da intervenção de qualquer regra exterior.

Ora, com base na distinção entre atos e conteúdos e, sobremodo, na distinção entre conteúdos psíquicos e conteúdos físicos, Brentano (1874) acredita poder desmantelar o psicologismo mentalista oriundo da teoria do objeto de Locke, mostrando, contra Wundt e os demais psicólogos associacionistas, que o objeto psíquico não é, diferentemente do objeto físico, o resultado da associação de partes reais por meio de atos mentais, mas a expressão de um sentido de conjunto que se antecipa a qualquer ato mental. Para ser comunicado na relação intersubjetiva, sem dúvida, o objeto psíquico precisa do aporte de um ato mental. Mas não é conseqüência da operação de associação ou síntese que este realiza. Ao contrário: é o que dá ao ato mental uma orientação além do valor semântico que tal ato propriamente realiza. Nesse sentido, um exemplo pode ajudar: posso reconhecer, em uma frase que ouço de meu interlocutor, um sentimento sem ter de identificar as partes reais da frase, pois o sentimento já é um todo que eu intuo antes mesmo que ele esteja denominado, seja por mim ou por meu interlocutor. Ou, em outras palavras, ele já é um sentido (ou intenção, como prefere Brentano) antes mesmo que um ato mental o venha identificar. No caso de um objeto físico, em contrapartida, eu sempre preciso identificar (mentalmente) as partes reais que o compõem de modo a poder estabelecer (também mentalmente) sua unidade.

TEORIA DA INTENCIONALIDADE

Em que sentido, todavia, os fenômenos psíquicos são, de antemão, totalidades reveladas independentemente da associação das suas partes? Em que sentido eles oferecem uma orientação aos nossos atos intelectuais? Para responder a estas questões, Brentano (1874) recorre aos pensadores da alta escolástica, resgatando de Tomás de Aquino

(1126) a noção de intencionalidade, com a qual este último tentava definir nossa "figuração" mental do mundo transcendente.

Precisamente, para Tomás de Aquino, nós seríamos capazes de estabelecer figurações (in-extensas) relativas ao mundo sensível (ou extenso). Tais figurações, entretanto, não teriam origem na experiência sensível. Elas estariam relacionadas com a atividade judicativa, com a faculdade de julgar, própria à vontade humana. O que não significa que elas fossem, para Tomás de Aquino, produtos (representações objetivas) de nossos atos mentais (julgamentos), o resultado da união das partes imanentes a esses atos. Ao contrário, elas seriam organizações espontâneas, a unificação daquelas partes como um todo imagético sem a intervenção do ato propriamente dito (juízo da vontade). Conforme Tomás de Aquino, essas figurações cumpririam um papel muito importante, que é o de oferecer, para os atos mentais, um parâmetro com base no qual poderiam julgar o que quer que fosse. Por meio das figurações, por exemplo, poderiam julgar a objetividade (ou, o que é a mesma coisa, a verdade) das experiências sensíveis. Se uma experiência se apresentasse de maneira "semelhante" a uma figuração, ela poderia ser considerada (pelo ato mental) uma realidade objetiva (verdadeira). Ora, Tomás de Aquino denominou de intencionalidade a capacidade espontânea que as partes imanentes aos atos intelectuais têm para antecipar figurativamente o sentido objetivo com base no qual esses mesmos atos julgarão a objetividade das experiências sensíveis. E é tendo em vista essa noção de intencionalidade que Brentano afirma que:

> Todo fenômeno psíquico está caracterizado por aquilo que os escolásticos da Idade Média chamaram a inexistência intencional (ou mental) de um objeto, e que nós chamaríamos, se bem que com expressões não inteiramente inequívocas, a referência a um conteúdo, a direção a um objeto, ou objetividade imanente. (1874, p. 102)

Diferentemente de Tomás de Aquino, entretanto, Brentano acredita que tais figurações não ocorreriam num plano superior, mental, mas já se fariam presentes em níveis pré-mentais como totalidades imanentes aos nossos atos intuitivos (que não estão investidos de capacidade analítico-reflexiva, como no caso dos atos mentais). Nesse sentido, enfim, a intencionalidade consistiria: primeiramente, em totalidades espontâneas – que Brentano denomina de fenômenos psíquicos – imanentes aos nossos atos intuitivos (ou pré-mentais); e, em segundo lugar, diria respeito ao fato de essas totalidades poderem antecipar ou estabelecer uma orientação objetiva, um sentido de conjunto para nossos atos mentais (que, por essa razão, passam a ser chamados de atos orientados ou atos intencionais)[4]. Por outras palavras, a intencionalidade tem relação com a capacidade de nossos atos intuitivos em se constituírem como "todos representantes" de uma "representação objetiva" futura.

PSICOLOGIA DESCRITIVA

Ora, se os objetos psíquicos, especificamente, são decorrentes de intenções que precedem os atos mentais, os quais, por sua vez, não fazem mais que exprimi-las; então a ciência psicológica não deveria se restringir a pesquisar o psiquismo como se ele fosse formado apenas de partes reais – que a explicação psicológica, correlato lingüístico da mente, unificaria. O psiquismo está imbuído de conteúdos que já têm um sentido independentemente de um investimento intelectual da ciência psicológica; o que justificaria a adoção de um novo ponto de vista, ou seja: a consecução de uma ciência psicológica que não fosse simplesmente uma explicação genética ou a construção de uma unidade a partir de um modelo teórico, mas, ao contrário, uma descrição dessa unidade que se constitui por si mesma, qual seja, a intencionalidade. Eis, então, que Brentano, por volta de 1889, reabilita a antiga psicologia descritiva, que deixa de ser uma simples propedêutica à psicologia genética, para se transformar numa investigação autônoma (Gilson, 1955). A tarefa da psicologia descritiva passa a ser a caracterização dos processos intencionais implícitos aos nossos atos intuitivos e presentes como orientação objetiva aos nossos atos intencionais.

Para cumprir essa tarefa, a psicologia descritiva teria de percorrer um caminho retrospectivo. Ela precisaria basear-se nos objetos formulados pelos atos mentais para, então, identificar, junto aos atos e conteúdos físicos envolvidos, as intenções que os animassem. De onde não se segue que a psicologia descritiva se ocupasse de conteúdos físicos. Tal empreitada caberia às ciências físicas, que procurariam "explicar" os objetos físicos (as regularidades, as leis ou combinatórias possíveis) que os atos mentais pudessem visar junto aos diversos conteúdos físicos (sensações). Mas as motivações ou interesses implicados nessas visões, ou seja, as compreensões de mundo, as expectativas e os valores introduzidos pelos pesquisadores, estes sim são os temas da psicologia descritiva. São eles que propriamente compõem os objetos psíquicos, em contrapartida dos objetos físicos, muito embora ambos possam estar intimamente associados. A investigação das propriedades da pólvora, por exemplo, pode estar associada ao interesse de se fazer guerra. O objeto psíquico e o físico convivem junto aos mesmos atos, mas nem por isso se confundem entre si.

Uma dificuldade, entretanto, se impôs ao projeto de uma psicologia descritiva. Como reconhecer as intenções envolvidas naqueles atos para os quais não se pode reconhecer objeto algum? Quais intenções estariam envolvidas na produção de alucinações, delírios, absurdos lógicos, por exemplo? Se as intenções são orientações objetivas legadas aos atos mentais, quais intenções estariam envolvidas naqueles atos que visassem, por exemplo, a um "quadrado redondo"? Na ausência de objetos, a descrição dos processos intencionais ficava inviabilizada. Mais do que isso, a própria tese de que nossos atos sempre estão orientados por intenções caía sob suspeita, o que exigia uma reforma na teoria brentaniana, se não na noção de intencionalidade, ao menos na noção de objeto intencional. Seria preciso repensar a natureza e o papel dos objetos na consecução de uma descrição psicológica de nossas intenções.

Foi a consecução dessa reforma, primeiramente, aquilo de que se ocupou Husserl (1900-1901). De onde se segue que, se é verdade que é a partir da noção brentaniana de intencionalidade que vemos nascer a primeira formulação daquilo que, mais tarde, os psicólogos da Gestalt denominaram de "*Gestalten*" (totalidades que se formam de maneira autóctone em relação aos atos mentais), também é verdadeiro que, para a constituição da psicologia da Gestalt, foi preciso esperar por Husserl. Foi ele quem primeiramente formulou – nos termos de uma teoria sobre a transcendência do objeto intencional – a possibilidade de uma investigação que não fosse tributária nem da "existência" real nem da "atualidade" mental desses objetos.

EDMUND HUSSERL: CONSTITUIÇÃO INTENCIONAL DOS OBJETOS TRANSCENDENTES E O NASCIMENTO DA FENOMENOLOGIA COMO PSICOLOGIA EIDÉTICA

Na obra *Filosofia da aritmética* (1891), quando propõe estabelecer uma clarificação dos conceitos fundamentais da lógica e da matemática, Husserl afirma que para tanto é preciso retornar a Brentano. Afinal, as críticas que Brentano dirige a Locke na esteira da filosofia lockeana à psicologia associacionista são plenamente aplicáveis ao logicismo vazio das teorias do objeto do final do século XIX. Não apenas isso: a tese brentaniana de que toda representação objetiva está fundada num representante psíquico pré-mental é integralmente apropriada para pensar a origem dos objetos matemáticos. Entretanto, três anos mais tarde, Husserl, em seus *Estudos psicológicos* – posteriormente compilados em *Articles sur la logique* (1903) –, não obstante afirmar admitir a distinção brentaniana entre fenômenos psíquicos e fenômenos físicos, dá um novo tratamento à noção de intencionalidade, encaminhando uma transformação no modo de se entender esta distinção.

Precisamente, para Husserl, intencionalidade não designa apenas as ocorrências pré-mentais ou imanentes aos atos intuitivos, que são os fenômenos psíquicos ou o fato de estas ocorrências poderem antecipar ou estabelecer uma orientação objetiva para os atos intencionais. Intencionalidade também designa o fato de a consciência se aperceber que ao anteciparem uma orientação objetiva aos atos intencionais atuais, os fenômenos psíquicos revelam uma ligação espontânea com algo não atual, que ainda não está dado na imanência dos atos da consciência, mas que é para esta uma potencialidade, uma possibilidade fornecida pelo mundo (pelas coisas da natureza e pelo próprio ego psicofísico como uma delas). De onde se segue uma definição de intencionalidade, segundo a qual intencionar significa tender por meio de conteúdos dados a conteúdos não dados. Ou, ainda, intencionar significa "dirigir-se", a partir dos conteúdos imanentes aos atos atuais, a conteúdos apenas indicados pelos primeiros. A intencionalidade, assim compreendida, designa a "participação psíquica" da consciência nas relações de remissão temporal entre os conteúdos atuais e inatuais no mundo (Husserl, 1903, p. 153). Ou, conforme dirá mais tarde (Husserl, 1924): intencionalidade designa a "participação psíquica" da consciência nos modos de "doação de sentido" (*Sinngebung*), que são as possibilidades de correlação entre conteúdos atuais e inatuais, tais como essas correlações se oferecem no mundo em geral[5].

Ora, o que há de especificamente novo nessa definição de intencionalidade que já não houvesse em Brentano? Afinal, também Brentano afirmava que os fenômenos psíquicos (ou *Gestalten*) são amostras de uma representação futura. Acontece que, enquanto para Brentano todas as dimensões temporais, inclusive a futura, são ocorrências atuais da consciência e, portanto, a ela imanentes; Husserl considerará o futuro e o passado como dimensões inatuais e, conseqüentemente, não imanentes à consciência. Tais dimensões, acredita Husserl, pertencem ao mundo, razão pela qual são consideradas transcendentes. Conseqüentemente, se intencionar é visar ao inatual, isso é o mesmo que "visar à transcendência". Por meio da noção de intencionalidade como participação psíquica nos modos de doação dos conteúdos inatuais, e por meio da consideração da inatualidade como uma sorte de transcendência (algo doado pelo mundo ele mesmo), Husserl introduz, então, a tese de que os objetos intencionados são transcendentes aos atos que os visam. O que não apenas afronta a tese da imanência, subscrita por Brentano, segundo a qual tanto os fenômenos psíquicos quanto os objetos visados a partir desses fenômenos são realmente imanentes ao ego psicofísico, quanto modifica o estatuto da psicologia descritiva. Além da imanência, ela tem agora de se ocupar da transcendência, da transcendência entendida como o universo de inatualidades fornecidas pelo mundo[6].

No texto de 1894, entretanto, Husserl não estabeleceu uma clara delimitação do que seria uma descrição de um objeto transcendente. Em algum sentido, Husserl não foi suficientemente enfático em vincular as noções de transcendência e inatualidade, tampouco em esclarecer o que é esse mundo de inatualidades de que ele fala. Razão pela qual, expôs-se à interpretação equivocada de que, quando estivesse falando de transcendência, ele estaria se referindo às coisas da natureza, tal como fazem os cientistas da natureza. Talvez isso explique por que Husserl, numa tentativa de se desembaraçar de uma interpretação realista da noção de transcendência, tivesse afirmado que, uma vez intencionados, os objetos transcendentes seriam assimilados pela consciência como novos objetos imanentes. Mas essa solução não só não foi aprovada por Brentano como não agradou sequer a Husserl. O que acabou por exigir uma investigação mais rigorosa, apresentada nas *Investigações lógicas* (1900-1901).

No biênio de 1900-1901, Husserl publicou os dois tomos das seis *Investigações lógicas*, em que se propõe não apenas a clarificar os conceitos da lógica por meio da descrição das propriedades intencionais inerentes aos juízos, mas também a esclarecer o sentido em que ele mesmo emprega o termo intencionalidade. O que antes era um projeto de fundamentação da lógica e da matemática, então se torna um tratado de teoria do conhecimento, cujo tema capital é a noção de intencionalidade. Husserl ainda considera a delimitação dos fenômenos psíquicos, operada por Brentano, a mais notável e, filosoficamente, a mais importante (Husserl, 1900-1901, p. 364). Porém, isso não o impede de criticá-la e de sustentar uma nova concepção de intencionalidade que, entretanto, já estava esboçada nos artigos de 1894. Ela consiste numa nova leitura sobre a natureza dos fenômenos psíquicos (a partir dos quais os objetos intencionais seriam visados). Os fenômenos psíquicos "não" serão mais interpretados como "psíquicos"; o que significa dizer: eles não serão mais interpretados como ocorrências imanentes ao ego psicofísico exclusivamente. Husserl levará em conta a inatualidade[7] desses fenômenos, o que lhe permitirá reconhecer a transcendência deles e, conseqüentemente, a publicidade da consciência e dos objetos por ela visados. Os objetos intencionais, a partir de então, serão considerados por Husserl vividos intersubjetivos. O que repercute na maneira como ele passará a entender o sentido e a tarefa da psicologia descritiva: em vez de psicologia, fenomenologia; em vez de descrição, uma eidética.

CRÍTICA DE HUSSERL À NOÇÃO BRENTANIANA DE IMANÊNCIA

Nas *Investigações lógicas*, Husserl retoma a noção de objeto de conhecimento apresentada na obra *Psicologia do ponto de vista empírico* (1874) e põe em questão o caráter imanente que Brentano atribuía a tal noção. Isso porque, segundo avalia, tal imanência implica uma sorte de ambigüidade. Em outras palavras, se os objetos de conhecimento são de fato imanentes, eles ou se confundem com os fenômenos psíquicos de quem recebem o conteúdo ou coincidem com os atos mentais de representação desses mesmos fenômenos. Brentano aproxima-se aqui, perigosamente, de Locke. Afinal, também em Locke (1690) os objetos transitam entre a condição de representantes de conteúdos e de conteúdos representados.

Conforme acredita Husserl, não obstante criticar o nivelamento lockeano de atos e conteúdos, Brentano não conseguiu desvencilhar-se de um "prejuízo" introduzido pelo próprio Locke, a saber, aquele que afirma que os atos mentais apenas podem ser exercidos sobre aquilo que é efetivamente "dado" na consciência empírica. Conseqüentemente, mesmo tendo mostrado que os atos mentais não são os conteúdos psíquicos, mesmo tendo mostrado que esses conteúdos não são partes associadas no âmbito dos atos mentais, mas totalidades a impor uma direção a estes, tais demonstrações não foram suficientes para determinar a singularidade do objeto de conhecimento. Ele continua sendo algo "dado" à consciência, como os próprios atos e conteúdos desses atos. De onde se segue este impasse: no que, então, o objeto do conhecimento se distingue desses atos e desses conteúdos?

Para fugir desse impasse, Husserl retoma seus *Estudos psicológicos* de 1894 com o propósito de precisar uma tese que lá já havia causado polêmica – a tese de que os objetos intencionais não são realidades imanentes à consciência psicofísica. Ao contrário, mesmo se tratando de objetos ideais, que em nada se confundem com as coisas da natureza, os objetos intencionais são "realmente transcendentes" em relação aos atos da consciência. Eles são conteúdos inatuais para os quais, na mediação dos conteúdos imanentes aos atos atuais e a partir disso, a consciência se dirige. Ora, mas o que é aqui um conteúdo inatual? Em que medida essa noção ainda tem relação com a noção brentaniana de fenômeno psíquico?

CARÁTER UNIVERSAL DAS ESSÊNCIAS E A PUBLICIDADE DA CONSCIÊNCIA: OS RUDIMENTOS DA TEMÁTICA DA CORRELAÇÃO

Nas *Investigações lógicas*, ao se ocupar da temática das essências – que Brentano chamava de fenômenos psíquicos – Husserl (1900-1901) não se limitou a repetir seu mestre. Brentano considerava os fenômenos psíquicos uma forma de individualidade, o que denota a forte presença de uma matriz aristotélica, segundo a qual toda existência é sempre uma existência individual; e toda individualidade, uma ocorrência atual. Para Husserl, se é verdade que os conceitos matemáticos são vivências, tais vivências não podem ser consideradas ocorrências individuais, pois não são relativas a cada subjetividade psicológica. Menos ainda ocorrências exclusivamente atuais, porquanto as premissas ou os corolários de um teorema nem sempre são conhecidos.

Sem abandonar o projeto psicológico descritivo de fundamentar as ciências por meio de um retorno à origem dos conceitos na intuição, Husserl passará a considerar os fenômenos psíquicos intuídos não mais como formas que habitariam um "indivíduo atual", mas como "inatualidades doadas pelo mundo e, portanto, passíveis de serem compartilhadas", as quais chamará de "vividos essenciais" (do ponto de vista dos atos) ou, simplesmente, "essências" (do ponto de vista dos correlatos). Ora, o que são esses vividos ou essências?

Imaginemos a seguinte situação: numa sala de atendimento, o consulente olha fixamente para um cubo decorativo colocado numa prateleira posicionada atrás e numa altura acima da poltrona em que o terapeuta está sentado. Este pergunta ao consulente: "Para onde você está olhando?". Ao que o consulente responde: "Troque de lugar comigo e você poderá ver o cubo vermelho às suas costas". Caso o terapeuta o faça – por uma razão qualquer que não nos interessa por ora discutir –, ele poderá ver os "mesmos lados" do objeto que o consulente estava a observar. E mesmo sendo necessário admitir, com Husserl, que nenhum dos lados poderia ser percebido se o terapeuta e o consulente não empregassem o olhar ou a motricidade geral (os quais não são mais que atos da consciência); ninguém contestará que os lados percebidos nessa experiência dizem respeito a algo que não se limita às ações perceptivas dos dois sujeitos envolvidos. Essa regência do cubo fica mais evidente à medida que nos apercebemos que, dependendo do ângulo pelo qual o terapeuta fitar o cubo, este revelará um "aspecto" diferente. O terapeuta pode mirar o cubo num alinhamento horizontal e, então, a face que estiver mais próxima se mostrará como um quadrado. Mas se o profissional se agachar, a face de antes agora parecerá um trapézio, assumirá tal "aspecto". Ainda assim, tal como no caso dos lados, também os aspectos podem ser compartilhados pelo terapeuta e seu consulente. Caso o consulente se agache, ele verá o "mesmo aspecto" trapezóide – o que denuncia a disponibilidade ou capacidade de doação do mundo na forma de vividos disponíveis às visões intencionais das consciências, por um lado, e a publicidade das consciências, por outro. E eis aqui, na disponibilidade ou capacidade de doação do mundo, a universalidade daquilo que Husserl chama de essências; e na reversibilidade das experiências do terapeuta e de seu consulente, a publicidade que Husserl admite para os atos da consciência e, nesse sentido, para as próprias consciências.

Isso não significa que não haja essências individuais. Se o terapeuta fechar os olhos e depois tornar a abri-los, as duas visões sobre o "mesmo aspecto" revelado no "mesmo lado" não coincidirão entre si. É por que cada visão nos dá um perfil, um instante temporal único. E eis aqui o sentido específico daquilo que Husserl chama de individualidade: "perfil". A individualidade não tem relação com o fato de o "olhar" poder ser exercido ou pelo terapeuta ou pelo consulente, mas sim com o fato de cada visão nos dar um perfil temporal exclusivo. Ou seja, para Husserl, só somos individuais no âmbito de cada perfil efetivamente vivenciado. Ainda assim, depois de cada exercício de abertura e fechamento dos olhos, terapeuta e consulente "intuem" ser possível o advento de um novo perfil; logo a seguir, o advento de mais outro; novamente outro e assim sucessivamente, caracterizando um fluxo. Trata-se de possibilidades que se abrem após cada vivência individual; trata-se de potencialidades que se anunciam em torno de cada perfil atual, como se fossem horizontes mais além das paisagens visadas. Os perfis inatuais são doações temporais do mundo para a consciência ou, o que é a mesma coisa, dizem respeito à *freqüentação* do mundo temporal pela consciência. E é essa temporalidade dos perfis aquilo que funda, para Husserl, a universalidade dos outros modos de doação, que são os aspectos, os lados e os objetos eles mesmos.

Alcançamos o tema crucial da constituição do espaço e da extensão com base no tempo. Os aspectos e os lados também são perfis inatuais que se apresentam para as múltiplas visões das consciências. Mas são perfis especiais, porquanto, mais do que um instante, eles exprimem correlações diversas entre perfis e entre perfis e atos da consciência. É verdade que essas relações são meramente operativas: elas são antes praticadas do que sabidas. Ainda assim, elas se apresentam como uma possibilidade com a qual a consciência pode contar. No caso dos aspectos, eles são não apenas perfis inatuais, mas inatualidades em que podemos compreender a "localização" de um perfil em relação ao ato que o visa. Isso é o mesmo que dizer que o aspecto não é só um instante, mas um instante em que se anuncia uma relação de localização. O que torna possível a repetição, não do perfil, mas da relação de localização. Eis a razão pela qual o aspecto é uma vivência pública. Trata-se de uma relação que pode ser reeditada não obstante os diferentes instantes que a preenchem. Essa reedição, a sua vez, abre outras possibilidades de relação: possibilidades de fixação, como a fixação dos "lados", que são não apenas lugares, mas lugares invariantes. Esses invariantes nos remetem a outros invariantes e assim por diante. E é por isso que terapeuta e consulente podem perceber um só e mesmo "cubo", um só e mesmo objeto intencional; o que não significa que a identidade do cubo seja uma conseqüência da associação dos perfis, aspectos ou lados. Para Husserl, a identidade da coisa mesma é uma inatualidade própria, como o conjunto é uma identidade própria diferente de suas partes. Ainda assim, trata-se de uma inatualidade expressa para um ato da consciência. E cada nova possibilidade é – do ponto de vista do mundo – uma essência, um modo de doação; e – do ponto de vista da consciência – um vivido, por cujo meio a consciência pode ir além de si mesma na direção da transcendência de seus atos. Cabe, entretanto, frisar que: ainda que dependam de atos perceptivos, os quais sempre são individuais, porquanto nunca podem se repetir tal e quais, as essências – apresentem-se elas como perfis, aspectos, lados ou objetos intencionais – não se confundem com esses atos. São modos de doação do mundo inatual, fonte de sentido para os atos. Ou, então, são essências universais que dão forma à materialidade de cada gesto perceptivo, seja este exercido pelo consulente ou pelo terapeuta.

De todo modo, é preciso pontuar aqui algo que, já nas *Investigações lógicas*, Husserl levava em conta, muito embora, somente depois de 1913, logrará *status* de evidência fenomenológica, precisamente, a correlação entre os atos da consciência e os modos de doação para os quais ela se transcende a partir daqueles. Para Husserl, as essências não são conseqüências dos atos da consciência, tampouco os atos da consciência são respostas às essências, que fariam então as vezes de estímulos. Para Husserl, os atos da consciência e as essências (perfis, aspectos, lados e objetos intencionais revelados como inatualidades do mundo) são uma só unidade de correlação. Husserl retoma o mote de Brentano, segundo o qual a consciência é sempre consciência-de-um-objeto. O que significa não haver consciência sem objeto intencional ou objeto intencional sem consciência. Enquanto unidade de essências, os objetos intencionais designam apenas um "ponto de vista" em relação a esse todo que é a consciência-de-um-objeto. Da mesma forma, os atos da consciência correspondem a outro ponto de vista em relação ao todo. Nesse sentido, considerar um ato que visa um perfil inatual ou um perfil inatual que se revela para um ato implica apenas um deslocamento no ponto de vista a partir do qual se estabelece a consideração. A vida da consciência e as essências que ela visa consistem em um só mundo intersubjetivo; ainda que mais tarde, por volta de 1913, Husserl reconheça a necessidade de um radical esclarecimento dessa unidade de correlação que, nas *Investigações lógicas*, ainda pressupunha um fundamento no mundo real, no mundo das coisas da natureza, fundamento esse que levou Husserl a admitir que os atos e as essências são partes do mundo (1900-1901, II, p. 479)[8].

Ora, por conta dessa noção de essência e de sua correlação com os atos da consciência, já nas *Investigações lógicas*, dispomos de um modo muito distinto de se compreender a subjetividade. Diferentemente de Brentano e de toda a tradição mentalista, Husserl não considerará os vividos ocorrências necessariamente individuais, tampouco considerará a individualidade a pertença a um subsistente ôntico; no caso de Brentano, o psiquismo. Não obstante admitir que os vividos sempre aconteçam no tempo, o que faz que sejam diferentes a cada vez e, nesse sentido e somente nesse sentido, individuais, Husserl os considera manifestações públicas, tal como os "lados" e os "aspectos" do cubo são percepções públicas. O que faz da consciência uma instância simultaneamente individual e pública, um domínio ao mesmo tempo subjetivo e intersubjetivo ou, conforme a formulação de Husserl, uma "subjetividade intersubjetiva". Por seus atos individuais, a consciência deixa-se preencher e moldar por algo que a ultrapassa, que é público, precisamente, os "modos de doação" por meio dos quais o mundo se oferece a ela como inatualidade: os perfis, os aspectos, os lados e, como no exemplo acima, a síntese provisória desses vividos no aparecimento do cubo ele mesmo. Enquanto subjetividade intersubjetiva, a consciência já não é mais uma ocorrência "psíquica". Husserl então a denomina de "consciência transcendental" – entendendo por transcendental o "modo intencional" como ela se desdobra pelos vários modos de doação para os quais se transcende. Ora, quais modos intencionais então são esses?

Intuição e significação: as duas "caras" da intencionalidade

O trânsito da consciência pelos modos de doação ou essências não segue exclusivamente o fluxo descrito no episódio do cubo – e que caracteriza sobremaneira a percepção. Há inúmeros modos de transcendência, os quais definem as diferentes experiências intencionais da consciência intersubjetiva. Além da percepção, podemos mencionar a rememoração involuntária, a imaginação, a motricidade, a comunicação lingüística, o conhecimento objetivo, dentre outros. Não é nosso propósito dissertar sobre todas essas formas de intencionalidade. Interessa-nos, entretanto, pontuar uma distinção que, do ponto de vista das essências, podemos estabelecer entre: modos de doação intuitivos – característicos da percepção, da memória, da imaginação e da motricidade – e modos de doação significativos.

Não obstante se apoiarem na intuição – o que faz deles modos de doação fundados e daquela um modo fundante – os modos de doação significativos introduzem uma forma de doação especialmente nova, na qual as possibilidades não surgem para a consciência, mas são por ela estabelecidas ou constituídas. Esse é o caso da linguagem e, mais especialmente ainda, dos modos de doação em que visamos complexidades que não poderiam surgir de nossas vivências de transcendência na natureza, quais sejam eles: os cerimoniais, as valorações, as avaliações, as legislações, as intervenções clínicas, enfim, toda sorte de objeto cultural que organiza nossos vividos em "estados de coisas" e "juízos". Os juízos, em especial, não serão mais compreendidos como produtos da faculdade da vontade, como algo que esteja dentro da nossa "cabeça". Eles passam a valer como fenômenos mundanos eminentemente intersubjetivos. Husserl denomina os estados de coisas e os juízos de modos de doação categoriais. O que nos permite então falar – agora do ponto de vista dos atos – de uma diferença entre uma intencionalidade operativa, eminentemente exercida na forma de atos intuitivos e voltada para transcendências ou possibilidades unirradiais (como são os objetos da percepção, da memória, da imaginação e da motricidade); e uma intencionalidade categorial, eminentemente exercida por meio de atos intencionais e voltada para transcendências ou possibilidades plurirradiais (como são os objetos da linguagem, das ciências, da filosofia e da lógica e, em certa medida, da experiência clínica).

Modos de doação intuitivos e intencionalidade operativa

Nos modos de doação intuitivos, a inatualidade das possibilidades visadas pela consciência não carece de ser constituída pelos atos da consciência ela mesma. É como se essas possibilidades se oferecessem espontaneamente, de modo a arrebatar a consciência de sua condição ou atualidade. Essas são as vivências que podemos testemunhar na percepção, na imaginação, na recordação involuntária[9], na antecipação espontânea[10] e na motricidade. Em todas elas, os atos da consciência comportam uma sorte de passividade frente àquilo que se anuncia mais além, ou mais aquém, do que para eles é atual[11].

Tal descrição, entrementes, diz respeito ao ponto de vista dos atos da consciência. Do ponto de vista dos correlatos (ou seja, das inatualidades para as quais a consciência se transcende), há que se dizer que tais correlatos se manifestam de duas maneiras fundamentalmente e segundo dois estados.

No que diz respeito às maneiras: ou os modos de doação se dão como um fluxo de aparecimentos, na forma de intenções parciais (perfis, aspectos e lados); ou eles se dão como uma identidade, como uma unidade simples e imediata ou, ainda, como a "fusão imediata das intenções parciais", a qual não carece de nenhum ato fundado (de linguagem) para se constituir (Husserl, 1900-1901, p. 152). No primeiro modo, temos a revelação intersubjetiva dos lados e dos aspectos do cubo junto ou mais além dos perfis vividos pelo terapeuta e seu consulente, conforme o exemplo com o qual trabalhamos no tópico anterior. No segundo modo, temos o momento em que o cubo revelou-se ele próprio como objeto intencional, como uma síntese presuntiva que, todavia, não precisou ser sustentada pela linguagem.

No que diz respeito aos estados, precisamos primeiramente esclarecer o que entendemos por isso. Estado é a qualidade que um perfil possa ter relativamente à atualidade para a qual ele se manifesta como um inatual. Ou o perfil (inatual) é para o perfil atual algo vazio – o que significa dizer: desprovido de potencialidade de atualização. Ou o perfil (inatual) é para o perfil atual algo cheio – o que significa dizer: dotado de potencialidade de atualização. Enquanto uma inatualidade vazia, um perfil designa sempre o passado. Enquanto uma inatualidade cheia, um perfil designa sempre o futuro. Já os perfis atuais não são nem vazios nem cheios, afinal eles não são potencialidades. São puro ato, do ponto de vista dos atos; ou puro dado, do ponto de vista dos correlatos.

Para melhor caracterizar as essências e os atos da consciência implicados em nossas experiências intencionais, decidimos estender um pouco mais a cena fictícia envolvendo um terapeuta e seu consulente, de que nos servimos até aqui. Obviamente, não nos interessa, ainda, discutir a participação e o efeito da linguagem nas vivências dos dois figurantes em nosso exemplo. Deixaremos isso para o item a seguir, que tratará da intencionalidade categorial. Menos ainda nos interessa por ora abordar temas clínicos, os quais, ademais, também são da ordem da intencionalidade categorial. Feitas essas advertências, suponhamos então que o terapeuta tenha retornado a sua poltrona, de onde emitiu a seguinte interpelação: "O que você vê naquele cubo(?)". O consulente responde estar "vendo", no vermelho das faces do cubo, um tabuleiro de xadrez, sobre o qual escorre um cálice de vinho derramado, cujo aroma amadeirado ele quase pode sentir. Evidentemente, o terapeuta faz uma "idéia" do que o consulente está falando. Mas, para isso, ele se serve da intencionalidade categorial, sobre a qual vamos falar no item a seguir. Por ora, nós devemos nos concentrar apenas naquilo que possa estar acessível independentemente dos valores semânticos introduzidos pelas palavras. Se fizermos essa abstração – a qual, voltamos a frisar, é fictícia e cumpre apenas uma finalidade didática –, concordaremos em que nada do que o consulente diz é, para o terapeuta, um "aspecto" que este possa "perceber". Ainda assim, o terapeuta as pode "imaginar", caso possa assumir, não mais o lugar, mas a atitude do consulente. Esta consiste em visar, mais além daquilo que se oferece à percepção como lado ou aspecto, um "aspecto desprovido de localização", como se a localização voltasse a ser apenas um perfil, um espaço esvaziado. Eis a imaginação, que é um ato intencional de visar um aspecto como se ele fosse um perfil; o que significa dizer: uma localização desprovida de permanência. Mesmo sem o apoio das palavras – as quais explicitariam uma ligação categorial entre o todo e as partes envolvidas na experiência – o terapeuta pode se deixar arrebatar por uma imagem. O que significa dizer: ele pode se deixar arrebatar por algo que se mostra como um aspecto – e, portanto, como o que ainda não tem uma identidade objetiva – cuja peculiaridade, todavia, é ser tão fugaz quanto um perfil.

Suponhamos agora que o terapeuta estabeleça uma nova pergunta: "Como você se implica nessa imagem que você me descreveu(?)". O consulente é surpreendido e mal pode disfarçar a ansiedade que tomou conta de sua fisionomia. A surpresa, evidentemente, pode ter como origem um "estado de coisas" formulado pelas palavras do terapeuta – o que caracterizaria uma operação categorial. Vamos abstrair dessa possibilidade e conjeturar que a surpresa se deveu ao surgimento de um impensado, tal como uma imagem, mas com a diferença de se mostrar como um todo inatual e vazio. Vazando na direção do horizonte feito repuxo de maré, o olhar do consulente parece testemunhar uma cena de horror tão presente quanto as laterais do cubo são presentes para quem o vê frontalmente. Mas, à diferença das faces, a cena não é para o consulente uma parte que se apresenta. A cena é como o cubo, tal como se o próprio cubo se apresentasse, por inteiro, mas como algo vazio – e esse vazio faz toda a diferença em relação à percepção de um objeto que se apresenta ele mesmo. Afinal, na percepção, também temos a apresentação de uma inatualidade que é um todo, apenas que cheia. Depois de alguns instantes de insuportável silêncio, o consulente então relata um episódio paradoxal, no qual fora tomado por uma indescritível sensação de bem-estar, justamente no momento em que testemunhava, à mesa do restaurante em que se reunira com familiares para celebrar seu aniversário, a parada cardíaca sofrida por seu avô. Conta o consulente que reparou no copo de vinho português que seu avô segurava em uma das mãos e que transbordava por sobre o pulôver de lã, enquanto ele agonizava. O pulôver tinha motivos em xadrez e muito lembrava um tabuleiro. Essa descrição e a tentativa de elaboração que nela se apresenta são tentativas de organizar o vivido instantâneo no qual, por alguns instantes, o consulente ficou absorto. Para a nossa análise atual, interessa o vivido e não aquela elaboração. Tal vivido é a "recordação involuntária" – que, no caso aqui relatado, antecedeu a elaboração lingüística do consulente. A recordação involuntária vivida pelo consulente, assim como toda e qualquer recordação involuntária, não é um lado, um aspecto, nem mesmo um perfil. Ela é a apresentação da própria cena, como se fosse o cubo ele mesmo, apenas que ausente, como uma inatualidade vazia. O que denota que, para a fenomenologia, o passado não é simplesmente um vestígio de um presente que não existe mais. O passado é uma inatualidade que conta no presente, mas como um todo vazio. Ou, então, o passado é um modo originário de doação do mundo para a consciência, do mundo como um todo vazio. O passado não existe "na" consciência, mas "para" a consciência, que na direção dele pode se transcender.

Essa vivência é particularmente importante para Husserl – e aqui abrimos espaço para uma digressão de um parágrafo apenas. Tal vivência revela existir, para a consciência, uma "vivência íntima ou interna do tempo", na qual se dá o fenômeno da duração. E o que dura, aqui, no caso, não é uma representação do passado, como se costuma dizer em psicologia; o que dura é o passado ele próprio. Husserl vai chamar essa duração do passado de retenção e reconhecer na experiência retencional uma forma primitiva da intencionalidade operativa. É por meio dela que os perfis são conservados – não como representações dos perfis atuais – mas como a presença "inatual" daqueles perfis; no caso do passado, como a presença inatual de um vazio, que é o passado[12]. Aliás, do ponto de vista dos correlatos, a noção de retenção coincide com a noção de "inatualidade" e é ela que fornece a base para se pensar em que sentido um perfil atual possa sair dele mesmo e, conseqüentemente, deflagrar a vida operativa da consciência; a qual – no caso da percepção - consiste na constituição dos aspectos a partir dos perfis, dos lados a partir dos aspectos, de novos lados a partir de lados antigos, até que, enfim, surja a coisa ela mesma. Mas, para o surgimento da coisa, é preciso reconhecer outra característica de nossa forma íntima de viver o tempo: que é a capacidade para estabelecer a síntese dos perfis retidos (inatuais). Aliás, a experiência da recordação involuntária é exemplar para o diagnóstico da existência dessa síntese passiva. Por outras palavras, analisando a recordação involuntária, Husserl compreende haver, enquanto um outro traço constitutivo da intencionalidade operativa, uma capacidade também primitiva (tal como a retenção) de oferecer os perfis retidos como um todo (vazio, no caso da recordação involuntária). Husserl denomina de "síntese passiva" essa capacidade da intencionalidade operativa para lançar a consciência no convívio com um todo de perfis retidos (e, portanto, inatuais), aos quais denominamos de passado vivido – e que não se confunde com uma representação do passado, a qual exigiria uma intencionalidade categorial, um ato categorial. Ora, essa teoria da vivência íntima do tempo foi muito importante para o trabalho de um aluno de Husserl, chamado Edgar Rubin e, por extensão, para os trabalhos dos psicólogos da Gestalt – os quais leram nas teses de Rubin uma formulação adequada para definir o que é uma "Gestalt". Voltaremos a esse ponto ainda no presente capítulo. E, no próximo, mostraremos de que maneira, à medida que o pensamento de Husserl avança de modo a se deslindar de todo e qualquer comprometimento com a psicologia e com a filosofia clássicas, a temática da vivência íntima do tempo assume um lugar central em seu pensar, a ponto de responder pelo fundamento último da vida intencional da consciência. De onde já podemos inferir, conforme mostraremos no capítulo sexto, por que razão, ao estabelecerem a descrição fenomenológica das propriedades fundamentais do *self*, os autores reconhecerão na temporalidade o estrato mais profundo[13].

Depois dessa importantíssima digressão, voltamos para a nossa análise dos modos intuitivos da intencionalidade, para então dizer que o mesmo que se afirmou relativamente à nossa vivência do passado (via recordação involuntária) vale para nossa vivência do futuro (via antecipação espontânea). Retomemos o nosso exemplo agora para falar da antecipação espontânea: o terapeuta, depois de ouvir o consulente relatar a intrigante cena da morte do avô, não precisa fazer intervenção alguma para se certificar de que algo importante está para acontecer. O olhar marejado que agora o consulente mal consegue disfarçar desencadeia, no terapeuta, a antevisão das reações vociferantes e musculares com as quais, logo a seguir, o consulente tentará se desembaraçar do incontornável que surgiu na sessão. E não se trata aqui – mais uma vez – de fazer intervir uma função categorial; que poderia bem ser o exercício de um pensamento clínico, tipicamente gestáltico, que identificasse na passagem da confissão ao choro um ajustamento retroflexivo. Estamos por ora abstraindo das reflexões, especialmente das clínicas. Os desdobramentos futuros vieram à consciência do terapeuta sem que esta os tivesse pensado, nem mesmo chamado. O terapeuta simplesmente pressentiu o que o consulente ia fazer logo a seguir. Ou, o que é a mesma coisa: a consciência não precisou formular, nos termos de um ato categorial, o futuro. Bastou intuí-lo, o que significa dizer: abrir-se a sua manifestação. O futuro, na vivência da "antecipação espontânea", é tal qual uma recordação involuntária, mas que se apresenta inteira vinda pela outra ponta, como uma síntese que se faz presente como inatualidade, dessa vez, inédita. Sem dúvida, essa antevisão está toda ela apoiada naquilo que o terapeuta já "sabia" de seu convívio com o consulente depois de tantos meses de terapia. Afinal, como admitirá Husserl, a antevisão do futuro é também uma síntese passiva de perfis inatuais. Só que eles não são necessariamente vazios. Eles são inatualidades cheias ou, o que é a mesma coisa, plenas de potencialidade.

São essas mesmas potencialidades, ademais, aquelas que aparecem como horizonte de futuro de nossa motricidade. Voltando ao nosso exemplo: mesmo guiado por uma intenção formulada de maneira categorial, mesmo orientado por uma significação articulada na forma de um pedido ("troque de lugar comigo e você poderá ver o cubo vermelho as suas costas"), o terapeuta levantou-se de sua poltrona na direção do consulente como se, dessa forma, seu corpo pudesse ver algo pela primeira vez. A motricidade parece simplesmente perseguir novidades. Mas há aqui uma peculiaridade, que propriamente distingue a motricidade da antecipação espontânea: para a motricidade tudo se passa como se essas novidades viessem prontas, como se tivessem sido formuladas mais além de si, um pouco antes dos gestos de procura. O que nos obriga a admitir, no caso da motricidade, uma espécie de futuro que vem do passado, uma inatualidade cheia, mas indissociável de outra que é vazia, e de onde a primeira nasce qual significação: depois de compreendida a significação, nem se vêem mais as palavras pelas quais ela se manifestou; da mesma forma como, depois de percebido o cubo, já não importam mais os perfis que nos indicavam tal qual rastro a localização do objeto na prateleira. Mas, enquanto procurava, cada perfil da sala era para o terapeuta o testemunho da prévia existência do cubo.

Nessa seqüência de eventos, independentemente dos valores semânticos das palavras empregadas pelo terapeuta e pelo consulente, os dois parecem ter se havido com potencialidades que se mostraram desde si. Tudo se passou como se, mais além dos aspectos e dos lados percebidos, terapeuta e consulente fossem convidados a "sentir" aspectos que pudessem paradoxalmente escoar, como se fossem perfis: imaginação. Ou, ainda, eles foram convidados a sentir a presença vazia de uma coisa mesma no passado (recordação involuntária), ou de outra coisa ainda, agora no futuro, como algo cheio, pleno de possibilidades (antecipação espontânea), as quais, na motricidade, puderam ser visadas como um passado vindo do futuro. De onde se segue haver na fenomenologia o reconhecimento de uma espécie de passividade da consciência ante a inatualidade espontânea do mundo perceptivo, imaginário, memorizado, antecipatório e motriz. Do ponto de vista dos correlatos, o reconhecimento dessa passividade não é senão a admissão de que os modos de doação característicos da vida na natureza são fundantes de todos os outros. Eles estão na base das significações, como uma espécie de garantia sem a qual elas não poderiam "esclarecer" o mundo. Mas, do ponto de vista dos atos, será também assim?

Modos de doação significativos e intencionalidade categorial

Na experiência intuitiva, a consciência participa dos modos de doação do mundo ele mesmo, apresente-se ele como perfil, lado, aspecto ou, ainda, como unidade de um objeto ele mesmo (objeto intencional). Do ponto de vista dos correlatos, a consciência está numa posição passiva, mas, nem por isso, inoperante. Ao contrário, do ponto de vista dos atos, a participação nos modos de doação do mundo requer um constante movimento de transcendência. Ela requer atos perceptivos, rememorativos, imaginativos, antecipatórios, motores, enfim, exige um deixar-se arrebatar pelas possibilidades do mundo ele mesmo. Mas, conforme a sessão terapêutica fictícia da qual estamos nos servindo nessa exposição, o terapeuta e o consulente não se limitaram a perceber ou a imaginar um cubo. Nem mesmo se restringiram a se mover em torno dele. Mais além daquilo que o cubo ele mesmo oferecia como inatualidade ou potencialidade para os atos de consciência, havia pedidos, perguntas, trocas discursivas nas quais se elaborava um outro tipo de inatualidade, com a qual a intencionalidade intuitiva não podia operar. É como se, mais além dos modos de doação do mundo para os atos intuitivos, o consulente e o terapeuta fossem arrebatados por um excesso nascido de seus próprios atos, de seus próprios atos linguageiros. Por meio desses atos, terapeuta e consulente introduziram modos de ligação e separação – também conhecidos como atos relacionantes – que agregaram às percepções, às recordações, às antecipações e a tudo mais algo absolutamente novo, que são as "significações". Do ponto de vista dos correlatos, tais significações designam para Husserl um tipo de objeto absolutamente original em face daquele apresentado pelos modos intuitivos, precisamente, o objeto intencional categorial[14].

O termo "categoria" (*katégoréo*), que no grego significa o ato de denunciar ou acusar alguém, é empregado na filosofia para designar o ato de dizer algo sobre algo. Husserl o utiliza justamente em razão de ele designar uma ação. Mas não é qualquer ação: trata-se de uma ação relacionante, tal como aquela verificada no uso predicativo da linguagem, em que vinculamos um predicado a um sujeito ou, ainda, uma parte a um todo. E é justamente a demarcação das ações relacionantes aquilo que constitui, para Husserl, o advento de uma novidade não vislumbrada no contexto das vivências intuitivas na natureza; novidade essa à qual justamente Husserl denomina de categorial. Alguém poderia certamente lembrar que, em certa medida, as vivências intuitivas também são relacionais: a visão atual de um lado está vinculada com a inatualidade de outro, assim como a visão do cubo está relacionada à percepção da sala como um horizonte englobante. Mas, na percepção, essas relações não se apresentam para a consciência, tal como a parte, o cubo ou mesmo a sala se apresentam eles próprios. As relações estão ocultas ou, melhor dizendo, elas não são visadas enquanto tais pela consciência, porquanto não caem sob a condição de um perfil, de um lado ou de uma coisa mesma. O que é o mesmo que dizer que: no domínio intuitivo, a consciência "opera" de maneira relacional; cada escoamento de um perfil para outro já é por si só uma relação. Mas a relação não é um objeto tal como o cubo o é para a percepção. E é só no momento em que a consciência se apercebe dessa relação que a intencionalidade categorial propriamente dá seu primeiro suspiro de vida. Isso acontece, por exemplo, quando o consulente se apercebe que na prateleira há não somente um cubo, mas um cubo vermelho. Se o consulente se pusesse a procurar um cubo, ele pouco repararia na cor do objeto visado; assim como, caso visasse um tom de cor, não se prenderia às formas dos objetos na sala. Mas ele não sinalizou para o terapeuta um cubo, simplesmente; tampouco se limitou a pontuar uma cor. Com suas palavras, ele designou a presença de uma ligação predicativa entre o cubo e o vermelho, à qual, por sua vez, não se mostrou ao olhar, mas à linguagem. É por meio de seus atos lingüísticos que o consulente pôde visar essa ligação invisível entre a cor e a forma – e que define aqui uma forma elementar de objeto categorial.

Existem tantas vivências categoriais quantas correlações entre atualidades e inatualidades puderem ser visadas por atos de linguagem no mundo. É muito importante ressaltar esse aspecto para que não se pense que os objetos categoriais sejam ocorrências distintas daquelas que ocorrem no âmbito de nossas vivências intuitivas. É o certo que, do ponto de vista dos correlatos, as *Investigações lógicas* façam a distinção entre os objetos categoriais e os objetos intuídos. Mas essa diferença não é para Husserl uma diferença ontológica; muito embora muitos acreditem ser ela a matriz a partir da qual Martin Heidegger (1927) pôde propor sua famosa temática da diferença ontológica entre o ente (que mais ou menos corresponderia aos objetos intuídos) e o ser (mais ou menos equivalente ao que Husserl chamava de objetos categoriais). Para Husserl, os categoriais também dizem respeito aos modos de doação do mundo, mas considerados em suas relações de mútua remissão e não enquanto partes ou enquanto todos simplesmente. Os categoriais, nesse sentido, coincidem com essas relações de remissão, as quais Husserl também denomina de "estados de coisas". Ou seja, quando você considera o vermelho ou o cubo, você está considerando duas coisas ou, pelo menos, uma coisa e um aspecto. Quando você considera um cubo vermelho, o que está em consideração é o mundo enquanto um "estado de coisas".

Enquanto demarcação de um "estado de coisas", o categorial não tem relação alguma com aquilo que, apoiado na tradição mentalista, o homem do senso comum chama de "intramental". É corrente a opinião segundo a qual as múltiplas apreciações que um sujeito empírico possa fazer sobre o mundo não revelam mais que uma atividade intramental desse sujeito a partir do que ele pode abstrair das coisas da natureza e das palavras dos interlocutores. Ora, para Husserl, o categorial é um objeto público, tal como públicos eram os lados, os aspectos e a revelação dos objetos enquanto identidades sensíveis. Ele não existe dentro da mente de um falante, mas na fala dele, a qual não pertence só a ele, porquanto pode ser retomada pelo interlocutor. De onde não se segue haver, necessariamente, coincidência entre os sujeitos intencionais. Se, do ponto de vista dos correlatos, os objetos categoriais são estados de coisas públicos, do ponto de vista dos atos, os objetos categoriais são "juízos"; o que significa dizer: modos de apresentação dos "estados de coisas". Cada ato que visa um objeto categorial constitui uma visão diferente, muito embora essas visões possam ser compartilhadas, o que explica a possibilidade de acordo ou da concordância. Atos ou correlatos, vividos ou modos de doação, juízos ou estados de coisas: todos esses binômios mais não designam que a correlação das partes de um só todo que é a consciência-de-um-objeto.

Ora, uma vez estabelecidos, os objetos categoriais desencadeiam uma revolução na vida intencional da consciência. Se, até então, por conta das correlações intuitivas entre atualidades e inatualidades, a consciência já se deslocava de um perfil a outro, e assim sucessivamente, a partir do momento que começa a figurar uma intencionalidade categorial, a consciência pode reunir, num só objeto, seus muitos deslocamentos e levá-los todos consigo. Ela passa a reter não apenas perfis de vividos. Ela agora pode reter relações entre vividos ou, numa palavra, "história". E, a partir desse momento, ela adquire a possibilidade de se dobrar sobre seus próprios vividos, o que significa: refletir-se.

Vamos ilustrar um pouco mais essa teoria, dando continuidade ao caso clínico até aqui relatado. Suponhamos agora que, depois do choro arrependido que sucedeu o relato da cena da morte do avô, o consulente tente recobrar o controle de si, elaborando por conta própria o que sucedeu na sessão até aquele instante. O consulente olha mais uma vez para o cubo, repete sua fala sobre o tabuleiro de xadrez, sobre o vinho derramado, sobre o odor amadeirado e, subitamente, surpreende-se com uma sucessão de falas vindas não se sabe de onde: o vermelho do cubo tem relação com o vinho que se derramava enquanto seu avô agonizava; o cheiro amadeirado de um vinho de varietal português que bebiam naquele momento; o tabuleiro de xadrez com os motivos em lã no pulôver do avô... O consulente surpreende-se em descobrir o quanto a cena da morte do avô ainda se faz presente, a ponto de um simples objeto ser capaz de trazê-la à tona. O consulente compreende algo sobre seu gosto por vinhos e o inadmissível bem-estar ante a morte do avô. Ele então pergunta a si mesmo: "Será que eu desejei a morte daquele homem(?)". O consulente não está mais falando de uma cena, mas de uma descoberta sobre a intrigante relação que possa existir entre o bem-estar que sentira e a parada cardíaca de seu avô. O consulente está lidando com uma relação da qual participou e na qual, provavelmente, ainda esteja enredado; mas que agora, no decurso da sessão, apareceu para ele como se fosse um objeto, como se fosse um cubo, mas um cubo vermelho, um objeto categorial.

É importante ainda ressaltar que, não obstante serem os objetos categoriais aqueles que por fim conseguem evidenciar as múltiplas correlações vividas na intuição, eles estão fundados nessas correlações. O que não significa haver entre vividos intuitivos e vividos propriamente intencionais uma única relação possível. Se, por um lado, é a partir dos vividos intuitivos que a consciência pode almejar a inatualidade dos vividos categoriais, é a partir desses últimos que ela pode retornar aos primeiros e "significar" o que neles ficou encoberto, a saber, as múltiplas correlações entre suas partes. É como se Husserl reconhecesse haver entre ambos uma sorte de correlação em que tudo depende do ponto de vista adotado: do ponto de vista dos objetos visados, os modos de doação categoriais são objetos fundados. Do ponto de vista dos atos da consciência, os objetos categoriais dizem respeito ao modo como a consciência pode "significar" as relações intuitivas de que participa, trazendo à luz o que nestas havia ficado encoberto, precisamente, as correlações entre as partes ou perfis.

Nos textos tardios, Husserl compreende que a intencionalidade intuitiva já comporta o categorial. Esse categorial não será senão a vivência íntima do tempo. Conseqüentemente, não falará mais de uma intencionalidade categorial, mas de uma intencionalidade de ato, por cujo meio o categorial é fixado como objeto transcendente reflexivo. O que significa dizer que, do ponto de vista dos atos, o categorial e o intuitivo designam uma mesma operação. Mas, do ponto de vista dos correlatos, eles continuam sendo objetos diferentes, porquanto os objetos intuitivos nos dão partes e todos indeterminados (obscuros), ao passo que os objetos categoriais nos dão todos com partes determinadas (claras). O que faz do objeto categorial aquele que melhor define o ideal fenomenológico de uma apresentação evidente dos objetos. Já nas *Investigações lógicas*, Husserl reconhecia no objeto categorial o escopo de uma fenomenologia do conhecimento. Melhor ainda, era tal objeto que propriamente definia o caráter "transcendente" dos objetos intencionais, porquanto evidenciava a "inatualidade" daquilo que é visado pelos atos intencionais, precisamente, as correlações, elas mesmas inatuais, entre a atualidade (do ato) e a inatualidade (dos modos de doação do mundo).

TRANSCENDÊNCIA DOS OBJETOS INTENCIONAIS: RUDIMENTOS DA TEMÁTICA DO IDEALISMO TRANSCENDENTAL

Nas *Investigações lógicas* (1900-1901, I), Husserl toma muito cuidado para que sua noção de objeto intencional transcendente não assuma uma conotação realista. Nesse sentido, ele se ocupa de distinguir o objeto intencional da coisa da natureza (coisa-em-si), o que não quer dizer que o objeto intencional seja uma espécie de mediador entre um suposto objeto imanente (tal como concebido por Brentano) e as supostas coisas da natureza. Essa mediação foi proposta por Twardovski (1894), em seus estudos sobre Brentano.

Twardovski pretendia resolver a objeção que se fazia à teoria da intencionalidade de Brentano, segundo a qual, se é verdade que o acesso às intenções de nossos atos sempre se estabelece a partir dos objetos, dado que nem sempre nossos atos se dirigem a objetos, então, nem sempre conseguimos atingir aquelas intenções. Tal é o caso, por exemplo, de um ato que vise a um "quadrado redondo"; ou de uma alucinação esquizofrênica, ou de um delírio paranóico. Qual a intenção que aí se veicula? Para salvaguardar a proposta brentaniana e a possibilidade universal de acesso às intenções, Twardovski estabelece a diferença entre dois tipos de objetos. Por um lado, há os objetos propriamente imanentes ou intencionais (no sentido de Brentano), o que Twardovski prefere chamar simplesmente de "objetos". Segundo ele, todo ato intelectual está acompanhado desse tipo de objeto. Por outro lado, há os objetos transcendentes, aos quais Twardovski também chama de objetos efetivos ou, simplesmente, "conteúdos". Diferentemente dos objetos intencionais, os objetos efetivos não necessariamente acompanham os nossos atos. Afinal, para serem admitidos, eles demandam a existência de um correlativo atual na natureza. Por esse motivo, acredita Twardovski, o quadrado redondo não pode ser considerado um objeto efetivo, tal como não consideramos efetivas as "vozes" ouvidas pelo esquizofrênico, ou as "conspirações persecutórias" maquinadas pelo paranóico. Ainda assim, o quadrado redondo, as "vozes" e os delírios podem ser admitidos como objetos intencionais, o que valida a possibilidade de uma investigação descritiva das intenções que lhe sejam inerentes.

Husserl (1900-1901, I), por sua vez, não aceita esta teoria. Ela não apenas não esclarece o que é um objeto intencional como também expõe a teoria brentaniana da intencionalidade a uma contradição. Afinal, por meio da noção de objeto intencional, Brentano pretendia descrever o conhecimento como uma empresa intencional e independente da existência atual das coisas-em-si. Para Brentano, a investigação da atualidade das coisas-em-si era ofício das ciências naturais. Conseqüentemente, quando Twardovski subordina a efetividade do conhecimento à caução das coisas-em-si, ainda que o faça para salvaguardar a autonomia dos objetos intencionais, ele faz malograr o intento de Brentano; que era compreender o conhecimento, sobretudo o psicológico, em termos meramente intencionais, sem referência à atualidade das coisas-em-si. Por outras palavras, ao propor esse intermediário entre a consciência e as coisas da natureza (Husserl, 1900-1901, II), que é o objeto efetivo, Twardovski ignora que o conhecimento deveria ter sido esclarecido em termos exclusivamente intencionais. De forma que, para Husserl, a proposta de Twardovski deve ser refutada, pois ela não descarta a objeção a Brentano senão introduzindo dificuldades suplementares.

Uma alternativa a tal objeção, conforme Husserl (1900-1901), exigiria que se levasse a sério a distinção brentaniana entre os objetos intencionais e os atos que os propõem. Conforme a interpretação husserliana desta distinção, se os objetos intencionais são diferentes dos atos, então, não pode haver entre eles relação de imanência, sob pena de não se poder afirmar o que corresponde a um ou a outro. Eis em que sentido, então, afirma Husserl – contra Brentano - que todos os objetos intencionais devem ser transcendentes aos atos da consciência. Por meio desta tese, todavia, Husserl não está fazendo menção, tal como no caso dos objetos efetivos de Twardovski, às coisas da natureza. Para Husserl, os objetos intencionais são apenas representações da unidade das essências, as quais não têm relação direta com as coisas da natureza, apenas com as possibilidades anunciadas por essas coisas e que, enquanto tais, não são atuais, não existem enquanto realidades. As essências são apenas potencialidades, inatualidades ou, do ponto de vista dos atos, possibilidades para a consciência. Ainda assim, porquanto essas possibilidades são doações fornecidas pelas coisas da natureza, elas são transcendentes à consciência. De onde se segue, então, que à medida que representam, de maneira unificada, essas possibilidades doadas à consciência, os objetos intencionais são transcendentes à consciência. Os objetos intencionais são transcendências irreais ou inatuais[15]. Ora, Husserl chama de efetividade a essa qualidade dos objetos intencionais de serem a presença irreal ou inatual do mundo. Razão por que Husserl afirma que, do ponto de vista dos objetos, não há diferença entre o intencional, o efetivo e o transcendente: todos os objetos intencionais são efetivos, porquanto são inatuais e, nesse sentido, transcendentes em relação aos atos da consciência, uma vez que a fonte do que é inatual é o próprio mundo, mesmo no caso do quadrado redondo. Afinal, todo delírio, toda alucinação sempre pressupõem um mundo, de que eles são variações ficcionais (1890, p. 354).

Não foi desta forma, entretanto, que Levinas (1930) interpretou a solução anunciada por Husserl. Em um estudo sobre as *Investigações lógicas* (1900-1901), Levinas afirma que a tese husserliana a respeito da transcendência dos objetos denota uma inclinação realista da fenomenologia. Na avaliação de Levinas, ao criticar a noção brentaniana de objeto imanente, Husserl estaria a sinalizar para a identificação entre o objeto intencional e a coisa da natureza. É como se a fenomenologia tivesse decidido fazer do objeto intencional não apenas um objeto transcendente ao ato, mas também um objeto real (*real*), o que não necessariamente é confirmado nos textos de Husserl. Afinal, quando afirma que "o objeto intencional da representação é o mesmo que seu objeto efetivo (*wirklicher*)", ou que seria um "contra-senso" distingui-los, ele não fala, em momento algum, de objeto real (*real*) (p. 701). Ao contrário, Husserl queria evitar uma discussão ontológica sobre classes diversas de objetos para se restringir à experiência intencional. E, para a consideração intencional, a transcendência não é senão a inatualidade das correlações entre partes dadas e não dadas à consciência. O objeto intencional transcendente seria apenas uma forma de apresentação da unidade dessas correlações, seja ela vivida de maneira sensível (intuitiva) ou de maneira significativa (categorial).

De onde se segue, por fim, que é no plano da transcendência, o que significa dizer, é no plano da comunicação intersubjetiva das correlações inatuais que se deve distinguir, por exemplo: a presença de uma alucinação ou de uma vivência objetiva, a presença de um conteúdo limitado em suas possibilidades de correlação (como é o caso do círculo quadrado) ou de um conteúdo pleno de possibilidades (como são os objetos de nossa percepção). Em outras palavras, a diferença entre a alucinação e o que pode assumir a condição de objeto não é da ordem da natureza: trata-se de uma característica das vivências essenciais da consciência intersubjetiva (Husserl, 1900-1901, II)[16].

Husserl ensaia aqui um idealismo, que precisará esperar alguns anos para poder ser assumido por seu autor. Trata-se de um idealismo especial, batizado por alguns comentadores de idealismo transobjetivo, uma vez que não reduz o mundo à imanência da consciência. Ao contrário, por meio dos seus atos, os quais são sempre perfis temporais e, nesse sentido, individuais, a consciência ultrapassa aquilo que está dado neles como conteúdo, e se lança na virtualidade daquilo que para ela é apenas uma possibilidade; uma possibilidade que não lhe pertence de princípio, mas se doa a ela de duas maneiras: intuitivamente e intencionalmente. De todo modo, ainda que pressuponha haver, para cada ato e cada possibilidade doada, uma "fonte" na natureza, Husserl não investiga a correlação dos atos e dos modos de doação a partir dessa fonte, mas a partir do "modo" público como aquela correlação é vivida por cada consciência; modo público esse ao qual Husserl denomina de vivido essencial.

Ora, descrever − na forma de objetos intencionais transcendentes − as vivências de correlação públicas entre atualidades e não atualidades: eis a partir de então a tarefa da psicologia descritiva. O que exigiu, então, uma mudança na nomenclatura: não mais psicologia descritiva, mas psicologia das essências, ou o que é o mesmo, eidética.

Psicologia descritiva como eidética: a fenomenologia

Se o propósito da psicologia eidética é descrever − como objetos transcendentes − as essências, haja vista que as essências nada mais são do que "fenômenos para a consciência" (Husserl, 1900-1901, II, p. 772), então, fazer psicologia eidética é, simultaneamente, fazer "fenomenologia". Em outras palavras, a psicologia eidética de nossas vivências universais é uma fenomenologia, é um fazer ver, a partir do que é dado aos nossos atos, aquilo que se manifesta tal como, a partir de si mesmo se manifesta, precisamente, a potencialidade, a inatualidade do mundo[17]. A fenomenologia husserliana nasce como uma empresa psicológica especial, porquanto desincumbida do psiquismo humano. Sua tarefa não é descrever os processos imanentes da subjetividade − o que a nivelaria às psicologias genéticas e, desta forma, a todas as demais ontologias. Sua tarefa é, sim, descrever, na forma de objetos intencionais transcendentes, os modos de doação do mundo (como domínio de inatualidades que se oferecem como essências) para a consciência, e por cujo meio ela se liga a outras consciências e ao vindouro.

A caracterização da psicologia eidética como uma fenomenologia, ademais, marca uma outra diferença em relação à psicologia descritiva de Brentano. Enquanto esta se interessava pelos vividos expressos como objetos de conhecimento exclusivamente, a fenomenologia – tal como concebida nas *Investigações lógicas* – não precisa se pautar por esse limite. Para Husserl (1900-1901, II), as essências, as quais ele quer descrever, podem estar expressas em todo e qualquer objeto intencional. A descrição das essências junto a objetos de conhecimento (tal como aparece na "Sexta Investigação Lógica") é uma parte da fenomenologia geral dos vividos, precisamente, aquela que trata dos objetos intencionais categoriais. De todo modo, nós não podemos ignorar o destaque que Husserl dava a esses objetos. Apenas eles representam, de maneira evidente, as ligações intencionais (inatuais) que definem as essências. Razão pela qual somente eles cumprem a exigência de uma ciência rigorosa.

É importante, entretanto, nunca perder de vista que, para Husserl, as diferentes qualidades dos objetos categoriais não são sequer qualidades dos objetos categoriais, mas das essências, as quais são modos de doação inatuais, modos de doação do mundo em geral. Os objetos categoriais apenas apresentam, de maneira explícita, os modos de ligação das essências entre si. Razão pela qual, tomados neles mesmos, os objetos categoriais não têm consistência ontológica alguma. Se comparados aos perfis vividos, os objetos categoriais estão desprovidos da plenitude corporal (fornecida pelos atos) e da fluidez temporal característica daqueles. Os objetos categoriais, relativamente às vivências e aos modos de relação que eles próprios representam, são "nada" que não têm valor ôntico, razão pela qual são apenas efetivos e não reais. Em outras palavras (Husserl, 1900-1901, II, p. 412): "para a consideração fenomenológica efetiva (*reell oder wirklicher*), o objeto não é nada" de real (*real*). A função fenomenológica que os objetos intencionais categoriais cumprem é repercutir, como uma unidade evidente, as possibilidades ou potencialidades para as quais a consciência se abriu nas suas múltiplas vivências mundanas. Por esse motivo, para a fenomenologia eidética de Husserl, a afirmação do objeto categorial será a afirmação dos vividos a ele referidos: "o objeto é intencional, quer dizer, existe um ato com uma intenção caracterizada de modo determinado, que nessa determinação constitui justamente aquilo que chamamos a intenção dirigida a esse objeto" (p. 412-3). Não há, em rigor, uma afirmação do objeto categorial enquanto tal, mas apenas das relações entre os vividos que o compõem, o que esclarece, então, em que sentido a psicologia descritiva de Husserl era, simultaneamente, uma descrição de objetos, mas jamais uma ontologia. É que os objetos categoriais são "nada", são apenas explicitações da virtualidade almejada pela consciência. Decorre disso a advertência de Husserl (1900-1901, I) sobre a forma correta de entender o principal mote da investigação fenomenológica: voltar às coisas mesmas (*zu den sachen selbst*) não é voltar às coisas-em-si, mas ao que é mesmo nas coisas; e o mesmo nas coisas são as relações entre vividos que a consciência efetivou (visou como transcendência, como potencialidade).

CONSEQÜÊNCIAS PARA A HISTÓRIA DA PSICOLOGIA

Malgrado o formato paradoxal desta proposta de trabalho – porquanto, ao mesmo tempo em que nos liberta da imanência, afirma uma transcendência a qual não é mais que uma inatualidade ou, simplesmente, nada –, a psicologia eidética de Husserl formula um expediente que será de extrema relevância para a psicologia do século XX, muito especialmente para a psicologia da Gestalt. Trata-se da consideração transcendente da imanência psicológica, sem que isso implique a introdução de um terceiro tipo de existência (coisa natural) entre o psiquismo e a realidade. Em outras palavras, Husserl propõe um emprego da noção de objeto (precisamente, como objeto intencional transcendente, seja ele intuitivo ou categorial) que não rivaliza com a noção ontológica de objeto natural (coisa-em-si ou coisa da natureza), porquanto cumpre uma função diferente desse. Enquanto o objeto natural marca uma "existência" na natureza, o objeto intencional (especificamente o categorial) "representa" a unidade dos muitos vividos de correlação entre aquilo que é atual e aquilo que é inatual para as subjetividades intersubjetivas. Ainda que, nesse momento, Husserl continue considerando esses vividos de correlação algo pertencente ao mundo real, os objetos que exprimem tais correlações não são coisas da natureza. Eles são apenas modos de apresentação, o que permitiria ao psicólogo falar objetivamente – como algo passível de demonstração (quanto à sua necessidade) e de concordância (quanto à sua universalidade) – dos vividos "subjetivos", sem ter de reconhecer, entre os vividos e os objetos naturais, um terceiro tipo de existência ôntica (real). Entrementes, os psicólogos da Gestalt não compreenderam que o caráter meramente formal (transcendental) desses objetos remete exclusivamente aos vividos intencionais da consciência. Diferentemente de Husserl, eles se ocuparam de ler, nos objetos formulados por Husserl, a vigência de leis ou estruturas relativas à relação entre duas formas de existência natural, a saber, o psiquismo de atos, por um lado, e as coisas físicas, por outro. Os psicólogos da Gestalt chamaram de "*Gestalten*" esses objetos, o que levou Husserl a criticá-los duramente. De alguma forma, eles aniquilaram o sentido e a função dos vividos intencionais em proveito de leis cujo sentido não restou de todo claro quanto à sua origem.

NASCIMENTO DA PSICOLOGIA DA GESTALT (PRIMEIRA GERAÇÃO DA GESTALTTHEORIE)

Ainda que, nas *Investigações lógicas*, Husserl (1900-1901) tivesse deixado claro que a fenomenologia não se ocuparia de qualquer objeto natural – como a psique humana, por exemplo, mas seria uma "reflexão universal que tende a explicitar e a fixar", junto a "todos os objetos intencionais visados pela consciência" (Merleau-Ponty,

1949a, p. 159), as essências ou vividos, tal não impediu que muitos psicólogos da época elegessem a fenomenologia como método de investigação de objetos naturais. É verdade que, em certo sentido, Husserl (1900-1901, II) é co-responsável por essa situação, uma vez que admitiu explicitamente que os vividos essenciais ou, nas suas palavras, "o eu e seus conteúdos de consciência também pertencem ao mundo" (p. 479). Nesse sentido, depois que Husserl publicou as *Investigações lógicas* (1900-1901) e antes de escrever as *Idéias para uma fenomenologia pura e para uma filosofia fenomenológica* (1913), estabeleceu-se, em Göttingen, onde ensinava, uma escola de seguidores (que reunia nomes como os de Georg Elias Müller, Edgar Rubin, Adolf Reinach, Alexandre Koyré, Hedwig Conrad-Martius, Theodor-Conrad, Johannes Dauber, Jean Hering, Herbert Leyendecker, Roman Ingarden, Kurt Stavenhagen, Ernst W. Hocking, Wilhelm Schapp e Moritz Geiger), cuja nota característica era justamente a consideração dos vividos como uma forma de ocorrência concreta, real. Entrementes, alguns desses pensadores passaram a considerar os vividos como sinônimos dos próprios atos intuitivos e intelectuais, implicando uma séria modificação na forma de se entender as relações entre as essências e as representações que explicitam tais relações, a saber, os objetos intencionais categoriais. O objeto categorial deixou de ser a representação da unidade das vivências de correlação entre o atual e o inatual para se tornar a representação da "regra" de organização dos atos da consciência.

Esse também era o entendimento de Müller (então diretor do Instituto de Psicologia de Göttingen), que, havia muito, realizava estudos, inclusive experimentais, sobre a percepção humana. Para Müller (1923), o objeto categorial não seria mais do que a apresentação "de direito" daquilo que existiria "de fato", a saber, o psiquismo. Ou, ainda, os objetos categoriais exprimiriam, enquanto estruturas, as leis constitutivas da atividade psíquica, fosse ela intelectual ou perceptiva. Husserl considerou essa idéia um disparate: afinal, na contramão do projeto fenomenológico, Müller não apenas retirou dos objetos categoriais o que neles havia de intencional, a saber, as essências (entendidas enquanto vivências de correlação entre o atual e o inatual), como também passou a considerar a consciência e seus vividos uma sorte de objeto real. Tecnicamente, o que Müller procurava fazer era, a partir de experimentos (que eram atos psíquicos fisicamente monitorados), tentar identificar quais as constantes neles envolvidas (que, muito mais do que essências no sentido husserliano, valiam como leis). Wertheimer, orientado por Müller, desenvolveu um experimento que consistia em duas ranhuras, uma vertical e outra inclinada, a mais ou menos vinte e cinco graus em relação à vertical. Quando a luz era projetada, primeiro, através de uma ranhura, e, depois, através da outra, a fenda iluminada parecia deslocar-se de uma posição para a outra, se o tempo entre a apresentação das duas luzes se mantivesse em limites adequados. Wertheimer calculou os limites de tempo em que o movimento era percebido. O intervalo ótimo situava-se em torno de sessenta milissegundos. Se o intervalo entre as apresentações excedesse cerca de duzentos milissegundos, a luz era vista, sucessivamente, primeiro, em uma posição, e, depois, em outra. Se o intervalo fosse demasiado curto, de trinta milissegundos ou menos, as duas luzes pareciam estar continuamente acesas. Wertheimer deu a esse tipo de movimento o nome de fenômeno *phi*. Tratava-se de um fenômeno que não poderia resultar de estimulações individuais, uma vez que a adição de estimulações estacionárias não poderia redundar, mesmo para o mais ardoroso associacionista, em uma sensação de movimento. Em 1912, quando publica sua tese, Wertheimer explica o fenômeno *phi* em termos muito simples. Trata-se de algo para o qual não há explicação, mas a partir do qual é possível explicar a percepção de fato: o primado do todo em relação às partes (Marx e Hillix, 1963). Eis aqui um exemplo concreto da conversão dos objetos categoriais em estruturas legais que, em vez de exprimir os vividos essenciais da consciência, passam a exprimir leis cuja peculiaridade é o fato de se estabelecerem autonomamente, como é o caso do fenômeno *phi:* primado do todo em relação às partes. Depois de mudar-se para Frankfurt, Wertheimer encontra dois colegas que, não obstante terem sido orientados por professores mais simpáticos a Brentano (como é o caso de Ehrenfels), compartilhavam o projeto de uma investigação (a partir de experimentos empíricos) do que a psicologia eidética de Husserl havia legado, a saber, as idealidades universais, que preferiram tratar como estruturas chamadas de "*Gestalten*". Esses colegas eram Köhler e Koffka. Este último, inclusive, participou como ouvinte dos cursos de Husserl em Göttingen. Juntos, Wertheimer, Köhler e Koffka se lançam na empreitada que consiste em: determinar as características elementares das *Gestalten* que, desta forma, deixavam de ser a representação (categorial) da unidade das vivências essenciais da subjetividade intersubjetiva, para se tornarem o representante experimental da lei estrutural dos atos intuitivos e intelectuais, mas, também, das próprias coisas ou objetos físicos. Eis que nascia, então, a psicologia da Gestalt.

OS ENUNCIADOS EMPÍRICOS DA PSICOLOGIA DA GESTALT

Não é incomum se ler, em textos que se ocupam de traçar a gênese da psicologia da Gestalt, a citação de Christian von Ehrenfels (1890) como o grande precursor e inspirador das idéias de Wertheimer, Koffka e Köhler, contra o que depõem os próprios envolvidos. Wertheimer, Koffka e Köhler jamais reconheceram nas idéias de Ehrenfels a matriz das suas. É verdade que, em comum, eles compartilhavam o mal-estar frente ao modo como Wundt, em Berlim, definia o "objeto" da recém-criada ciência psicológica. Nem Ehrenfels nem os psicólogos de Frankfurt reconheciam ser o objeto de conhecimento o somatório de partes exteriores entre si. Sequer o aparato físico-fisiológico importado por Wundt foi suficiente para convencer Ehrenfels, por um lado, nem Wertheimer, Koffka e Köhler, por outro, da prevalência das estimulações exteroceptivas, proprioceptivas e interoceptivas na constituição dos objetos do conhecimento. Mas isso não quer dizer que Wertheimer, Koffka e Kölher subscrevessem a alternativa formulada por Ehrenfels. Para este, concomitantemente às partes envolvidas no processo de associação, haveria uma outra que, à diferença das demais, já resguardaria um sentido de totalidade nela mesma, independentemente de qualquer ação de associação das partes: a *Gestaltqualität*. Ainda que Ehrenfels admitisse que a percepção das partes como um todo dependia da percepção de um sentido de totalidade – que ele, justamente, designava pelo termo *Gestaltqualität* –, esse sentido de totalidade não era o objeto de conhecimento como tal. Tratava-se, simplesmente, de uma parte mais nobre, que os atos intelectuais de associação devem integrar às outras partes. Por essa razão, para os Gestaltistas, Ehrenfels ainda estava preso ao atomismo inerente à definição de objeto de conhecimento de Wundt. Diferentemente dele, os Gestaltistas afirmariam que as *Gestalten* já seriam, elas mesmas, um tipo específico de objeto, tal como os objetos categoriais da fenomenologia, o que não quer dizer que entendessem tais objetos como a representação ideal da unidade de nossas vivências essenciais.

Apesar de ter sido concebida a partir da psicologia eidética de Husserl, a psicologia da Gestalt não se estabeleceu como uma psicologia descritiva, voltada para as nossas vivências, que são as essências. Mesmo aceitando o programa fenomenológico de investigação das coisas mesmas (entendidas como objetos intencionais, não como objetos físicos), os psicólogos da Gestalt não consideraram estas coisas a apresentação unificada dos vividos essenciais da subjetividade intersubjetiva, mas configurações autóctones inerentes às coisas físicas e ao psiquismo. De certo modo, os objetos categoriais foram entendidos como estruturas, meramente formais, que exprimem "leis" comuns às coisas físicas e à psique humana. O grande desafio dos psicólogos da Gestalt era justamente compreender e discriminar, na forma daquelas estruturas, estas leis. Eis que, inspirada no projeto de Müller, a psicologia da Gestalt nasceu, antes, como uma psicologia genética, tal como a psicologia de Wundt, muito embora se opusesse frontalmente à genética wundtiana (que consistia em explicar os objetos a partir da associação de percepções de dados isolados).

Importava a Wertheimer, Köhler e Koffka (que compõem a primeira geração da psicologia da Gestalt) compreender os objetos categoriais como "fatos" elementares, ou seja, como modos de organização marcados pelo primado do todo e que se imporiam ao nosso psiquismo em sua relação com o mundo. Isso implicava a introdução de uma postura impessoal na consideração dos objetos categoriais, doravante denominados de "*Gestalten*".

De fato, depois de 1912, Wertheimer se distanciou, cada vez mais, dos motivos fenomenológicos de Husserl – que consistiam na descrição das vivências de correlação entre a atualidade e a inatualidade das consciências intersubjetivas – para se dedicar a um programa genético de explicação dos objetos (da percepção) como estruturas autóctones denominadas "*Gestalten*". No entanto, tal tarefa significava o árduo trabalho de determinar, primeiramente, o que eram tais estruturas. Foi o que Wertheimer efetivamente fez e divulgou por meio de um conjunto de enunciados empíricos que se tornaram uma marca distintiva da primeira geração da psicologia da Gestalt.

Em 1923, Wertheimer apresentou o que ele chamou de princípios da organização da percepção, que costumam ser testados mediante um tipo de prova demonstrativa. Esses princípios e suas respectivas definições são os seguintes:

i) proximidade: os elementos próximos no tempo ou no espaço tendem a ser percebidos juntos; ii) similaridade: sendo as outras condições iguais, os elementos semelhantes tendem a ser percebidos como pertencentes à mesma estrutura; iii) direção: tendemos a perceber as figuras de maneira tal que a direção continue de um modo fluido; iv) disposição objetiva: quando percebemos um certo tipo de organização, continuamos a percebê-lo, mesmo se os fatores de estímulo que levaram à percepção original estejam ausentes; v) destino comum: os elementos deslocados de maneira semelhante de um grupo maior tendem, eles mesmos, por sua vez, a ser agrupados; vi) pregnância: as figuras são percebidas de um modo tão "bom" quanto possível, sob as condições de estímulo, do que se infere que a boa figura é uma figura estável, que não pode tornar-se mais simples ou mais ordenada por um deslocamento perceptual. (Marx e Hillix, 1963, p. 279)

É preciso não confundir aqui a Gestalt, como expressão da lei de organização do psiquismo (em seu contato com o mundo físico), por um lado, e os elementos físicos dos atos psíquicos (intuitivos e intelectuais) em sua relação com o mundo natural, por outro. As *Gestalten* não correspondem a uma sorte de terceira ordem de objetividade real entre o psíquico e o físico – ao menos nisso, Wertheimer se manteve fiel à fenomenologia. Elas são idealidades universais, porém, sem nenhuma relação com as nossas vivências essenciais, como no caso da fenomenologia. Somente a última lei, que trata de uma "boa forma" – que não pode existir independentemente da subjetividade, porquanto é a própria subjetividade o critério do que seja "bom" –, ainda mantém vínculo com a noção fenomenológica de objeto intencional (seja ele intuitivo ou categorial). Nesse sentido, como afirmará mais tarde Perls (1969), em seu livro autobiográfico, o único dentre os enunciados empíricos da psicologia da Gestalt que tem repercussão em sua obra é o da pregnância; pois somente este faz alusão àquilo que, para Husserl, era constitutivo dos objetos intencionais (intuitivos e categoriais), a saber, as essências ou fenômenos psíquicos. Perls, Hefferline e Goodman (1951), por seu turno, interpretavam o enunciado da pregnância nos seguintes termos: tendência espontânea ao fechamento de um campo de vivências temporais, que é a nossa subjetividade. Já os outros princípios tratam de algo não-fenomenológico, que são leis de organização "reveladas" nos experimentos dos psicólogos da Gestalt.

Para Husserl, os objetos categoriais não são estruturas desprovidas de interior. Eles são correlativos ideais dos atos de transcendência empreendidos pela consciência em direção à potencialidade (inatualidade). Por essa razão, ao considerar os objetos intencionais a expressão de "leis de organização reveladas nos experimentos psicológicos", ou a representação das "unidades de sentido autônomas a organizar nosso psiquismo em sua relação com o mundo físico", os psicólogos da Gestalt abdicam da fenomenologia em proveito de uma tese muito próxima do mentalismo, mas que, à diferença deste, não pressupõe a anterioridade das partes, mas, ao contrário, postula a prevalência do todo. Ainda assim, os psicólogos da Gestalt continuam partindo da diferença entre o físico e o psíquico, o que reintroduz os problemas epistemológicos que sempre afligiram o mentalismo clássico. Afinal, em que sentido se poderia admitir, para o psiquismo e para o mundo físico, a vigência das mesmas leis? Nem bem havia nascido, tinha a psicologia da Gestalt de lidar com essa dificuldade crônica, que afligia a tradição mentalista desde o século XVII, a saber, a determinação do sentido da relação corpo/alma. Para os psicólogos da Gestalt, essa questão se formulava nos seguintes termos: como admitir haver, entre os atos psíquicos e o mundo físico, formas de organização comuns?

A tese do isomorfismo

Se as *Gestalten* não são a expressão categorial da unidade dos vividos essenciais da consciência, mas, a expressão das leis estruturais relativas ao modo de organização de atos (intuitivos e intelectuais) face aos objetos físicos, então, a admissão das *Gestalten* implica, simultaneamente, a admissão de uma forma de comunidade entre os atos e o mundo físico. Numa linguagem mais próxima dos psicólogos da Gestalt, as *Gestalten* corresponderiam à formalização de uma relação de unidade entre a funcionalidade de atos (que sempre tem relação com os processos fisiológicos subcorticais e corticais) e a organização física do mundo da experiência. Ora, que comunidade é essa? Sob que condição se poderia afirmá-la? A resposta para essas questões foi estabelecida nos termos de uma tese que ficou conhecida como teoria do isomorfismo. Ou seja, para Wertheimer (1923), é como se houvesse, entre os objetos físicos e os atos (neurofisiológicos inferiores e superiores), uma forma comum, uma proporcionalidade um para um (1:1). As propriedades estruturais da experiência física e dos campos cerebrais seriam topograficamente idênticas. As *Gestalten* seriam apenas modos de apresentação dessa forma comum, que se imporia às partes materiais envolvidas.

Nesse sentido, se é possível eu reconhecer, mesmo na ausência de todos os estímulos que inicialmente participaram de minha experiência perceptiva, um cubo que conserva sua forma desde o passado, é porque meu córtex visual, assim como o cubo ele mesmo, tendem a conservar, cada qual a seu modo, a configuração total de suas partes. O cérebro e o mundo conservam, desde o passado, uma mesma disposição objetiva ou, o que é a mesma coisa, uma mesma Gestalt. Essa Gestalt não tem relação com os estímulos ou com as propriedades atômicas do cérebro e do mundo, respectivamente, mas com a organização global e espontânea das partes envolvidas em cada caso, organização essa que é comum tanto ao mundo quanto ao córtex visual, razão pela qual é chamada de isomórfica. Mas, do fato de se poder reconhecer, para o influxo nervoso, uma organização topográfica semelhante àquela que pode ser observada junto a um estímulo visual, não significa que se tenha encontrado a lei constitutiva de ambas as ocorrências. Entendidas apenas como formatações comuns às objetividades diversas, as *Gestalten* não implicam uma condição necessária sem a qual tais objetividades não poderiam ser compreendidas, e, menos ainda que essas objetividades constituam uma só comunidade, como a noção de "Gestalt" faz crer.

A TESE DA TRANSOBJETIVIDADE

Por isso, Koffka (1927) evita falar da teoria do isomorfismo. Ele tenta esclarecer a natureza das *Gestalten* caracterizando-as como uma forma de transobjetividade espontaneamente estabelecida entre as partes envolvidas.

A transobjetividade não tem relação com a correlação harmoniosa entre duas totalidades distintas, mas com a configuração de uma única totalidade a "amarrar" o cérebro e as coisas físicas. O problema, segundo Koffka, é que essa transobjetividade só pode ser caracterizada desde um certo ponto de vista. Nesse sentido, ainda que se reconheça haver, entre os processos fisiológicos encefálicos e as coisas físicas, uma única Gestalt, só podemos considerá-la ou a partir do ponto de vista dos atos psíquicos ou a partir do ponto de vista das coisas físicas. Koffka então estabelece uma diferença, não entre o cérebro e os comportamentos, mas entre uma consideração molar (ou fenomênica) e uma consideração molecular (ou geográfica) das *Gestalten*. Koffka utiliza-se da noção husserliana de correlação entre os pontos de vista para estabelecer uma estratégia de análise que supere o dualismo "psíquico X físico".

Olhando por uma ótica molar (ou fenomênica), o que se encontrará é o domínio ou ambiente comportamental. Ele não é formado por estímulos pontuais, mas por totalidades (que Koffka também chama de condutas) que se formam em virtude dos estímulos. Trata-se de totalidades que se chamam de comportamentos, sejam eles perceptivos, motores, afetivos ou intelectuais. Essas totalidades são realidades transobjetivas ou *Gestalten*. Mas, por outro lado, olhando por uma ótica molecular, o que se encontrará é o ambiente que Koffka chama de geográfico. Nele, estão localizados todos os eventos fisiológicos, químicos e físicos que envolvem o organismo e o meio. Mesmo as relações que se costuma designar como vínculos de causa e efeito, se vistos por essa ótica, são organizações gestálticas entre os materiais envolvidos.

Koffka acredita que, tanto no ambiente comportamental quanto no ambiente geográfico, se está diante do mesmo fato. Afinal, se se especular sobre quais haveriam de ser as partes mais ínfimas dos comportamentos, o que se encontra são organizações gestálticas de partículas físicas. Por outro lado, se fossem estabelecidas composições com tais partículas, se encontrariam essas mesmas organizações, mas sob uma forma macroscópica, que são os comportamentos. Decorre daí que o mapeamento dos nossos circuitos nervosos é complementar a uma descrição das representações objetivas (dos comportamentos em geral) e vice-versa. Destarte, é a mesma organização gestáltica que vigora. Há uma única transobjetividade que, de uma ótica para a outra, persevera.

A NOÇÃO DE "FIGURA E FUNDO"

Köhler (1938) não descarta o transobjetivismo das *Gestalten* proposto por Koffka, mas considera que a diferença de óticas não esclarece o principal, que é discriminar em que sentido o ambiente comportamental e o ambiente geográfico são comparáveis. Por essa razão, retoma a teoria do isomorfismo de Wertheimer, mas tentando esclarecer em que consiste a aludida proporcionalidade entre o mental e o físico. Para tanto, Köhler resgata de Rubin (1915) – um discípulo de Husserl em Göttingen e que, à diferença de Müller (1923), manteve-se fiel ao projeto de uma psicologia eidética – o binômio "figura/fundo". O interesse de Rubin era compreender nossas vivências de percepção espacial, ou, em outras palavras, entender as essências implicadas no processo de construção de representações objetivas do espaço. Por sugestão daquilo que aprendera com as *Lições para uma fenomenologia da consciência interna do tempo* de Husserl (1893), Rubin construiu uma teoria que muito auxiliou Köhler.

Vale a pena, então, retornar mais uma vez à teoria husserliana para compreendermos a gênese dessa categoria tão importante para a psicologia da Gestalt, que é o binômio "figura X fundo". Husserl compartilhava com a tradição, que remonta a Kant (1781), o entendimento de que a constituição de um objeto intencional sempre é precedida pela representação da unidade de nossas vivências materiais no tempo. Para que tal representação ocorra, entretanto, é de fundamental importância nossa intuição sobre a unidade do tempo, que Husserl (1893) descreveu nos termos de uma teoria sobre a consciência interna do tempo[18]. Conforme essa teoria, nós não devemos entender o tempo como uma forma *a priori* da sensibilidade (da percepção interna especificamente), tal como postulava Kant. Se é verdade que o tempo tem relação com a subjetividade, isso não quer dizer que subsista nela como uma forma. Tempo é a experimentação que a consciência tem de seu próprio fluir, o qual se apresenta, por um lado, como um *continuum* em constante mutação (a cada nova vivência, a vivência antiga continua vinculada à minha existência, mas de forma modificada, como um perfil da primeira e, sucessivamente, como perfil do perfil), e, por outro lado, esse fluir se configura como uma rede de perfis retidos em torno de cada vivência atual de modo a estabelecer, para essa vivência, uma espécie de horizonte em dupla direção: passado e futuro. Para Husserl (1893), em cada vivência material, a consciência pode intuir um sentido de totalidade, que é sua própria vida em constante escoamento ou, numa única palavra, tempo vivido (*kairós*). Husserl, ademais, vai dizer que essa experimentação que a consciência tem de seu próprio fluir é a forma mais elementar de nossa vida subjetiva (e, nesse sentido, de nossa intencionalidade), porquanto estabelecemos, sem a necessidade do recurso a um ato intelectual, um horizonte de perfis inatuais para nossas vivências atuais (que sempre requerem um ato intelectual para se tornarem um objeto temporal). Por tal razão, Husserl vai chamar a experiência de apercepção da unidade do próprio fluir de intencionalidade operativa (não de intencionalidade categorial ou de ato, como no caso daquelas vivências instituídas por meio de atos de linguagem). Por meio dela, deflagramos um "campo de presença" de "perfis retidos ou inatuais" em favor de "vividos atuais" (p. 105-8). Na avaliação de Husserl, é essa experimentação que a consciência tem de si mesma como campo de presença junto a um vivido material que permite que esse vivido adquira um sentido que, por si mesmo, não poderia ostentar. Isso significa que, se eu vejo uma face e reconheço se tratar da face de um cubo, é porque, concomitantemente à percepção material desse dado, comparecem perfis retidos de outras vivências, que, então, eu experimento como uma única vida e exprimo como um único objeto. Eis em que sentido, para Husserl, toda percepção espacial está alicerçada na experiência temporal que a consciência tem de si mesma.

Em 1912, Rubin toma para si o desafio de descrever, a partir de experiências de percepção espacial (e não a partir de experiências de constituição de objetos temporais, como seria mais fácil), esse primado da intuição temporal. Eis, então, que introduz as expressões: a) "figura", para designar o correlato objetivo do ato de visar, em um dado material, uma unidade de sentido e b) "fundo" para indicar a ocorrência intuitiva de um campo de presença formado por perfis que, como tais, não são experimentados materialmente. No experimento do vaso, Rubin (1915) mostra como a representação de uma figura depende de que eu ofereça, para um certo dado material (a parte branca do desenho), um certo horizonte (fundo) de perfis em detrimento dos outros dados materiais presentes ao lado do dado visado (que, assim se tornam quase imperceptíveis, como é o caso das partes pretas, no experimento de Rubin):

Quadro 1:
VASO DE RUBIN
ADAPTADO DE RUBIN - 1915

Ademais, em favor de sua teoria, Rubin mostra que posso tranqüilamente visar, na mesma base material, outra figura, desde que eu escolha outro dado material, fazendo desaparecer o dado de antes em proveito de outros perfis retidos. Eis que posso, na mesma configuração material em que percebi um vaso, reconhecer duas faces desenhadas de perfil.

Köhler apoderou-se das experiências de Rubin (que apenas foram publicadas em 1915), mas para ressaltar algo que não necessariamente tinha relação com os propósitos de Rubin. A saber: que em toda configuração material há alguns elementos que são figura e outros que são fundo, podendo ser intercalados, em alguns casos. Ao fazer essa interpretação, Köhler desprezou a importância do elemento intencional (que é a configuração subjetiva de um campo de perfis temporais), como se ele não fosse necessário à caracterização de uma figura ou de um fundo. Ainda assim, Köhler logrou identificar uma constante que se poderia atribuir tanto aos processos fisiológicos inerentes aos nossos atos psíquicos quanto aos processos físicos inerentes aos objetos naturais. Tal constante seria a forma comum dessas polaridades, a própria Gestalt fundamental de nossa existência no mundo. Entrementes, não tardou muito para que o próprio Köhler percebesse que o programa de investigação assumido pela psicologia da Gestalt alterava muito pouco aquilo que ela mesma tanto procurava criticar, a saber, o atomismo das teorias associacionistas. A única diferença que os Gestaltistas conseguiram introduzir foi a consideração das sensações, não como partes, mas como totalidades. Isso não alterou o quadro de conseqüências, uma vez que tanto o psiquismo quanto os objetos físicos continuaram sendo concebidos como a representação segunda de uma positividade de primeira ordem, completamente desprovida de interioridade e, nesse sentido, estranha ao homem. Talvez fosse por isso que Husserl (1913) dissesse, num tom de desencanto, que "tanto a psicologia atomística como a estrutural conservam, no mesmo sentido primordial, um naturalismo psicológico" (p. 390).

PRIMEIRA GERAÇÃO DA PSICOLOGIA DA GESTALT E A GESTALT-TERAPIA

Já em seu primeiro livro, *Ego, fome e agressão*, Perls é explícito quanto a sua adesão, mas, ao mesmo tempo, quanto aos limites que ele próprio impõe à leitura que a psicologia da Gestalt fez de nossos comportamentos e da patologia psicofísica. Se por um lado, a psicologia da Gestalt transcendeu o formato mentalista de se fazer psicologia, por outro, não conseguiu descrever a percepção e a inteligência como vivências de "alguém". Perls admite com os psicólogos da Gestalt que "é a organização dos fatos, percepções, comportamentos ou fenômenos, e não os aspectos individuais de que são compostos, que os define e lhes dá um significado específico e particular" (1969, p. 18). Mas daí não se segue que tal "organização dos fatos" possa ser reduzida a um evento neuropsíquico. Para Perls, é preciso compreender que, antes de explicar a percepção, a aprendizagem, a linguagem, ou os distúrbios que aí possam ser identificados, as *Gestalten* deveriam designar vivências. Ou, ainda, elas deveriam caracterizar uma subjetividade, a qual não seria diferente de todas as relações por cujo meio, vinculando-me aos outros e ao meio não-psicológico, singularizo-me.

No *Gestalt-terapia*, Perls, Hefferline e Goodman (1951, p. 52) afirmam que, em se tratando da relação da GT com a:

> psicologia normal, trabalhamos com as descobertas principais da psicologia da Gestalt: a relação figura e fundo; a importância de interpretar a coerência ou a cisão de uma figura em termos de contexto total da situação concreta; o todo estruturado definido que não é demasiado inclusivo, e apesar disso não é um mero átomo; a força organizadora ativa de todos significativos e a tendência natural para a simplicidade da forma; a tendência de situações inacabadas a se completarem.

A compreensão de que uma parte só é perceptível num contexto global, a partir de um fundo que é para aquela, se não um horizonte externo, ao menos um horizonte interno; a compreensão de que não há fenômeno psíquico que não esteja orientado para certo significado, e de que esse significado não é derivado da pura atividade da mente ou da associação casual de estímulos – tratando-se antes de uma integração espontânea dos elementos envolvidos –, todas essas teses foram assumidas pela GT[19]. Ainda assim, Perls advogava em favor da reformulação do modo como os psicólogos da primeira geração da psicologia da Gestalt definiam a noção de "Gestalt". Segundo Perls, eles a consideravam uma totalidade autóctone, desprovida de subjetividade. O que levou Perls em suas obras a tratar a noção de "Gestalt" como uma dinâmica de abertura e fechamento de vivências de contato entre nosso passado e nosso futuro e menos como um conjunto de propriedades objetivas. Eis por que viria a afirmar mais tarde que, "talvez, a propriedade mais interessante e importante da Gestalt seja a sua dinâmica – a necessidade que uma Gestalt forte tem de se fechar" (Perls, 1969b, p. 84.). Ou, então, de todas as leis com as quais os psicólogos da Forma intentaram descrever objetivamente uma Gestalt, Perls ressalta aquela que é a mais dinâmica, a saber, a lei da pregnância; muito embora dissesse que os psicólogos da Forma não souberam desenvolver uma dinâmica a contento.

Segundo a lei da pregnância, todas as figuras tendem a se completar no campo, situação em que devem ser consideradas "boas formas". Porém, a dinâmica do fechamento, bem como a dinâmica perceptiva (passagem de uma figura a outra), permaneceu na obscuridade. Conforme Perls, Hefferline e Goodman (1951, p. 52):

> [p]ouco se diz a respeito da relação dinâmica entre figura e fundo ou sobre a seqüência forçada pelas necessidades, na qual uma figura rapidamente se transforma no fundo para a próxima figura emergente, até que haja um clímax de contato e satisfação e a situação vital esteja realmente acabada.

É verdade que, quando reclamam – de Wertheimer, Köhler e Koffka – mais explicações sobre a dinâmica figura e fundo, sobre a emergência de necessidades e satisfação delas, Perls e seus colegas estão interpretando as descobertas da psicologia da Forma a partir de outras referências. Eles o fazem, especificamente, a partir da teoria de campo de Kurt Lewin e, muito especialmente, a partir do modo como Goldstein se apropriou da noção de figura, vindo a aplicá-la na descrição dos processos de auto-regulação fisiológica e comportamental verificáveis nos soldados vítimas de lesão cerebral que acompanhara. E se o fazem é não apenas porque Kurt Lewin e Goldstein pensam melhor as características dinâmicas das *Gestalten*. Para Perls, Hefferline e Goodman, as pesquisas de Kurt Lewin e Goldstein transcenderam o domínio restrito do laboratório, da análise experimental e, conseqüentemente, ganharam o campo global de nossa existência. E assim fazendo, eles promoveram um retorno da psicologia da Gestalt aos motivos subjetivos da fenomenologia, embora já não se tratasse mais da subjetividade tal como a podemos ler nas *Investigações lógicas*. Como veremos no capítulo a seguir, depois de 1913, Husserl já não pensa que a subjetividade intersubjetiva e seus vividos intencionais sejam partes de um mundo real, de uma realidade natural. Em resposta ao modo realista como foi interpretado, Husserl propõe uma fenomenologia para a qual não há realidade que não seja a dos atos e dos correlatos da subjetividade intersubjetiva. Mas essa subjetividade não coincide mais com nossa individualidade psicofísica: ela agora designa nossa vida de campo, o domínio de nossas correlações.

Aliás – e isso é importante que se acrescente – para Perls, Hefferline e Goodman, a fenomenologia que serviu de base para a construção da GT não tem relação com a psicologia eidética estabelecida nas *Investigações lógicas*. Conforme aqueles autores, não obstante a psicologia eidética evidenciar o caráter público dos vividos e dos atos da consciência transcendental ou intersubjetiva, tal psicologia ainda descrevia as correlações intencionais como se fossem ocorrências virtuais "da" natureza e que se disponibilizariam às diversas subjetividades. A consciência transcendental não seria mais que uma expectadora de suas próprias possibilidades de correlação. Mas, para Perls, Hefferline e Goodman, há que se reconhecer – como bem mostrou Goldstein – que mesmo as vivências intuitivas estão investidas de um poder criador, como se fossem atos categoriais. Na esteira de Goldstein, os fundadores da GT se voltam para a fenomenologia formulada depois da ida de Husserl para Frankfurt em 1907. Nela, Perls, Hefferline e Goodman, especialmente ele, identificam, mais do que o reconhecimento do poder criador que habita a experiência intuitiva, a vigência de conceitos que permitiriam pensar a patologia, o diferente, o outro; os quais são os principais objetos de interesse da prática clínica.

NOTAS

1 A distinção entre o que é um "objeto de conhecimento" e uma "coisa da natureza" (também denominada de coisa-em-si) é algo bem conhecido pelos iniciados na linguagem filosófica. Mas não é algo de domínio comum. Por isso, chamamos a atenção dos leitores para essa distinção. De um modo geral, podemos dizer que o objeto de conhecimento corresponde ao conjunto de relações que podemos admitir para as partes de uma coisa ou para muitas coisas entre si. Essas relações, entretanto, não necessariamente coincidem com as coisas tal como elas são nelas mesmas e independentemente de nossa análise.

2 Quando Husserl fala sobre objetos intencionais, ele está se referindo a um objeto de conhecimento que considera não apenas as relações entre as partes atuais (ou conteúdos) de uma coisa-em-si (como fazem as ciências naturais e o próprio Brentano). Os objetos intencionais – na interpretação de Husserl – marcam relações entre partes atuais e partes inatuais (potenciais). Razão pela qual demarcam uma região de ser distinta daquela pontuada pelos objetos de conhecimento das ciências da natureza. Nesse sentido, um fisiologista pode falar de um déficit na transmissão serotoninérgica de um paciente. Um psicólogo pode falar de um quadro depressivo, em que há falta de disposição para enfrentar os acontecimentos da vida cotidiana. Enquanto o fisiologista fala de um estado de coisas atual, o psicólogo fala de um estado frente a possibilidades inatuais. No primeiro caso, temos um ob-

Fenomenologia e Gestalt-terapia | 93

jeto de conhecimento natural. No segundo, um objeto de conhecimento intencional. De toda sorte, nenhum desses objetos é o paciente enquanto tal, não é o paciente enquanto um existente ou uma coisa-em-si.

3 Mais uma vez pedimos licença aos leitores para um esclarecimento terminológico elementar, mas não tão evidente. Com base em Descartes, para quem todo objeto de conhecimento é uma representação objetiva da subjetividade, convencionou-se empregar as duas expressões ("objeto de conhecimento" e "representação objetiva") como sinônimas.

4 A partir desse ponto, atos mentais (também denominados de intelectuais) e atos intencionais serão considerados sinônimos.

5 Importante frisar que essas correlações entre a atualidade (presente à consciência) e o inatual (por ela visado) não são ligações determinadas por um agente ou por um princípio exterior. Trata-se de ligações sempre inéditas. Ademais, elas não se limitam àquilo que está dado como ocorrência real. A inatualidade é uma irrealidade que se apresenta à consciência como uma possibilidade, ou, do ponto de vista do mundo, como uma potencialidade dele. Um pouco mais adiante, trataremos com mais detalhes essa teoria dos modos de doação do mundo para a consciência que o intenciona.

6 Mais uma vez, vale lembrar, Husserl se interessa não apenas por aquilo que é atual para a consciência; como no caso das ciências naturais, que só têm em conta aquilo que possa ser compreendido como uma atualidade (como um conteúdo que eu possa localizar no tempo e no espaço). Husserl também se interessa por aquilo que é inatual, como uma possibilidade que o mundo abre para a consciência explorar. O que significa que, diferentemente de Brentano, Husserl não considera que essa inatualidade seja algo da consciência, mas sim um elemento fornecido pelo próprio mundo. Razão pela qual chama tais inatualidades de transcendentes.

7 É de fundamental importância para nós sinalizarmos desde já, para você, leitor ou leitora, a centralidade da temática da inatualidade − a qual nos antecipa a teoria husserliana sobre a consciência da vivência íntima do tempo. É ela que propriamente funda a fenomenologia como uma ciência especial − distinta da psicologia e dos subjetivismos filosóficos formulados até então.

8 É a negação desse fundamento ou metabase real o que define a guinada idealista de Husserl a partir de 1907, especialmente em 1913. Depois desse período, Husserl defenderá que não se faz necessário pressupor a existência do mundo (pelo menos do mundo concebido como conjunto de coisas da natureza) para se compreender a correlação entre atos e essências. Foi essa pressuposição o que levou muitos psicólogos − sobretudo os Gestaltistas − a considerarem os objetos intencionais a expressão de correlações reais entre

o psiquismo e as coisas da natureza. No segundo capítulo, abordaremos especificamente essa guinada idealista e suas conseqüências para o saber psicológico inclusive.

9 Caracterizamos a recordação como involuntária para diferenciá-la da evocação judicativa do passado, que estabelecemos com a linguagem.

10 Da mesma forma, ao falarmos de antecipação espontânea não estamos nos referindo aos juízos que formulam futuros contingentes, mas a uma vivência intuitiva.

11 O mundo é a fonte dessas inatualidades, embora não interesse a Husserl estudar o mundo como algo separado de seu modo de aparecimento para a consciência. Se o fizesse, Husserl estaria considerando o mundo como um conjunto de coisas naturais, "dadas" em si mesmas, o que contradiz a tese segundo a qual o que faz do mundo uma transcendência é sua inatualidade. Ainda assim, como já chamamos a atenção do leitor noutra nota um pouco acima, esse consórcio entre a inatualidade e o mundo será questionado pelo próprio Husserl.

12 Vale aqui ressaltar essa posição teórica da fenomenologia que reconhece direito de cidadania ao vazio. Para Husserl, não é questão se o vazio existe ou não. Aliás, nem é questão se as coisas da natureza existem ou não. O que está em questão é o que nós vivemos (ponto de vista dos correlatos) ou visamos (ponto de vista dos atos). E efetivamente nós experimentamos tanto o vazio quanto o cheio. Do ponto de vista clínico, essa admissão do vazio é da mais alta relevância. Na maioria das vezes, é com o vazio que lidamos.

13 Ainda que possamos entender as limitações do discurso psicológico – insuspeitadamente enredado numa leitura "atualizante" ou, se quiserem, "espacializante" dos fenômenos psíquicos – e a conseqüente dificuldade de muitos psicólogos para compreenderem a natureza eminentemente temporal dos fenômenos descritos pela fenomenologia; essa tolerância não pode ser aos Gestalt-terapeutas, especialmente aos seus teóricos. Afinal, no livro de fundação da abordagem, seus autores são explícitos quanto ao sentido temporal das descrições que oferecem dessa "versão concreta" da consciência intersubjetiva de Husserl, a saber, o sistema *self*. Na segunda parte do presente livro, nós discutiremos no detalhe essa insubordinada filiação fenomenológica da GT e a centralidade da noção de tempo para se compreender o que seja o *self* enquanto uma apresentação concreta do *a priori* de correlação entre o atual e o potencial.

14 Doravante, para nos referirmos ao objeto intencional categorial vamos utilizar apenas a expressão objeto categorial; salvo nos contextos em que a inclusão do termo intencional se fizer necessária.

Fenomenologia e Gestalt-terapia | 95

15 Para caracterizar a realidade das coisas da natureza, Husserl emprega o termo *real*. Para se referir à realidade inatual (ou, o que é o mesmo, à irrealidade) dos objetos intencionais, Husserl emprega os termos *reell* ou *wirklich* (que significa efetivo). Eis por que ele pode dizer, contra Twardovski que os objetos intencionais e efetivos são uma só sorte de realidade inatual (*reell*).

16 Uma alucinação não é, para Husserl, senão uma vivência fixada em um só perfil, em detrimento dos outros. A alucinação é uma vivência perceptiva incompleta.

17 Heidegger (1927), inspirando-se no uso peculiar que Husserl deu ao termo fenomenologia, refaz sua etimologia, explorando o fato de que o verbo *legein* (discursar), de que o substantivo *logia* é derivado, é sinônimo de *apophainesthai,* composto pelo prefixo *apo* (que significa fazer ver) e *phainesthai* (que é uma forma verbal reflexiva que significa "manifestar-se desde si"), de onde provém a tradução da expressão "fenomenologia" (*legein ta phainomena)* da seguinte forma: fazer ver, a partir de si mesmo, aquilo que se manifesta, tal como, a partir de si mesmo, se manifesta (*apophainesthai ta phainomena).*

18 Nos próximos capítulos, especialmente no capítulo sexto, retornaremos à noção de temporalidade em Husserl, por ser ela o principal referencial fenomenológico da teoria do *self.*

19 Afinal, foram elas que permitiram a Perls compreender aquilo que a metapsicologia freudiana não podia esclarecer, a saber, a natureza do sintoma neurótico, conforme discutiremos no terceiro capítulo.

2

Fenomenologia como idealismo transcendental e a segunda geração da psicologia da Gestalt: convergências

Husserl (1913) lamenta-se do modo pelo qual seu projeto de psicologia eidética foi interpretado pela *Gestalttheorie*. Em certo sentido, ao tomar os objetos categoriais como leis estruturais de nosso psiquismo em sua relação com as coisas da natureza, os psicólogos da Gestalt elidiram a principal tese da fenomenologia, que é a tese da intencionalidade. Eles não compreenderam o caráter propriamente "intencional" dos objetos categoriais, o que, direta ou indiretamente, acabou contribuindo para a decisão de reapresentar sua teoria da intencionalidade desde um ponto de vista que não o da descrição psicológica, que Husserl (1903) se arrependera de haver adotado até ali. Afinal, conforme esse ponto de vista, as essências vividas pela consciência – não obstante se diferenciarem das coisas físicas e do próprio ego psicofísico – são tão mundanas quanto eles, o que sempre compromete a fenomenologia com uma certa "tese" sobre a existência do mundo. Talvez tenha sido esse entendimento, relativo à natureza das essências, o que permitiu aos psicólogos da Gestalt lerem, nos objetos intencionais transcendentes, especificamente nos categoriais, uma função ontológica. Para tais psicólogos, os objetos categoriais nada mais seriam do que leis estruturais da relação entre duas existências de fato, a saber, o psiquismo e as coisas físicas. Para Husserl, entretanto, os objetos categoriais são apenas modos de apresentação (transcendentes aos atos da consciência) das correlações entre o que é dado aos atos da consciência e o que para eles é inatual, precisamente, os modos potenciais de manifestação do mundo ele mesmo, independentemente do que esse mundo seja "de fato". Se esses modos potenciais correspondem ou não às coisas de fato (à mente humana ou às coisas da natureza tal como a física as descreve), tal nunca foi questão para a fenomenologia.

E é tendo em vista o esclarecimento dessa distância entre a) a leitura fenomenológica das correlações intencionais e b) a leitura que a psicologia faz dessas correlações que, nas obras posteriores às *Investigações lógicas*, Husserl se propõe a uma radicalização do modo idealista de consideração dos vividos essenciais da consciência. Para isso, ele introduz uma distinção com a qual não trabalhara até então entre a "atitude natural" e a "atitude fenomenológica" frente aos vividos eles próprios. Ou eu considero os vividos como "fatos", manifestações de coisas dadas de antemão, como são as coisas da natureza e meu próprio psiquismo — o que caracteriza uma atitude natural; ou eu considero os vividos prescindindo dessa consideração naturalista, dessa tese naturalista sobre a prevalência das coisas da natureza, por um lado, e do psiquismo por outro — o que caracteriza uma atitude fenomenológica. Do ponto de vista desta atitude, as essências não podem corresponder a nada que não a elas mesmas. O estudioso deve "reduzir" os vividos à condição de puros modos de doação, idealidades completamente desvinculadas das "existências" em geral. O que significa que, do ponto de vista da atitude fenomenológica, a fenomenologia declinaria de ser uma psicologia eidética para se transformar numa filosofia, numa filosofia transcendental. Eis a configuração da fenomenologia como idealismo transcendental.

Para ilustrar essa diferença entre a atitude natural e a atitude fenomenológica, nós podemos dar um pequeno exemplo que se passaria numa sessão terapêutica, numa clínica gestáltica. O consulente, a um certo momento da sessão, começa a se queixar de quanto o incomoda o fato de sua namorada estar sempre reclamando dos programas sociais que ele propõe para ambos freqüentarem. "Ela parece nunca estar satisfeita com as coisas que eu proponho para fazermos juntos: não gosta dos filmes que alugo, dos sabores de pizza que escolho...". E depois de um longo tempo de reclamações, o clínico intervém com a seguinte questão: "No que mais sua namorada está sempre insatisfeita em relação a você(?)". Suponhamos que a pergunta tenha causado um grande impacto emocional no consulente. Depois de um instante de silêncio, ele começa a se mexer na poltrona e de maneira trôpega diz: "Ela também acha que eu sou rápido demais quando eu cozinho". O clínico estranha o modo ansiogênico segundo o qual o consulente responde à interpelação e pontua: "Você é rápido demais para ela(?)". O consulente até aqui se mantinha em sua relação com o clínico numa atitude natural. Ele falava da insatisfação de sua namorada como se isso fosse um fato dado nele mesmo, uma realidade estabelecida independentemente do modo como ele a estava contando para o clínico no momento atual da sessão. Até que, então, atravessado por sua própria ansiedade, pôde reconhecer algo inacabado e admitir que sua fala cumpre uma outra finalidade, que é dissimular esse inacabado que retornou ali em ato, no próprio curso da sessão. Eis que, então, sai da atitude natural e alcança um ponto de vista fenomenológico: não importam mais os fatos, mas a descoberta de um conflito insuspeitado até ali e aparentemente não ligado a nenhum fato de que possa se lembrar. O consulente então elabora esse conflito nos termos de uma fala que vai mais além dos fatos (dos programas sociais que ele faz com a namorada, dos pratos que prepara, da ejaculação precoce...). Tal fala o conduz para uma "forma", para um modo de funcionamento dele mesmo. "Sempre ajo como se estivesse fugindo de algo." Essa forma ou modo de funcionamento é um "transcendental", uma ligação intencional que o consulente repete na relação com as mulheres e que, na experiência clínica, nos termos de uma "redução" clínica, tornou a se manifestar como aquilo que ele quer elaborar. Na clínica gestáltica, o advento de um inesperado e sua elaboração coincide com a passagem de uma atitude natural para uma atitude fenomenológica.

Essa redução à atitude fenomenologia – de volta à nossa discussão sobre a passagem da psicologia eidética para a fenomenologia como um idealismo transcendental – exigiu de Husserl algumas reformas no modo de consideração dos temas com os quais se ocupara até ali. A essência deixou de ser um modo de apresentação "do" mundo (em geral) para a consciência, para se transformar em ocorrência dada ou evidente em si mesma no interior da consciência entendida como campo transcendental. Tal significa dizer que: por um lado, as essências não serão mais tomadas como modos de doação "do" mundo para uma consciência que simplesmente as contemplaria. A partir de agora, as essências são apenas puros modos de doação. Elas dizem respeito àquilo que se passa "na" consciência. Por outro, a consciência não será mais considerada algo no mundo, mas o domínio da pura manifestação das essências. O que significa, então, que, ao falar de consciência, Husserl não está mais se referindo à atualidade dos perfis vividos pelo ego psicofísico frente à inatualidade dos modos de doação mundanos; menos ainda de uma suposta interioridade do ego psicofísico frente à transcendência real das coisas da natureza, como seria mais do feitio dos psicólogos da Gestalt. Husserl está se referindo a uma maneira de se descrever os atos e os vividos, em que se leva em consideração "apenas" a correlação de ambos. Por outras palavras, a consciência deixou de ser entendida como a atividade intencional do ego psicofísico e passou a designar a totalidade das vivências essenciais no tempo (polaridade imanente da consciência) e os respectivos processos de "representação" categorial dessas vivências (polaridade transcendente da consciência). A publicidade que já nas *Investigações lógicas* caracterizava a atividade intencional da consciência não só foi conservada como também admitida enquanto a característica que propriamente define a vida intencional da consciência.

E é precisamente a temática da consciência a principal novidade da fenomenologia depois de 1913. Por não ser tributária ou parte de qualquer outra totalidade (um ego psicofísico, por exemplo), a consciência passou a ser considerada, ela mesma, um absoluto, cujo fundamento ou dinâmica de funcionamento tem relação com a "forma" temporal segundo a qual os vividos vinculam-se entre si; dado que, em decorrência da redução à atitude fenomenológica, Husserl já não pode mais pressupor um mundo em geral que os ordenasse. A essa comunidade temporal dos vividos, Husserl denominou de ego transcendental. Trata-se do último resíduo da redução fenomenológica ao domínio transcendental. Comparado a esse ego transcendental, o ego psicofísico será, quando muito, uma objetivação intencional, em que se procura representar a unidade de certos atos da consciência transcendental.

As críticas de Husserl à forma como a psicologia da Gestalt desconsiderou a função propriamente intencional dos objetos e, especialmente, a consideração husserliana das essências (e suas apresentações objetivas) como um "campo" transcendental (entendendo-se por isso um campo de possibilidades temporais) atingiram em cheio uma segunda geração de pesquisadores simpatizantes ou formados na escola de Frankfurt, os quais, a partir de então, tentaram repensar o destino da *Gestalttheorie*. Em certo sentido, ainda que procurassem, por meio da noção de "Gestalt", superar o dualismo ontológico do "em-si" e do "para-si", os psicólogos da primeira geração permaneceram enredados em dificuldades oriundas da ontologia (afinal, as *Gestalten* tinham de fazer a mediação entre essas duas instâncias). Da mesma forma, ainda que tivessem compreendido que as *Gestalten* designariam algo como uma totalidade espontânea, a descrição dessa totalidade permaneceu limitada a mapear estruturas estáticas, mais afeitas à condição de leis do que de formas espontâneas. Ainda assim, com as noções de isomorfismo, de transobjetividade e da dinâmica "figura/fundo", os primeiros Gestaltistas lançaram as bases daquilo que, a partir de então, os novos pesquisadores poderiam traduzir em termos fenomenológicos. Surgiram, então, novas pesquisas, cujo propósito era justamente reconhecer, no domínio das relações comportamentais (Lewin), ou da fisiologia organísmica em sua relação com o meio (Goldstein), a vigência de um campo, se não transcendental, ao menos concebido em termos muito próximos daqueles utilizados por Husserl para caracterizar a consciência transcendental. É nessas formulações, precisamente, que Perls encontraria os indícios que o levariam a propor um retorno à fenomenologia.

HUSSERL: A FENOMENOLOGIA TRANSCENDENTAL DO EGO

A interpretação problemática que a noção de objeto intencional recebeu, sobretudo da parte dos psicólogos da Gestalt, permitiu a Husserl compreender o quanto ele próprio estava enredado pelo psicologismo que julgava ter ultrapassado. A propósito, nas *Investigações lógicas*, Husserl (1900-1901) concentrava sua atenção sobre a correlação entre os múltiplos modos de doação do mundo em geral para a consciência e as múltiplas ações da consciência relativamente a esses modos de doação. Os vividos eram concebidos, do ponto de vista dos atos, como a unidade qualitativo-material da atividade psíquica do ego psicofísico, restando nele como uma sorte de imanência real. Do ponto de vista dos correlatos, eles eram modos de doação, potencialidades legadas pelo mundo e para as quais a consciência procuraria se transcender. Conseqüentemente, não obstante o esforço de Husserl para caracterizar a idealidade desses vividos e dos objetos que os representassem (categoriais), eles ainda faziam supor a existência de transcendentes reais. E eis que Husserl, novamente, estava às voltas com o problema ontológico do "em-si" e do "para-si".

De fato, como veio a perceber mais tarde, no início de sua produção filosófica, Husserl se encontrava a contragosto muito próximo ao mentalismo psicológico de Locke (1690) (que Husserl gostava de chamar de psicologismo naturalista). Husserl compartilhava a tese ou ponto de vista natural de que a consciência estaria ontologicamente fundada numa existência ôntica, que era o ego psicofísico. Mas não apenas isso: embora recusasse a imanência dos objetos intencionais, Husserl tacitamente admitia, para esses objetos, uma realidade (*real*), muito embora isso não fizesse dos objetos intencionais coisas da natureza. Para superar seu próprio psicologismo, Husserl publica, em 1907, a obra *A idéia da fenomenologia* e, em 1913, o primeiro tomo das *Idéias para uma fenomenologia pura e para uma filosofia fenomenológica* (doravante denominado *Idéias I*), no qual introduz um procedimento-chave para marcar a distância em relação às teses psicologistas, a saber: o procedimento da redução fenomenológica. Por meio dessa redução, a fenomenologia deixaria para trás o ponto de vista da psicologia e passaria a conceber os processos intencionais da consciência pelas lentes da filosofia, especificamente, pelas lentes da filosofia transcendental. Dessa forma, ela eliminaria a discussão ontológica para permanecer restrita à discussão propriamente intencional, que os psicólogos da Forma – em função da leitura ontológica que fizeram da tarefa que os objetos intencionais deveriam cumprir – puseram a perder.

Nas *Investigações lógicas*, a rigor, Husserl já havia caracterizado a consciência intencional como uma instância pública e passível de uma investigação transcendental. Todavia, tendo em vista o caráter temporal de seus vividos, Husserl tinha de subordiná-los a algo que lhes assegurasse unidade. Esse algo era o ego psicofísico. Mas, uma vez operada a redução fenomenológica, Husserl não se permitia mais o recurso a tese ontológica alguma. O problema, a partir de então, seria caracterizar aquilo que, no lugar do ego psicofísico, assegurasse a unidade da consciência e, por extensão, dos objetos que representam seus vividos essenciais, o que levou Husserl ao tema da consciência interna do tempo. Na sua análise, aquilo que conferiria "unidade" à consciência e, por extensão, aos objetos que representassem os vividos dessa consciência seria algo imanente aos próprios vividos essenciais da consciência, precisamente, suas disponibilidades temporais recíprocas. Tal análise nada mais seria do que uma radicalização daquilo que, já desde 1893, definia a intencionalidade operativa.

Assim entendida, a intencionalidade operativa terá seu estatuto ampliado, vindo a definir a própria unidade egológica da consciência enquanto um campo de correlações puras entre atos e correlatos intencionais (Husserl, 1913, p. 184). A intencionalidade operativa seria, fundamentalmente, aquilo que estabeleceria, entre os diversos vividos – e entre eles e suas apresentações objetivas (ou transcendentes) –, o pertencimento a um único "corpo carnal", ou a um único "campo de possibilidades temporais", ao qual Husserl denominou de "eu posso" ou, ainda, "ego transcendental". A unidade dos objetos, por conseguinte, estaria fundada na egoidade transcendental da consciência. Mas, se é assim, em que sentido Husserl vai além daquilo que a psicologia eidética já havia revelado? Em que sentido o ego transcendental é realmente distinto do ego psicofísico? Que conseqüências ele acarreta para a discussão sobre o que seja nosso psiquismo e sua relação com o mundo?

CRÍTICA À NOÇÃO DE COISA-EM-SI E A PASSAGEM PARA O IDEALISMO TRANSCENDENTAL

Como foi abordado no capítulo anterior, nas *Investigações lógicas,* Husserl (1900-1901) criticava a teoria lockeana da representação, haja vista ela confundir modos de consciência descritivamente diversos (especificamente, os conteúdos e os atos psíquicos). Os conteúdos eram tomados como atos simples, assim como os atos superiores (mentais) eram considerados conteúdos complexos. Como conseqüência dessa confusão, essa teoria confinava os objetos à imanência dos atos mentais. Nas palavras de Husserl (1900-1901, I), em Locke (1690), "os objetos a que imediata e propriamente se dirige a consciência em seus atos [...] devem ser necessariamente conteúdos psíquicos, eventos reais da consciência" (p. 348-9). Portanto, não se podia mais distinguir, de direito, um objeto psíquico de um objeto físico, pois todos caíam sob o mesmo registro de "objetos subjetivos". Em decorrência, como alternativa a essa dificuldade – da qual nem mesmo Brentano teria escapado – Husserl propôs a consideração dos objetos como ocorrências mundanas inatuais e, por conseguinte, transcendentes aos atos da consciência. Não obstante serem transcendências efetivas, tais objetos não se confundem com as coisas da natureza, as quais dizem respeito ao mundo considerado em sua atualidade.

Nas *Idéias I* (1913), entretanto, Husserl voltou a criticar Locke. A advertência contra a tese dos objetos subjetivos foi mantida. Dessa vez, todavia, protestaria contra uma tese complementar, segundo a qual os objetos subjetivos seriam representantes de objetos exteriores inatingíveis, que, dessa feita, valeriam apenas como "suposições". Na avaliação de Husserl, a postulação de objetos exteriores, inacessíveis diretamente, implicava o entendimento de que as coisas não são, elas mesmas, dadas na experiência externa (por exemplo, na percepção), o que ele considerou um absurdo. Afinal, se as coisas não são dadas na experiência externa, como eu haveria de reconhecê-las? Ora, tanto quanto Locke, Husserl tem em vista, aqui, a maneira como ele próprio, nas *Investigações lógicas*, vinculou o objeto intencional a uma base real (*real*). Também lá, admitia a existência dessa realidade formada de coisas inacessíveis, que escapariam às formas de apresentação vividas pela consciência como modos de doação do mundo ele mesmo. É como se, paralelamente a esses modos de doação, o mundo pudesse ter uma subsistência autônoma e impenetrável, como se se tratasse de uma coisa-em-si. Ainda que a fenomenologia não se ocupasse dessas coisas, ela as pressupunha. Entretanto, diferentemente do que acontecia em 1900, Husserl (1913) agora vai dizer que "[...] se os objetos não puderem ser dados junto às minhas vivências, então eles não poderão ser dados de forma alguma" (p. 131). Husserl rechaça, assim, a teoria da transcendência real, o que atinge não apenas a concepção lockeana de substância real, mas o próprio suposto fenomenológico de haver, como metabase dos modos de apresentação do mundo ele mesmo, um domínio de coisas-em si. Se há coisas, essas coisas não podem ser diferentes do modo como elas aparecem para a consciência, não podem ser diferentes dos vividos essenciais. Conseqüentemente, não há coisas "em-si". Husserl nega, então, a distinção entre o "em-si" e o fenomênico, ou seja, entre o "em-si" e sua vivência como essência. Nas *Investigações lógicas*, tal divisão somente ocorria porque Husserl ainda estava preso à "atitude natural". Segundo ela, a consciência estaria confinada em uma coisa-em-si (que é o ego psicofísico), separada das demais, razão pela qual não teria acesso a elas. Quando muito, a consciência poderia intuí-las como vivências essenciais. Anos mais tarde, entretanto, Husserl se dá conta de que uma análise mais acurada mostraria que a própria consciência sabe que seu "em-si" (como ego psicofísico) e sua "ocorrência fenomênica para-si" são realidades inseparáveis. Por um lado, a consciência sabe de seu "em-si" porque ele se manifesta para ela como vivido essencial (como "fenômeno"), por outro, ela apenas se reconhece no fenômeno porque vive o "em-si" de que o fenômeno é a manifestação. Dessa forma, o fenômeno da consciência e a consciência do fenômeno são um só. É nesse sentido que, nas *Idéias I*, Husserl dirá não haver, no âmbito da consciência transcendental, divisão entre coisas-em-si e fenômenos. Se tudo o que é passível de conhecimento o é pela consciência, haja vista que a consciência só conhece a partir de seus fenômenos, tudo o que há para ser conhecido é fenômeno. Husserl percebeu, então, que a fenomenologia precisaria radicalizar seu afastamento em relação à ontologia, que, secretamente, comandou as análises fenomenológicas à época das *Investigações lógicas*: o psicologismo naturalista. Basicamente significava desvencilhar a descrição eidética das teses naturalistas sobre a prévia existência do homem natural (ego psicofísico), por um lado, e das coisas naturais ou físicas, por outro. A descrição da atividade intencional da consciência deveria ser operada mais além do domínio da psicologia eidética (que sempre supunha a existência do homem como continente dos vividos essenciais); o que não significava negar a psicologia, mas apenas estabelecer uma nova fundamentação para aquilo que a psicologia eidética bem compreendia, a saber, a natureza intencional de nossas vivências essenciais e de suas respectivas objetivações transcendentes.

Ora, essa nova fundamentação, Husserl compreendeu estar indicada na própria maneira como a psicologia eidética definia a consciência, a saber, como consciência transcendental. Se levado às últimas conseqüências, o predicado "transcendental" justifica em que sentido o "ser" da consciência e de seus objetos não é diferente da própria maneira "como" os vividos da consciência e as objetivações desses vividos se configuram intencionalmente. A fenomenologia, de ora em diante, consistiria numa forma de idealismo, cujo sentido não é ontológico – porquanto não se trata de descrever algum subsistente – mas metodológico – pois se trata de descrever "como" as essências e suas apresentações objetivas se configuram por meio dos atos da consciência. Idealidade, aqui, não tem relação com a existência das coisas – não importa se concretas ou abstratas –, mas com o modo como essas coisas podem ser vivenciadas e representadas. Eis, então, que a fenomenologia se transforma, depois de 1913, num idealismo transcendental. Na fantasia de Husserl (1913), a passagem da psicologia para a fenomenologia, ou seja, a redução do ontológico ao transcendental, haveria de "libera[r] uma esfera de ser nova e infinita, como esfera de uma experiência nova, a experiência transcendental" (p. 66).

REDUÇÃO FENOMENOLÓGICA

Em um curso intitulado "O conceito de natureza", ministrado entre os anos de 1956 e 1957 no Collège de France, Merleau-Ponty (1957) refere-se à proposta husserliana de se estabelecer a redução da psicologia à filosofia transcendental (a qual Husserl genericamente denominou de redução fenomenológica), identificando em tal proposta duas tendências complementares.

Por um lado, Husserl tem em vista superar o naturalismo da "tese" da atitude natural, por cujo meio somos levados a admitir, como verdade última acerca de nossa fé perceptiva em nós mesmos e no mundo, a vigência de uma natureza determinada como "pura coisa" ou "coisa-em-si", independentemente da experiência que dela possamos ter, como se ela pudesse ser apenas por si ou para si. Contra essa tese, Husserl quer resgatar o primado de nossa experiência intencional, a qual inclui, por um lado, os atos intencionais da consciência e, por outro, os correlatos, sejam eles perfis, lados, aspectos, objetos intuitivos ou categoriais.

Mas, também, em segundo lugar, Husserl quer salvaguardar aquilo que há de legítimo na atitude natural, precisamente, a fé perceptiva em que há um mundo de possibilidades e que nós somos alguém nesse mundo. Ora, se o primeiro objetivo nos leva ao idealismo husserliano – que consiste na retomada daquilo que já se havia conquistado nas *Investigações lógicas*, a saber, que toda existência dotada de valor objetivo é uma construção intencional de nossos atos conscientes a partir de nossas vivências essenciais – o segundo objetivo nos leva à fundamentação desse idealismo, àquilo que o torna possível, a saber, a "egoidade" das consciências intencionais, entendendo-se por isso não uma imanência ontológica, mas uma imanência transcendental: pertença das consciências intencionais ao campo da correlação temporal dos vividos entre si. Estaria aí, nessa noção de egoidade, a base da concepção de "Gestalt" para a segunda geração de pesquisadores da *Gestalttheorie*?

Redução eidética: descrição do a priori de correlação

A primeira grande conquista que a redução fenomenológica propiciou a Husserl foi a explicitação daquilo que já estava em obra nas *Investigações lógicas*, mas que só agora ganhou *status* de predicado fundamental de toda e qualquer eidética, de toda e qualquer fenomenologia das essências, precisamente, o *a priori* de correlação entre os atos por cujo meio a consciência visa essências e essas essências elas mesmas apresentadas como objetos intencionais.

Se é verdade que, nas *Investigações lógicas*, Husserl já compreendia que, entre os atos intencionais da consciência e as essências (entendidos como modos de doação do mundo enquanto domínio de potencialidades), havia uma sorte de correlação que fazia deles duas formas distintas de consideração desse mesmo todo que é a consciência-de-um-objeto, também é verdade que, lá, Husserl admitia a existência de um mundo de fato, do qual tanto os atos da consciência quanto os modos de doação das coisas participariam. Esse mundo de fato (de que os modos de doação e os atos intencionais seriam dimensões, dimensões propriamente inatuais) não é diferente daquele que as ciências da natureza investigam, postulando a existência de coisas-em-si, ou que a psicologia investiga, postulando a idéia do para-si. Conseqüentemente, ainda que um objeto intencional, por exemplo, fosse considerado um "nada" se comparado às coisas-em-si, ele guardava um parentesco de direito com essas coisas, porquanto participava do mesmo mundo, representando tão-somente o domínio das "possibilidades" mundanas que essas coisas haveriam de abrir em torno de cada ato concreto da consciência. De onde se segue que, em rigor, há uma diferença ontológica entre os atos da consciência e os modos de doação do mundo, porquanto cada qual está fundado em um fato ou em um existente diferente: o ego psicofísico, no caso dos atos; as coisas-em-si, no caso das essências (sejam elas perfis, aspectos, lados ou objetos intencionais).

Com a dissolução da primazia das teses ontológicas sobre a vigência do "para-si" e do "em-si", entretanto, não havia mais razão para Husserl continuar demarcando uma transcendência "real" entre os atos da consciência e as essências; nem mesmo entre as essências e as apresentações objetivas dessas essências (que são os objetos intencionais, sejam eles intuitivos ou categoriais). Em rigor, não há mais por que se falar em transcendência real, uma vez que a realidade foi reduzida, foi eliminada do campo de investigação da fenomenologia. O que sobrou, então, como primeiro resíduo dessa redução, foi a correlação entre os atos e os objetos visados a partir daqueles atos, correlação essa que, já nas *Investigações lógicas*, definia esse absoluto que é a consciência-de-um-objeto. Mas, se, lá nas *Investigações lógicas*, esse absoluto era apenas um absoluto psicológico, uma região do mundo ele mesmo, um recorte cuja função seria mapear a correlação entre o que era dado (aos atos) e o que era inatual (as essências); agora, tal absoluto não estará contido em nada que lhe seja a maior. Por conseqüência, não há mais por que se falar da consciência transcendental como uma região do ser absoluto: a consciência é o próprio absoluto.

O melhor exemplo para ilustrar em que sentido não há distância "real" entre os atos e os objetos visados, Husserl o encontra na experiência perceptiva. Ela não é a apreensão de uma totalidade determinada de antemão. Ao contrário, a percepção de uma coisa espacial é uma continuidade de conteúdos múltiplos e mutáveis, que só existem à medida que um ato "institui" essa continuidade: "em cada fase da percepção, eu percebi essa coisa, mas, mais precisamente, essa coisa desse lado, com essas marcas distintivas. Apenas nesse 'como' ela é percebida e perceptível" (Husserl, 1968, p. 152). Razão por que podemos concluir, com Husserl, que a coisa percebida nunca é encontrada como "algo para si" (*ein Etwas für sich*), mas sempre e necessariamente como algo que "se oferece nesses modos subjetivos" (p. 153), que são os atos da consciência.

Não decorre daí que eu não possa estabelecer uma distinção entre os atos e os correlatos. Tal distinção, todavia, não faz mais do que marcar os dois lados de uma mesma experiência; ou, então, trata-se de duas polaridades opostas de um único processo. Posso considerar esse processo desde sua polaridade ativa ou propriamente vivida. Nela, tomo em consideração a atividade dos atos no sentido de migrarem de um perfil a outro, de um aspecto a outro, de um lado a outro, de um objeto intuitivo a outro, sem que essas ações nos forneçam os objetos em suas identidades categoriais, mas apenas num fluxo de vividos que se conservam, modificando-se a cada nova intuição. Nessa polaridade, especificamente, considero o processo em sua "imanência", como um acontecimento em pessoa (*selbstgegebenheit*). Mas também posso considerar o processo desde sua polaridade objetiva, o que significa entendê-lo como uma identidade categorial, como uma interrupção momentânea de meus atos, em proveito de um instante que os unifique: desse ponto de vista, o processo é uma transcendência.

Devemos, todavia, ter cuidado aqui ao empregarmos os termos "imanência" e "transcendência". Precisamos ter presente que, com a redução, Husserl já superou o código natural, para o qual imanência e transcendência seriam duas instâncias ônticas, significando, respectivamente, interioridade e exterioridade em relação ao ego psicofísico. Husserl inaugura, assim, um novo sentido para os termos imanência e transcendência. A conotação interior/exterior está descartada. Imanência e transcendência têm agora um sentido transcendental ou, como prefere o próprio Husserl, têm um sentido autêntico. Imanência, em seu sentido autêntico, quer dizer doação em pessoa (*Selbstgegebenheit*), entendendo-se por isso a doação das essências junto a cada ato que as visa. Já transcendência quer dizer "identificação da unidade de vividos" num objeto categorial. Imanência e transcendência, portanto, são oposições que surgem dentro da verdadeira interioridade, dentro dessa subjetividade alargada que é a consciência transcendental entendida como *a priori* de correlação.

Ora, Husserl não retorna aqui à concepção de consciência intencional de Brentano? Evidentemente não, pois, se é verdade que, para Brentano, todos os objetos eram imanentes à consciência, a consciência era, então, concebida como uma totalidade que fazia parte de uma outra totalidade, mais real do que a própria consciência, a saber, o mundo natural. Para Husserl: a) uma vez que se estabeleceu a dissolução das teses ontológicas sobre a prévia estruturação da realidade; b) uma vez que se operou a redução àquilo que há de essencial no processo de objetivação, a saber, o *a priori* de correlação; c) não há por que se supor uma outra totalidade em que a consciência estaria contida ou da qual dependeria. A consciência, para Husserl, é um todo autêntico, a totalidade de todas as partes, mas que não é ela própria parte de totalidade alguma. Husserl recorre aqui à distinção que, desde seus estudos psicológicos de 1894, estabelecia entre as noções de totalidade autêntica e totalidade inautêntica. Essa distinção estava baseada nos estudos de Stumpf (conforme Moura, 1989, p. 191) sobre as relações de dependência e independência das partes (ou conteúdos) de um objeto imanente à consciência.

Conforme Husserl, conteúdos independentes são aqueles que permanecem sendo o que são, mesmo quando os conteúdos aos quais eles estão ligados estejam se modificando. Os dependentes, ao contrário, são aqueles que se modificam quando os conteúdos aos quais estão ligados também se modificam. Por exemplo, se mudo a qualidade do som, simultaneamente altero sua intensidade. Nesse sentido, Husserl concluiu que, entre os conteúdos dependentes, forma-se uma totalidade que não tem relação com agregação ou soma. Trata-se de uma totalidade diferente, que se aproxima da noção de fenômeno psíquico de Brentano. A natureza dessa ligação, entretanto, Husserl só veio a pensar na terceira das seis *Investigações lógicas*. É quando Husserl amplia a teoria anterior, para dizer que a noção de "todo autêntico" não se aplica apenas aos conteúdos de objetos imanentes, mesmo porque, para ele, os objetos, agora, sempre são transcendentes. Ademais, Husserl esclarece o sentido da noção de dependência. Segundo ele, "um conteúdo A é dependente em relação a um conteúdo B quando existe uma lei, fundada nas essências genéricas de A e B, segundo a qual um conteúdo de gênero A só pode existir ligado com um conteúdo do gênero B" (Husserl, 1900-1901, I, p. 398). Por outras palavras, A é dependente de B quando B for necessário para A. Ora, quando houver uma comunidade de essência entre A e B, de modo que tanto B quanto A sejam necessários um para o outro, Husserl vai dizer que há entre eles uma relação de mútua fundação. E o todo autêntico é simplesmente uma totalidade cujas partes estão numa relação de mútua fundação. Esse todo não é instituído por um agente ou lei exterior, que não seja a própria comunidade de essências de suas partes. Esse, por exemplo, pode ser o caso de nosso organismo. Entre meus sistemas respiratório, circulatório e nervoso, há uma relação de mútua dependência onde cada qual é necessário para o funcionamento do outro. De onde se segue que eu possa dizer que meu organismo é um todo autêntico, diferentemente de um motor à combustão. Nem todas as suas partes estão numa relação de necessidade. O sistema de freio não depende do sistema de ignição e vice-versa. Ainda assim trata-se de um todo, apenas que inautêntico.

Nas *Idéias I*, Husserl retoma essa teoria para dizer que a consciência transcendental é o todo autêntico de nossos atos (e respectivos vividos essenciais intuídos e visados) e os correlatos (em que aqueles vividos estão unificados como uma identidade categorial). Por outras palavras: ela é a comunidade espontânea – ou *a priori* de correlação – entre os atos (junto aos quais as essências se doam em pessoa) e os correlatos (em que essas essências adquirem identidade objetiva categorial). Tal comunidade não carece de agente exterior que a faça existir ou se reconhecer como tal; uma vez que os nossos atos (e respectivos vividos) só são apreendidos como "nossos" quando se apresentam como "nossos representantes" e estes, por sua vez, só podem nos representar quando forem preenchidos por aquilo que já nos pertencia, precisamente, nossos atos e respectivos vividos. Husserl aponta aqui para a autonomia absoluta da consciência, autonomia essa que se configura como uma comunidade de essência entre atos e correlatos intencionais, entre a imanência e a transcendência de uma só consciência; comunidade essa que, justamente, a redução eidética procurou caracterizar.

Redução transcendental: dinâmica temporal da consciência

Se a suspensão da ontologia natural esclarece o que há de essencial no processo intencional, a saber, o *a priori* de correlação (cujas polaridades são a imanência das vivências essenciais e a transcendência das apresentações objetivas), tal não chega a elucidar a dinâmica específica desse processo. Afinal, salienta Husserl, para formar um objeto intencional, os vividos da consciência precisam comportar a consciência da identidade temporal dos vários modos de manifestação desse objeto. Caso contrário, jamais poderiam intencionar tal objeto e dependeriam sempre de intuições particulares que, ademais, não poderiam ser conectadas entre si. Ora, o que é essa consciência da identidade do objeto que a consciência transcendental deve ter? Husserl logra aqui a compreensão de que a fenomenologia não pode permanecer circunscrita à descrição dos vividos essenciais da consciência. A descrição pode apenas "considerar a 'consciência' como uma paisagem que oferece ao fenomenólogo vividos 'prontos' para satisfazer sua curiosidade" (Moura, 2001, p. 369). Trata-se agora de retornar a uma perspectiva genética (explicativa), mas não para falar de objetos (o que caracterizaria uma genética ontológica), mas para esclarecer o processo de objetivação que caracteriza o *a priori* de correlação. Husserl opera aqui, então, uma nova redução: a passagem da descrição transcendental do *a priori* de correlação para a explicitação sistemática do processo de objetivação, o que imediatamente implica, segundo Husserl, a distinção entre três camadas ou níveis de consideração dessa objetivação: a) em primeiro lugar, posso considerar o processo de objetivação tendo em vista a comunicação intersubjetiva, por cujo meio "localizo" minhas vivências como unidades na série de ocorrências sucessivas (tempo objetivo) e na série das ocorrências disjuntivas (espaço objetivo); b) mas, também, posso considerar aquele processo tendo em vista a maneira como ele é vivido por uma consciência. Nessa instância, o processo de objetivação é esclarecido por meio de categorias "internas", como meus atos, minhas intuições; c) por fim, posso considerar o processo de objetivação tendo em conta as condições "absolutas" que se impõem à constituição dos objetos. Nesse ponto, exatamente, Husserl se dirige para a experiência de "doação em pessoa" dos vividos. É aqui, precisamente, que se haveria de encontrar as condições elementares desde as quais uma consciência poderia vislumbrar uma unidade de vivências e, conseqüentemente, a expressão objetiva dessas vivências. Conforme Husserl, o que fundamentalmente caracteriza a "doação em pessoa" dos vividos é a "forma" (Gestalt) espontânea, segundo a qual cada vivido arrasta consigo, como a uma "cauda de cometa", vividos inatuais, que se oferecem àquele como horizonte de passado e futuro. Conseqüentemente, em cada vivência, não há apenas uma matéria impressional presente. De forma espontânea – ou, o que é a mesma coisa, nos termos do que Husserl chama de intencionalidade operativa (*Fungierende Intentionalität*) – arma-se, em torno da matéria impressional presente, um "campo de presença" (*Präsensfeld*) de outras vivências, a partir das quais e em direção às quais o vivido atual se dirige, modificando-se, até que ele mesmo se transforme numa matéria inatual em benefício de uma nova vivência.

Conforme vimos no capítulo anterior, nas *Lições para uma fenomenologia da consciência interna do tempo*, Husserl (1893) já se ocupava da vivência primitiva do tempo e a ilustrava descrevendo a experiência de percepção de uma melodia. A cada nota que ouço – e junto à qual identifico a execução de uma melodia – a nota anterior cai no passado, mas, longe de ser absolutamente ultrapassada pela nova nota, aquela permanece, para mim, como "quase presença", presença modificada que, desde o seu silêncio, orienta minha audição para além da nota presente, em direção à nota seguinte, ainda inatual. Ouço na nota que escuto mais do que uma vibração acústica particular: ouço o pertencimento dessa vibração a um sistema coerente, muito embora, imaterial, o que não quer dizer inoperante. Ao contrário, trata-se de uma "operação" que se faz por si e, nesse sentido, se doa em pessoa como uma totalidade autêntica, porquanto não é parte de nenhuma outra totalidade. Ora, é justamente aqui, nessa idéia de uma totalidade, a) a qual não está circunscrita ao que se passa na atualidade material (e, nesse sentido, não se restringe a uma ocorrência particular), b) tampouco depende de outra totalidade que não ela mesma, que, anos mais tarde: c) Husserl vislumbra a fórmula para expressar o fundamento desde o qual a consciência intencional pode visar, como representante da unidade de suas próprias vivências, o objeto intencional. Ou, então, é exatamente aqui – nessa apresentação da consciência espontânea do tempo – que Husserl encontra a melhor explicitação sobre a dinâmica do processo de objetivação. Se a consciência pode visar a uma totalidade objetiva como polaridade expressiva daquilo que ela mesma vive, tal se deve a que a vivência – que se trata de exprimir – já é nela mesma uma totalidade. Diferentemente da totalidade objetiva, entretanto, a totalidade vivida não precisa ser constituída. Ela é o consórcio espontâneo das vivências retidas. Ela é a formação espontânea do campo de presença das vivências retidas em favor da vivência atual – a que Husserl, das *Idéias I* em diante, vai chamar de "ego transcendental".

O EGO TRANSCENDENTAL

Entendido como unidade espontânea do "campo de presença de nossos vividos inatuais junto aos nossos vividos atuais" (Husserl, 1931, p. 127) – o ego transcendental não é uma ocorrência reflexiva da consciência. Não obstante se tratar de um processo imanente à consciência, em sua imanência, a consciência é cega para si. Tal característica explica por que a consciência se põe a visar objetos. É ao visá-los que ela pode alcançar seu próprio ego ou, o que é a mesma coisa, sua própria unidade. Nos objetos, o ego transcendental, até então irrefletido, é alcançado pela consciência. O que é o mesmo que dizer: a consciência reconhece, na coisa transcendente, algo próprio, algo que lhe é imanente, a saber, seu ego. Eis em que sentido, então, podemos entender a relação entre a consciência transcendental e o ego psicofísico. Esse último é a maneira como a consciência representa, de forma transcendente, sua própria egoidade, muito especialmente, seus próprios atos[1].

Mas o ego transcendental não diz respeito apenas a esse poder da consciência para unificar, de forma irreflexiva, seus próprios vividos em proveito de uma apresentação objetiva de si. Na *Filosofia da intersubjetividade* (1973a), Husserl apresenta a tese da cisão-do-eu (*Ichspaltung*). Segundo ela, o ego é um processo de constante cisão interna dentro de uma permanente igualdade ou identidade de si consigo próprio. Husserl está novamente aqui descrevendo o fluxo temporal dos vividos da consciência, mas para mostrar que, além da capacidade para se unificar em proveito de uma apresentação objetiva de si, a consciência é capaz de ultrapassar suas próprias formações objetivas. Por meio dessa ultrapassagem, a consciência abre para si a possibilidade de apresentar-se segundo novas formas objetivas. Assim, a consciência não se torna refém de suas próprias objetivações, as quais, não obstante apresentarem-na de forma una, não conseguem exprimi-la em sua fluidez.

Em *Meditações cartesianas*, Husserl (1931) emprega a expressão "domínio da pertença" (p. 134) para designar o ego transcendental revelado pela redução transcendental. Pertença não corresponde a qualquer sorte de predicado contido em um subsistente, mas àquilo que a redução transcendental revelou relativamente ao ego, isso é, que ele é um campo de presença de possibilidades que, desde o passado, vem-se acrescentar àquelas inauguradas pelo dado atual em direção ao futuro. Pertença, nesse sentido, tem relação com o campo de possibilidades. Por essa razão Husserl (1931) julgou apropriado responder à questão "o que é o ego transcendental?" nos seguintes termos: o ego transcendental é o sistema "eu posso" (p. 131-8). Todavia, o sistema "eu posso" não é, de forma alguma, o apelo a uma imanência ontológica, a uma subjetividade fechada para-si (ou, o que é a mesma coisa, a uma subjetividade psíquica). Husserl (1931) já operou a redução das teses ontológicas e, portanto, quando fala em "eu posso", tem em vista o sistema de vividos inatuais disponíveis como horizonte temporal; por exemplo, a vivência do "outro" e do "mundo", os quais, nesse contexto reduzido, não devem ser entendidos como existentes, mas como vivências da minha consciência. Por esse motivo Husserl (1931) vai dizer que o ego transcendental, enquanto "eu posso", é simultaneamente a presença do outro e do mundo como horizonte de minha atualidade. Ou, ainda, o ego transcendental é, para a consciência, uma sorte de subjetividade intersubjetiva (Husserl, 1931, p. 137). Assim compreendido, o ego transcendental corresponde àquilo que o homem natural já compreendia, embora se representasse tal compreensão nos termos de uma ontologia naturalista, a saber, a prévia disponibilidade do outro, do mundo e da história como horizonte de possibilidades para-si. Eis aqui a verdade do naturalismo, que Husserl, na interpretação de Merleau-Ponty, bem soube reconhecer. Também a demarcação da pertença da consciência a um universo (de possíveis) bem mais amplo do que os objetos com os quais ela mesma se identifica. Ou, ainda, a "carne" (Husserl, 1931, p. 124) de onde e na mediação da qual a consciência se polariza em muitos corpos objetivos.

Diferentemente das *Investigações lógicas*, o texto das *Idéias* nos propõe um ego que não é um mero espectador do mundo diante de si. O ego é um agente e, se há para ele coisas mundanas, tal se deve ao movimento de transcendência que ele empreende. Ou, ainda, tal se deve aos seus atos de transcendência em direção às possibilidades que esses mesmos atos descortinam. E aqui se explica por que razão, mais tarde, a Gestalt-terapia sempre preferiu a egologia do Husserl das *Idéias*. Afinal, ela descreve melhor aquilo que se passa na situação clínica. Nela, o clínico não é um espectador de um drama que se desenrola por si. O clínico não é um ser passivo, tampouco deixa de interferir. As manifestações do mundo, os ajustamentos (fluidos ou interrompidos) dos consulentes não são paisagens prontas, que o clínico apenas testemunha. Para vê-los, o clínico deve procurá-los; e ao fazê-lo, ele os contamina, os distorce, assim como por eles é contaminado e distorcido, até que, enfim, clínico e consulente se encontram perdidos, fora de seus centros. Finalmente, então, podem ver algo diferente, algo outro, o outro em carne e osso. Este não tem relação com a imagem do clínico ou do consulente, mas com esse terceiro que se manifesta como ansiedade, angústia. O que, então, diferencia o clínico e o consulente é que, frente ao aparecimento desse terceiro, cabe ao consulente agir e, agora sim, ao clínico testemunhar.

O PROBLEMA DO OUTRO E A GUINADA ÉTICA DA FENOMENOLOGIA

A apresentação do outro como uma possibilidade do ego transcendental, como uma das muitas objetivações possíveis desse campo amplo de experiências intencionais, que é a consciência transcendental, não foi suficiente para livrar Husserl das críticas que o acusaram de transformar a fenomenologia das *Investigações lógicas* num solipsismo transcendental. Desse ponto de vista, o outro, assim como todo e qualquer objeto intencional, não significaria mais que uma apresentação unificada dos vividos articulados por um ego transcendental. Ora, é verdade que o ego transcendental pode representar o outro como um objeto categorial. Mas isso não quer dizer que não haja, para o ego, uma apresentação intuitiva do outro como alter ego, como poder intencional diferente, núcleo distinto de articulação entre atos e vividos. Afinal, para Husserl, a consciência transcendental é governada por muitos egos, tem muitos articuladores; ela é um mundo intersubjetivo[2]. De toda sorte, é sempre o ego quem pode visar o alter ego. E a questão é como o ego pode fazê-lo.

De fato, nas *Meditações cartesianas* (1931, p. 16-7), Husserl diz:

> E no que se refere aos outros egos? Eles não são, todavia, simples representações e objetos representados em mim, unidades sintéticas de um processo de verificação que se desenrola em mim, mas justamente outro. Os "outros" dão-se igualmente na experiência como regendo psiquicamente os corpos fisiológicos que lhes pertencem. Ligados assim aos corpos de maneira singular como objetos psicofísicos, eles estão no mundo. Por outro lado, percebo-os ao mesmo tempo como sujeitos para este mundo que eu percebo e que tem, por isso, experiência de mim como eu tenho a experiência do mundo e nele dos outros.

De onde se segue a questão que dará o norte na quinta meditação proposta por Husserl:

> Como é que o meu ego no interior de seu ser próprio pode de alguma maneira constituir "o outro" justamente como lhe sendo "estranho"; quer dizer, conferir-lhe um sentido existencial que o coloca fora do conteúdo concreto do "eu próprio" concreto que o constitui? (Husserl, 1931, p. 121)

Para Husserl, em verdade, não se trata de "construir" ou "deduzir" a existência do outro para o ego transcendental. Cabe à fenomenologia tão-somente explicitar em que medida pode haver para o ego transcendental uma inatualidade que, por um lado, se oferece tal como os perfis, os aspectos, os lados e as apresentações intuitivas das coisas; mas, por outro, diferentemente desses modos de apresentação, porquanto se introduz como um "estranho", não se deixa apreender numa unidade intuitiva evidente, tal como evidentes são as unidades intuitivas que denominamos de coisas (cubos, cadeiras, árvores...). Ou seja, para o ego transcendental, o outro é um modo de apresentação especial, na medida em que deixa perceber algo que não pode ser percebido, como se se tratasse de uma manifestação não apenas inatual, cheia ou vazia, mas, sobremodo, negativa, estranha. O ego transcendental percebe uma impossibilidade perceptiva, mas que, paradoxalmente, se mostra como impossível.

Mas não é apenas isso. O mais paradoxal é que esse estranho se revela capaz de intencionar; o que significa dizer: ele se revela investido da capacidade de visar às mesmas inatualidades que eu próprio (enquanto ego transcendental) sou capaz de visar. O que introduz, para mim (como ego transcendental), novas "orientações" no modo de se visar ao mesmo mundo; orientações que, entretanto, não partiram de mim, mas de um lugar de meu mundo de inatualidades que é, antes, uma "lacuna". Nela posso presumir, apenas de modo "lateral", a presença de um eu que é outro, de um ego que é alter ego. Esse alter ego não se mostra ele mesmo; ele se dissimula por detrás de condutas em que reconheço certo "estilo", determinada orientação, a qual, por vezes, me é tão familiar que posso tranqüilamente assumi-la com meu próprio corpo. Mesmo porque, o alter ego é indissociável de um corpo, de um corpo de inatualidades organizadas segundo uma intenção que não é a minha. Husserl denomina de acoplamento *(paarung)* ou, ainda, de transgressão intencional essa transponibilidade motora e gestual entre o ego e o alter ego.

Mas Husserl não pode assumir até o fim as conseqüências dessa maneira de descrever o alter ego. Isso porque tal descrição implica admitir que a consciência transcendental é habitada por um "estranho", que exerce funções semelhantes às do ego transcendental, mas não se deixa reconhecer como o ego. Trata-se, portanto, de algo "não evidente", o que estabelece um sério limite ao projeto husserliano de apresentação da consciência como um campo "evidente" nele mesmo. Mesmo admitindo essa intersubjetividade por acoplamento, que se mostra de modo lateral, nos termos de uma mútua transgressão entre meu corpo e um corpo estranho, Husserl não declina de "aceder ao outro a partir do *cogito*, da 'esfera da pertinência'", como diz Merleau-Ponty (1949b, p. 48). Ainda que, nos textos tardios, possamos encontrar em Husserl uma "tendência a revisar a noção de *cogito* (a encarnação do eu em suas expressões), [...] ela esbarrava na própria definição de uma consciência pura" (Merleau-Ponty, 1949b, p. 51). E, de fato, nas *Meditações cartesianas*, Husserl (1931, p. 126) afirma que:

Na atitude transcendental tento, antes de mais nada, circunscrever no interior dos horizontes da minha experiência transcendental aquilo que me é próprio (*das Mir-Eigene*). Tudo o que o eu transcendental constitui nessa primeira camada como "não-estranho", como aquilo que lhe pertence é, com efeito, seu a título de componente do seu ser próprio e concreto [...] e inseparável do seu ser concreto. Mas no interior de suas pretensões o ego constitui o mundo objetivo como universalidade do ser que é estranho ao ego e em primeiro lugar, o ser do alter-ego.

Em função dessas proposições, Merleau-Ponty (1960, p. 100) conclui que:

a posição de outrem como um outro eu próprio não é possível se for efetuado pela consciência: ter consciência é constituir. Portanto, não posso ter consciência de outrem, pois seria constituí-lo como constituinte com respeito ao próprio ato pelo qual o constituo. Essa dificuldade de princípio, posto como limite no início da Quinta Meditação Cartesiana, não é resolvida em parte alguma.

Ora, Merleau-Ponty – conforme análise que vamos apresentar no capítulo oitavo – toma para si o desafio de descrever a intersubjetividade da consciência prescindindo do ideal de evidência constantemente perseguido por Husserl. Mais do que isso, na trilha aberta pelo próprio Husserl, Merleau-Ponty admite pensar o outro como um "estranho", como essa lacuna de nossa experiência que, enfim, nunca conseguimos preencher ou habitar integralmente. E é essa transformação no modo de compreender o problema husserliano do outro que propriamente fundamenta nosso dizer sobre uma "deriva da fenomenologia em direção à ética".

Ao dar direito de cidadania ao "estranho", Merleau-Ponty declina de uma fenomenologia que quer ser "explicitação", para estabelecer um discurso que tem antes um sentido ético (com *eta)*, um sentido de acolhida e tolerância àquilo que se mostra como um irredutível. Merleau-Ponty declina da evidência em favor daquilo que estabelece um desvio no curso da investigação. Tal decisão, ademais, se fez acompanhar de outra tomada de posição, que é a suspensão da própria idéia de que a redução nos conduz a um ambiente "puro", em que todas as relações intencionais possam ser explicitadas. Para Merleau-Ponty, a consciência enquanto campo não é uma instância pura. Afinal, não só o ego transcendental, fundamento dinâmico dessas relações, não é mais exclusivo (ele é acompanhado de outros egos, tal como já admitia Husserl), como também não é mais capaz de gerenciar (ainda que operativamente) todas as relações intencionais da qual ele próprio participa. O que faz implodir o ideal de uma consciência transparente para si mesma: um ego já não nos dá todos os outros, como gostaria Husserl. Cada ego é para seu semelhante a encarnação do mistério que, a partir de agora, define a consciência como um campo fenomenal, como um campo de ocorrências não apenas inatuais, mas investidas de uma autonomia que não pode ser integralmente possuída, integralmente habitada.

Essa idéia de uma consciência impura, de um campo fenomenal não apenas intersubjetivo, mas desprovido de transparência, não é uma idéia que surgiu apenas com Merleau-Ponty. A bem da verdade, ela já estava em obra com a segunda geração de psicólogos da Gestalt, que leram no idealismo transcendental de Husserl os mesmos paradoxos lidos por Merleau-Ponty anos mais tarde. Especialmente Kurt Goldstein reconheceu na idéia de uma consciência fundada em uma intencionalidade operativa, articulada nos termos de uma egologia não exclusiva, a possibilidade de compreender o funcionamento do organismo e a paradoxal presença da doença. Afinal, Goldstein percebeu que, mais do que uma falha do funcionamento homeostático, a doença é como um outro ego, que impõe ao organismo uma nova forma de se ajustar, a qual é tão criativa e espontânea quanto aquela atribuída ao ego "saudável". A partir dessa leitura egológica da doença e da saúde, Goldstein compreendeu que: o organismo é ele mesmo um campo fenomenal povoado por muitos vetores intencionais, por muitas formas de intencionalidade, as quais são correlatas daquelas que vigem entre o organismo e os outros organismos no interior de um novo campo fenomenal, mais abrangente, que é o "meio". De onde Goldstein se autorizou a falar da relação organismo/meio como uma sorte de consciência alargada, que muito contribuiu para Merleau-Ponty estabelecer a sua *Fenomenologia da percepção*. Em certa medida, Goldstein inaugurou a guinada ética que a fenomenologia viria a conhecer na pena de Merleau-Ponty e, em seu formato mais explícito, na prática clínica inaugurada por Perls, Hefferline e Goodman.

Contemporaneamente a Merleau-Ponty e, lamentavelmente, desconhecendo o trabalho deste, os fundadores da GT retornaram aos escritos de Husserl, para importar dele a forma transcendental que lhes permitiu pensar a experiência clínica como uma sorte de campo em que os atos e correlatos do clínico estão não apenas correlacionados entre si, mas atravessados por uma correlação que vem de outro lugar, de outro centro articulador, que é o ego do consulente e vice-versa. Por outras palavras, os fundadores da GT retornaram ao idealismo husserliano, resgataram dele a atitude transcendental, não para reeditar o projeto de uma descrição da consciência como um absoluto evidente nele mesmo, mas para dar seguimento àquilo que aprenderam com Goldstein, precisamente: que a vida é um campo eminentemente ético (com *eta)*, em que cada organização intencional é constantemente atravessada por uma organização outra (neurótica, psicótica, aflitiva...), que exige de cada qual um novo ajustamento criador.

CONSEQÜÊNCIAS PARA A HISTÓRIA DA PSICOLOGIA

Husserl (1968) tinha ciência de que, não obstante ele haver estabelecido uma passagem (redução) da psicologia fenomenológica à fenomenologia transcendental, os temas com os quais essa última teria de lidar não eram, de forma alguma, diferentes daqueles com os quais a primeira já lidava. A descrição dos vividos essenciais da consciência e do processo de objetivação desses vividos e mesmo a gênese desse processo a partir de um fundamento evidente em si mesmo também faziam parte da tópica da psicologia eidética. A diferença, entretanto, estava no ponto de vista. Se, antes, os vividos essenciais da consciência pressupunham um continente ôntico ao qual pertenceriam, depois da redução fenomenológica, passaram a designar a polaridade imanente – e, nesse sentido, irrefletida – de um único processo, de uma mesma subjetividade alargada, que é o nosso "ser no mundo". Se, antes, os processos de objetivação tinham a ver com a representação na transcendência real de algo primeiramente vivido de maneira intuitiva, depois da redução fenomenológica, tais processos foram elevados à condição de polaridade transcendente – e, nesse sentido, refletida para si mesma – daquela mesma subjetividade alargada. Vivência intuitiva e vivência significativa, desse modo, passaram a designar os dois lados de uma mesma moeda, de um só *a priori* de correlação, cujo valor, por sua vez, não estaria determinado por nada que lhe fosse estranho. Ao contrário, o valor dessa moeda, aquilo que lhe permitia se polarizar em uma face e em outra, diria respeito à sua "liga carnal". E essa carnalidade, por sua vez, não seria diferente da organização de campo daquelas vivências entre si.

A consciência, enfim, deixou de ser a atividade de egos psicofísicos para se transformar em uma ocorrência de campo. O que, sem dúvida, ensejou – junto à obra de jovens pesquisadores em Frankfurt – uma nova maneira de se compreender o psiquismo. Esse deixou de ser entendido como um "ente" para ser entendido como um "campo", um "processo", cuja imanência não teria relação com interioridade, mas com cooperação espontânea, ajustamento criador. Kurt Lewin e Kurt Goldstein talvez tenham sido os simpatizantes da psicologia da Gestalt que mais se dedicaram a incorporar a temática husserliana do campo. Na obra desses dois pesquisadores, o termo "Gestalt" deixou de significar o que significava antes para os primeiros Gestaltistas, a saber, uma forma científica de apresentação da noção husserliana de objeto intencional. Em Lewin e Goldstein, as *Gestalten* têm mais afinidade com a noção husserliana de correlação intencional, porquanto designam o campo amplo das relações do homem com o mundo. O que não significa que procurassem fazer de suas pesquisas uma aplicação do ideal husserliano de caracterização de uma consciência pura. Goldstein, muito especialmente, compreendeu que o campo é uma ocorrência impura, em que a transparência convive com o estranho, com o surpreendente. Razão pela qual, a pesquisa, mais do que uma investigação em nome da verdade, é uma intervenção ética, de acolhimento da diferença, a qual é sempre imprevisível, como o outro.

SEGUNDA GERAÇÃO DE PSICÓLOGOS DA GESTALT: A CONSCIÊNCIA COMO CAMPO

Mais do que as duras críticas que Husserl dirigiu à noção de "Gestalt", a proposta de uma fenomenologia como descrição do campo de correlação deu novo alento à psicologia da Gestalt, muito embora já não se tratasse da mesma escola. Podemos, inclusive, falar de uma segunda geração, apesar de que nem todos os envolvidos se autodenominassem psicólogos da Gestalt. De certo modo, é o próprio Köhler quem começa essa transformação, a partir do momento em que admite não fazer sentido buscar na "natureza" essências como *Gestalten*. As condutas (dos antropóides, por exemplo) não são decorrências de leis estruturantes a meio caminho entre o mundo físico e o psiquismo de cada qual. A conduta é muito mais do que isso; ela é o próprio campo no interior do qual se revela uma constituição física particular e certa "cultura" de representações, que é nosso psiquismo. Essa mudança de ótica repercutiu enormemente junto ao trabalho de jovens pesquisadores, como Lewin, que reconheceu no tema do "campo" a melhor formulação da noção de "Gestalt". Essa deixa de ser uma configuração universal a coordenar nosso psiquismo e o mundo, para se transformar na própria dinâmica de constituição e de diferenciação de nossa individualidade frente aos outros e ao mundo. A partir daí Lewin intuiu a necessidade de uma psicologia escrita nos termos de uma teoria de campo.

TEORIA DE CAMPO DE LEWIN

Lewin (1936) retoma de Koffka (1927) a distinção entre "mundo geográfico e mundo do comportamento" (também chamado de fenomênico, numa alusão ao psiquismo). Mas, diferentemente de Koffka, Lewin não os considera dois lados de uma mesma moeda, que, para Koffka seria a realidade transfenomênica. Isso porque a noção de realidade transfenomênica faz crer que, em última instância, tanto o mundo geográfico quanto o mundo do comportamento estão regidos por leis ou estruturas quantitativas extemporâneas à efetivação das condutas e dos eventos materiais. Contra tal idéia Lewin introduz a noção de "espaço vital", noção essa que, em certo sentido, procura corresponder à noção fenomenológica de "campo". O espaço vital diz respeito à totalidade dos fatos que determinam o comportamento do indivíduo em certo momento. Ele inclui a pessoa e o meio, e representa a totalidade dos eventos possíveis. O que não quer dizer que Lewin aceitasse a pertinência de relações de causalidade entre a pessoa e o meio. Ao contrário, quando fala de espaço vital, Lewin tem em mente a configuração espontânea de fronteiras (topológicas e não quantitativas) e de direções de deslocamentos (hodológicos e não geométricos), por meio dos quais, junto ao meio circundante, uma pessoa (que tanto pode ser um indivíduo quanto um grupo) se singulariza. Por outras palavras, o espaço vital relaciona-se com o processo amplo de emergência de figuras no interior de um campo, que é a "Gestalt". Aquelas fronteiras (que não são áreas delimitadas, mas regiões de permeabilidade entre as partes no todo) e aqueles deslocamentos (que não são propriedades físicas descritas geometricamente, mas correlações de força no interior de um espaço topológico) não são leis extemporâneas ou estruturas transcendentes às partes envolvidas nesse campo, que é o espaço vital. Ao contrário, elas são as essências fenomenológicas, que Lewin prefere chamar de *constructa*. Uma *constructa,* seja ela uma fronteira de permeabilidade ou certa valência de nosso deslocamento no interior de um todo, não é, portanto, uma estrutura *a priori* ou física, tampouco um evento privado de minha subjetividade empírica. A *constructa* é uma forma dinâmica de configuração das partes no todo. Entretanto, não obstante a teoria de campo fazer jus à demanda husserliana de uma fenomenologia devotada à descrição de uma dinâmica, o recurso de Lewin à matemática topológica e à física hodológica acabou por solapar algo muito caro à fenomenologia, a saber, a egoidade dos processos transcendentais, e que a fenomenologia designa por meio da noção de intencionalidade ou motivação. Ainda que Lewin tivesse se ocupado de demarcar pessoas, ainda que falasse de valências específicas de um movimento de deslocamento no interior do todo, essas referências à subjetividade não conseguiram caracterizar a experiência de apercepção da unidade de um todo, que é o que propriamente caracteriza a intuição fenomenológica. É como se Lewin falasse de pessoas que não são pessoas, que são ninguém, ou de um mundo no qual não se está, pois, em momento algum, ele se deu o trabalho de descrever o que há de propriamente "pessoal" ou "próprio" na *constructa*. Ora, se é verdade que a fenomenologia suspende o ponto de vista do sujeito psicofísico (que é um ponto de vista representado, constituído a respeito de nós mesmos), isso não quer dizer que ela tenha eliminado a subjetividade. O importante, aqui, é perceber que a subjetividade não é um estado, uma qualidade ou uma ação. Menos ainda, uma substância. A subjetividade é nossa participação no todo, o que, efetivamente, Lewin não descreveu, malgrado reclamar para sua teoria o *status* de "fenomenologia".

TEORIA ORGANÍSMICA DE GOLDSTEIN

Diferentemente de Lewin (1936), Goldstein (1933) sempre foi muito atento à demanda de "subjetividade" estabelecida pelo discurso fenomenológico, não obstante só admiti-lo tardiamente. Por outras palavras, Goldstein sempre se preocupou em demarcar o lugar do sujeito da experiência – o qual não se confunde com o eu psicofísico ou com qualquer outra representação objetiva produzida no âmbito de nossas teorias psicológicas. O sujeito da experiência é, para Goldstein (1933), uma dinâmica de auto-regulação e auto-realização (*self-actualization*) ou, numa alusão não confessa à fenomenologia, "essência" (p. 267). Em rigor, Goldstein nunca se considerou um fenomenólogo, muito embora, na autobiografia (1967), publicada postumamente, admitisse que suas principais teses eram muito semelhantes às de Husserl. O interesse pela noção fenomenológica de subjetividade deu-se por meio de Gelb (1933), assistente de Köhler e leitor de Husserl. Nas décadas de 1920 e 1930, Gelb e Goldstein não só trabalharam juntos, como publicaram estudos sobre o problema Gestaltista da relação figura/fundo, o qual, justamente, Köhler (1947) importou da fenomenologia.

A preocupação principal de Goldstein, nessa época, era compreender os distúrbios de linguagem dos soldados vítimas de lesões cerebrais contraídas na Primeira Guerra Mundial. E no artigo "Analyse de l'aphasie et étude de l'essence" (1933), esclarece precisamente em que sentido está a entender a relação figura/fundo. Essa não é, ao contrário do que pensava Köhler, um tipo de lei a estruturar o campo organismo/meio. Figura e fundo tem antes relação com o modo concreto segundo o qual, a partir de um acidente, um lesionado é capaz de reorganizar seu comportamento segundo uma forma que não se poderia de princípio estimar. De forma mais genérica, figura e fundo têm a ver com o modo concreto segundo o qual, em cada vivência física, o organismo "cria", a partir do meio (seja esse interior ou exterior ao próprio organismo), modos de perpetuação de sua unidade. Conforme Goldstein (1933), em cada vivência concreta, o organismo não simplesmente reage; ele, efetivamente, "elege" um modo de ajustamento em função das condições em que se encontra. Ou, então, ele constitui uma nova figura a partir do fundo de outras ocorrências materiais das quais participa. Sem fazer referência explícita a Husserl, mas conforme um modo característico da fenomenologia, Goldstein vai chamar de "intencionalidade" essa "operação" criativa desencadeada pelo organismo a partir de sua inserção no meio (p. 267).

Ao falar de intencionalidade, todavia, Goldstein (1933) não tem em mente caracterizar uma faculdade psíquica. Se é verdade que a operação intencional sempre implica a emancipação individual do organismo a partir do meio, também é verdade que essa emancipação é inteiramente marcada pelas características do meio. Goldstein, por conseguinte, compreende a intencionalidade como a expressão individual da comunidade holística formada pelo organismo e pelo meio. De alguma forma, cada criação organísmica implica uma transformação integral no meio, tal como os acontecimentos do meio redimensionam as possibilidades de criação do organismo. Mais do que um poder para criar, portanto, a intencionalidade demarca a comunidade de família entre nossas criações e o meio. Goldstein chamou essa comunidade de "essência" (p. 267), numa clara alusão à noção de vivido essencial empregada pela fenomenologia, não obstante Goldstein ignorar os aspectos temporais implicados nas noções de figura/fundo, intencionalidade e essência. De todo modo, a descrição das relações de essência entre o organismo e o meio fez mais do que simplesmente reaproximar os conceitos gestálticos (sobremodo o binômio figura/fundo) de sua matriz fenomenológica. Ela também – e principalmente – se prestou à elaboração de uma teoria que se tornou conhecida pelo nome de "organísmica". Tal elaboração não nos autoriza a pensar que Goldstein estivesse falando de uma "entidade" empírica, correlativa ao ego psicofísico. Quando fala em organismo, Goldstein tem em conta aquelas essências, que são nossas vivências de criação viabilizadas por nosso pertencimento a uma totalidade, que é o campo organismo/meio.

A melhor ilustração dessa noção de organismo, Goldstein a fornece descrevendo o comportamento de seus pacientes acometidos de lesão cerebral. Segundo observou Goldstein, tal comportamento só podia ser entendido quando vinculado a um exame da matriz total do comportamento do paciente. O que, no começo, parecia ser um resultado direto da lesão revelava-se, no decurso da observação (na qual Goldstein se envolvia pessoalmente), uma reação indireta, uma tentativa de ajustamento das conseqüências da lesão (perda da capacidade de abstração) ao mosaico da vida por inteiro. Nesse sentido, a mesma lesão física podia implicar uma variedade enorme de síndromes do comportamento. De onde Goldstein inferiu a tese de que não somos, primitivamente, o resultado de causas estruturais (sejam elas atômicas ou gestálticas), mas uma dinâmica de respostas a estímulos ou de equalização de contingências que desafiam nossa própria experimentação como totalidades.

Goldstein, entretanto, reconheceu que essa dinâmica se dá em dois níveis diferentes. Por um lado, temos o nível vital ou conservativo, que consiste nos sistemas internos de compensação fisiológica, os quais funcionam como um todo inter-relacionado (onde o que acontece a uma parte tem implicação no todo), e que poderia sugerir a definição Gestaltista de todo. Porém, isso não é verdadeiro. Pois, enquanto a noção Gestaltista de todo sinaliza para um sistema de equilíbrio desprovido de interioridade (trata-se apenas de um equilíbrio autóctone das partes), a noção de todo de Goldstein (1939) requer uma interioridade, que é, por exemplo, o processo de centragem das células num organismo. Essa centragem é a capacidade de cada célula para "conservar" o "equilíbrio (homeostase)" (p. 300-302) entre sua própria concentração interna (razão entre suas partículas solventes e suas partículas solúveis) e a concentração das células vizinhas. Tal equilíbrio implica uma sorte de comunidade que se estabelece por meio da liberação e absorção de íons entre as células envolvidas. Em certo sentido, a noção de todo de Goldstein retorna à noção fenomenológica de todo, porquanto requer uma centragem que é, simultaneamente, descentramento, assim como a subjetividade fenomenológica é, concomitantemente, intersubjetividade. O outro nível da dinâmica organísmica é aquele que Goldstein denomina de valorativo ou funcional. Ele diz respeito aos sistemas de contato, sensoriais e motores, pelos quais o organismo obtém do meio o que precisa para atender às suas necessidades vitais. Goldstein (1939) descreve aqui o organismo como um processo de individuação ou auto-realização (*self-actualization*) no meio: um organismo sexualmente impulsionado realiza-se no coito, um organismo faminto, na alimentação.

Entretanto, faltou a Goldstein uma reflexão mais específica sobre o sentido dessa dinâmica de auto-realização, o que exigiria uma teoria da subjetividade, algo que só uma investigação sobre o caráter temporal de nossa dinâmica organísmica poderia apurar. Se pudermos considerar um acréscimo prestado pela GT à teoria organísmica, tal tem relação justamente com essa reflexão sobre o sentido temporal da dinâmica de auto-realização organísmica. O nome que a GT deu a essa reflexão é teoria do *self*, entendendo-se por *self* o sistema de contatos no presente transiente.

De qualquer forma, a descrição goldsteiniana do organismo como um processo de individuação ou auto-realização mostrou que não só não somos passivos, como o mundo não é, para o organismo, um conjunto de "leis" físicas e químicas, mas uma sorte de sinais e de significados. Por conta disso, podemos nos colocar de acordo com o mundo: "Em circunstâncias adversas, o organismo desenvolve mecanismos adaptativos que podem ser mais funcionais, ou menos.

Um sintoma é, antes de mais nada, uma forma de ajustamento" (Tellegen, 1984, p. 38-9).

Ora, se levarmos em conta os desdobramentos da teoria de Goldstein junto à GT, talvez já não pareça estranho que, não obstante assumir o termo "Gestalt", Perls e seus colaboradores tivessem recusado quase todos os enunciados empíricos da Escola de Frankfurt. Da mesma forma, talvez já não pareça estranho que também tivessem considerado sua própria teoria uma fenomenologia. Afinal, foi o próprio Goldstein que, ao criticar a psicologia da Gestalt e resgatar o ponto de vista das essências, abriu essa possibilidade. Mas isso é tema para os próximos capítulos.

Notas

1 Vale aqui indicar o artigo escrito por Carlos Alberto Ribeiro de Moura (2006, *Doispontos*, p. 57), intitulado "Subjetividade e linguagem", em que o autor investiga o estatuto das noções de ego transcendental e ego psicofísico, traçando a relação dessas duas noções. Para Moura, é justamente a dimensão dos atos da consciência transcendental que nos permite compreender em que sentido o ego transcendental está relacionado com o ego psicofísico: "[...] para o próprio Husserl aquilo que experimenta a 'objetivação empírico-psicológica não é a consciência absoluta, mas sim percepções, recordações, expectativas' [...], quer dizer, o estrato noético da consciência".

2 Nas palavras de Husserl: "realmente (*reell*), qualquer mônada é uma unidade absolutamente circunscrita e fechada, todavia, a penetração irreal, penetração intencional de outrem na minha esfera primordial, não é irreal no sentido do sonho ou da fantasia. É o ser que está em comunhão espiritual com o ser. É uma ligação que, por princípio, é *'sui generis'*; uma comunhão efetiva, o que constitui precisamente a condição transcendental da existência de um mundo, de um mundo dos homens e das coisas [...]. A esta comunidade corresponde, bem entendido, ao concreto transcendental, uma comunidade ilimitada de mônadas [egos transcendentais] que designamos pelo termo intersubjetividade transcendental" (Husserl, 1931, p. 114-65).

3

Perls leitor da psicologia da Gestalt e a construção de uma clínica gestáltica

Não é só no nome que a Gestalt-terapia se vincula à psicologia da Gestalt. Não obstante as críticas que, em vários lugares de sua produção bibliográfica, Frederick Perls endereçou ao "positivismo lógico" dos trabalhos dos Gestaltistas da primeira geração (Perls, 1969, p. 81); muitas passagens dessa mesma bibliografia sinalizam para os trabalhos de Kurt Goldstein, junto a quem Perls aprendeu um modo específico de emprego do termo alemão "Gestalt" (Perls, 1969, p. 151 e p. 188). Para Goldstein (1939, p. 300-1), Gestalt não é um "fato" elementar cujas leis constitutivas a psicologia empírica deveria desvendar. Gestalt é o "modo" dinâmico, segundo o qual os organismos se conservam e se modificam. Por outras palavras, Gestalt é a dinâmica "figura e fundo" que opera no interior dos processos de auto-regulação organísmica junto ao meio. De onde Perls inferiu, segundo ele próprio, um novo modo de se compreender essa experiência que, muito antes de ser o desvelamento da infra-estrutura temporal de cada um de nós, é a re-configuração espontânea de nossos motivos temporais em proveito de nossa materialidade cotidiana, qual seja tal experiência: a experiência clínica (Perls, 1942, p. 265).

As intenções programáticas de Perls nos anos *1930* e *1940*

No Brasil, a obra *Ego, fome e agressão* (Perls, 1942) começou a circular em língua portuguesa muito recentemente, com a tradução estabelecida por Georges Boris em 2002. Outros textos, principalmente o livro de fundação da abordagem que leva o mesmo título, a saber, *Gestalt-terapia* (1951), já eram conhecidos pelos leitores em nosso vernáculo. O que explica a ilusão retrospectiva, compartilhada por muitos desavisados, de que a obra de 1942 é um texto de Gestalt-terapia. É certo que nela podemos encontrar, distribuídos pelas suas três partes (Holismo e Psicanálise, Metabolismo Mental, Terapia da Concentração), os mesmos conceitos que podemos ler em obras posteriores. O elogio a Goldstein, a incorporação crítica de alguns termos advindos da psicologia da Gestalt, algumas críticas endereçadas às duas tópicas freudianas estão já ali presentes; sem a envergadura fenomenológica da obra de 1951, mas, ainda assim, em afinidade com ela. Entretanto, nenhum formador em GT consegue disfarçar o mal-estar ante a ostensiva referência de Perls a Freud, a começar pelo subtítulo do livro: "[u]ma revisão da teoria e do método de Freud". Ou, então, ante as referências a autores acerca dos quais, nas obras posteriores, Perls se cala: J. C. Smuts e Salomon Friedlaender, especialmente. O que afinal, eles têm a ver com a GT? Conforme nossa interpretação: se é difícil compreender algumas passagens da obra *Ego, fome e agressão* a partir do que seu autor veio a produzir tempos depois, pelo mínimo, a compreensão dessa obra a partir do que se apresenta nela mesma pode acrescentar algo àquilo que, nas obras seguintes, não está assim tão explicitado: o que levou Perls a conceber, mais além da psicanálise – o que também significa dizer, a partir dela –, uma psicoterapia gestáltica? Quais aspectos, precisamente, põem em comunicação a obra de Freud e a de Goldstein?

Como sabemos, o contato de Frederick Perls com noções advindas da psicologia da Gestalt deu-se muito cedo, já em 1926, bem antes da fundação da GT. Naquele ano, o então psiquiatra Friedrich Salomon Perls foi admitido como assistente no Hospital Geral de Soldados Lesionados em Frankfurt, quando então passou a usufruir a parceria estabelecida entre seu superior – o neurofisiologista Kurt Goldstein – e o psicólogo da Gestalt Adhémar Gelb. Este era assistente de Wölfgang Köhler e especialista na investigação de distúrbios da fala, como as afasias, nas quais Goldstein, a sua vez, também estava interessado. É verdade que, em 1926, Perls encontrava-se muito empenhado em sua formação como analista, mas, nem por isso, deixou de participar dos cursos ministrados por Gelb e seus alunos, dentre eles Lore Posner, com quem mais tarde Perls veio a se casar. Também participava dos seminários, nos quais pôde assistir às tentativas de Goldstein para importar, da psicologia da Gestalt, categorias que ajudassem a pensar a "patologia" de um modo holístico, como uma forma especial de integração entre o organismo e o meio. O que, ainda assim, não foi motivo para Perls se empenhar em um projeto de psicoterapia gestáltica, tal como aquele concebido, anos mais tarde, juntamente com Lore Posner (então Laura Perls), Paul Goodman, Ralph Hefferline, dentre outros.

Antes de 1951, as reflexões de Perls (1942) visavam outra finalidade; elas projetavam a consecução de uma profunda reforma na metapsicologia freudiana, haja vista o fato de esta permanecer presa num modelo – se não ontológico, ao menos epistemológico – que desconsiderava aquilo que, na avaliação de Perls, era a principal descoberta clínica de Freud, precisamente: a inalienabilidade das pulsões[1] entendidas como "essa orientação ambígua" que se manifesta a partir de meu passado, como minha paradoxal forma de ligação com o mundo presente; mas que a metapsicologia descrevia como se fosse o efeito conflituoso de uma ausência, da ausência de um objeto de satisfação originário, o qual não teria ligação alguma com a atualidade da situação, com a atualidade de minha existência organísmica. Por conta disso, Perls (1942, p. 44) vai dizer que a psicanálise é censurável:

a) no tratamento dos fatos psicológicos como se eles existissem isolados do organismo; b) no uso da psicologia linear de associação como base para um sistema quadridimensional [formado por id, ego, ideal de ego e superego]; c) na negligência do fenômeno da diferenciação [acerca do qual dissertaremos logo a seguir].

A seu modo, Perls reconhecia, nos esforços de Goldstein para assimilar alguns conceitos advindos da psicologia da Gestalt (destacadamente os conceitos de campo e a dinâmica "figura X fundo"), o interesse por aquilo que ele próprio, por outros meios, especialmente a partir dos cursos ministrados pelo amigo e filósofo Salomon Friedlaender na Escola Bauhaus, havia compreendido a respeito do funcionamento psíquico, a saber: que os comportamentos não são o efeito quase mecânico do passado sobre o presente, mas a "expressão" de uma dialética espontânea que, a seu modo, Friedlaender denominou de "indiferença criativa". Perls, em algum sentido, achou que a noção de indiferença criativa poderia esclarecer o esforço de Goldstein para pensar, a partir dos conceitos gestálticos, uma sorte de intencionalidade organísmica e mundana, que faria de meu corpo e de minha participação na natureza, de minhas pulsões e de minha participação na história uma espécie de comunidade holística – o que não significa dizer 'harmoniosa', como bem atestam as patologias. Eis em que sentido, na obra *Ego, fome e agressão* (1942), Perls pôde propor, não ainda como uma clínica gestáltica, mas uma espécie de "terceira tópica", uma psicanálise reformada:

a) substituir um conceito psicológico por um organísmico; b) substituir a psicologia da associação pela psicologia da Gestalt; e c) aplicar o pensamento diferencial, baseado na 'Indiferença criativa' de S. Friedlaender (p. 44).

O presente capítulo é uma tentativa de articulação entre esses referenciais aparentemente incomunicáveis e que se prestaram como base teórica para o futuro surgimento da GT.

DA CRÍTICA À METAPSICOLOGIA FREUDIANA À "TERAPIA DA CONCENTRAÇÃO" NA AWARENESS

Em rigor, Perls (1942) considerava que a compreensão de Freud a respeito das doenças psicogênicas estava correta. Também para Perls "uma neurose faz sentido" e "[o] papel dos instintos e do inconsciente" – não obstante sua discordância sobre o significado desses termos ser enorme[2]. Ademais, Perls consentia que a neurose fosse o resultado do "conflito entre organismo e ambiente". Mas "Freud superestimou a causalidade, o passado e os instintos sexuais e negligenciou a importância da intencionalidade, do presente e do instinto de fome" (p. 133). Conforme Perls, Freud não conseguiu se desvencilhar do ideal de ciência segundo o qual todas as ocorrências fenomênicas exprimiriam, de forma parcial, uma objetividade remota que as causaria e que o trabalho científico haveria de resgatar.

No caso dos sintomas psicopatológicos, ocorrências lacunares da linguagem e do comportamento – para as quais não se pode determinar uma causa orgânica específica –, elas não seriam, conforme a leitura que Perls faz de Freud, mais do que o efeito de um conflito que estruturaria a personalidade desde o passado: a saber, o conflito entre as pulsões de vida e de morte. Por um lado, haveria as pulsões de vida, as quais compreenderiam: as pulsões de objeto (que são as representantes de uma experiência de satisfação e que retornariam da camada mais arcaica da personalidade, a saber, o "id", em busca de um novo objeto de satisfação); e as pulsões de autoconservação (que são as mesmas pulsões de objeto, mas sublimadas em ideais sociais governantes desse desdobramento tardio do "id", que é o ego). Por outro, haveria as pulsões de morte (que compreenderiam uma tendência do psiquismo para "repetir" não a experiência de satisfação, mas o objeto primitivo perdido, o que forçaria o psiquismo a ir sempre pre além dos objetos de prazer e dos ideais, sempre além das pulsões de vida). A sua vez, os sintomas não seriam mais que os esforços do ego para evitar, no presente, a reedição do conflito advindo da dupla orientação assumida pelo psiquismo desde o passado, ora em busca de um novo objeto (ou ideal) de satisfação, ora em busca de um objeto perdido: pulsão de vida e pulsão de morte, respectivamente. Caberia ao ego suprimir uma pulsão em proveito da outra, de modo a viabilizar, no presente, uma dentre as tendências às quais o psiquismo como um todo estaria submetido desde o passado. O que significa que, para Freud, conforme a leitura de Perls: nosso presente estaria totalmente determinado por aquilo que aconteceu no passado (a perda ou recalque de um conteúdo primitivo que deveria ser substituído ou reencontrado). Não apenas isso, o ego – essa função central de nossa inserção organísmica no meio – não teria mais o que fazer senão censurar conteúdos (alguns deles da ordem da realidade, outros da ordem do que é ideal e outros da ordem daquilo que se perdeu para sempre).

Para Perls (1942), a consideração freudiana do funcionamento psíquico confunde o que é da ordem do ato e o que é da ordem dos conteúdos. Na linguagem de Perls, Freud confunde as "mercadorias" a serem pesadas e a "balança" enquanto tal (1942, p. 161). É certo que, em todos os processos psíquicos, se pode observar, em graus variados, uma orientação de unificação (ou incorporação de uma novidade) e outra de destruição das partes envolvidas (talvez em proveito, mas não como conseqüência, daquilo que se perdeu). Tais orientações corresponderiam aos "pratos da balança". Tal não significa que a unificação e a destruição sejam os conteúdos desses processos (as "mercadorias" que estão sendo pesadas). Menos ainda, que os conteúdos envolvidos tenham necessariamente relação com um objeto de satisfação perdido ou com um objeto que o venha substituir. Conforme Perls (1942, p. 56), na autodefesa, por exemplo, minhas dinâmicas são eminentemente destrutivas, mas a destruição não é o conteúdo da minha vivência, tampouco o conteúdo envolvido nessa experiência corresponde a uma tentativa de resgatar algo já aniquilado. O conteúdo envolvido se relaciona com a configuração de uma ameaça material ao meu equilíbrio organísmico atual (homeostase), ameaça esta à qual, portanto, procuro vencer destruindo-a. Na afeição, por sua vez, minhas dinâmicas são exclusivamente unificadoras. O conteúdo dessa unificação se refere à presença de algo ou de alguém em quem vislumbro uma possibilidade de expansão de minha própria homeostase, e não a substituição de um objeto de satisfação perdido. Já na atividade sexual, as dinâmicas de unificação admitem algo de destruidor. Tal como nas outras experiências, há um conteúdo específico, nesse caso, a presença de um corpo outro, impessoal, em que vislumbro não apenas a possibilidade de expansão daquilo que já me pertence, mas, principalmente, por meio desse corpo outro: a possibilidade de transcendência de mim em direção àquilo que para mim é outro. Mas não se trata de um outro que retorna do passado. O corpo erótico em direção ao qual eu me transcendo é atual, mesmo se imaginário. O que vem do passado são as orientações de unificação e destruição, sem as quais aquele corpo outro não teria efeito algum em minha vida. Por essa razão, Perls acredita que o que Freud chama de pulsão de vida e pulsão de morte diz respeito, apenas, às duas dinâmicas de organização de conteúdos, mas não aos conteúdos propriamente ditos, que podem ser os mais variados: sejam estes situações vividas no passado e que permanecem no presente como situações inacabadas, sejam eles situações atuais como a sede, a fome, o sono, a curiosidade, a atração ou a raiva, para citar apenas alguns.

Na avaliação de Perls, a atenção de Freud aos conteúdos arcaicos supostamente ligados a experiências de satisfação foi de grande importância para que pudesse compreender as dinâmicas de unificação e destruição. Mas daí não se segue que essas dinâmicas existam exclusivamente em função de conteúdos arcaicos. A organização (seja de unificação ou de destruição) dos conteúdos envolvidos numa experiência qualquer não é o desdobramento tardio de um conflito em torno de algo que se perdeu e que deva ser recuperado ou substituído. Se é verdade que, em algumas situações, como nas repetições compulsivas, os pacientes se ocupam de conteúdos inatuais, originados no passado e remanescentes como situações inacabadas, não são os conteúdos, eles próprios, aquilo que os pacientes estão a repetir. Em verdade, o que eles repetem é a inibição das formas pelas quais poderiam solucionar (assimilar ou ultrapassar) o conteúdo passado. Tanto é verdade que, tão logo encontrem, para aquele conteúdo, uma destinação atual, eles cessam de repetir os rituais de evitação de antes. A própria repetição, ademais, é uma forma criativa de apropriação daquilo que, antes, não se podia realizar. Nesse sentido, afirma Perls, "[r]epetir uma ação até conseguir dominá-la é a essência do desenvolvimento. [...] Uma vez terminada, o interesse desaparece até que uma nova tarefa desperte [...]. Conseqüentemente, a compulsão à repetição não é nada mecânica, nada morta, mas muitíssimo viva" (1942, p. 160).

E eis por que, na obra *Ego, fome e agressão,* Perls (1942, p. 141) decide suspender o modelo "arqueológico" de Freud em proveito da noção de criação intencional de Goldstein, o que implica uma valorização do presente e de sua integração com nossas formas de agir adquiridas no passado. Perls não quer pensar o psiquismo "abstraindo" de nosso fluxo no tempo, de nosso passado e do nosso futuro. Segundo Perls (1942, p. 145), as orientações de unificação e destruição são a própria presença do tempo junto à materialidade de nossas vivências atuais, especialmente junto à nossa sensomotricidade. Nossa sensibilidade e nossa motricidade estão constantemente exprimindo uma orientação herdada, ora voltada para a autopreservação de um estado (unificação), ora voltada para o aprendizado de novas condutas (destruição), em que experimentamos uma "sensação de nós mesmos" sempre em mutação. Por exemplo: o desequilíbrio hídrico, a que chamamos de sede, não é precedido de um ato voluntário que verifica a descompensação vivida pelas células. Tampouco é algo que independe de nossa sensomotricidade. A constatação de que estamos sedentos, na maioria das vezes, só advém depois que "sentimos" uma aderência nos lábios e, não raramente, depois que nosso olhar ou nossa audição "encontraram" na paisagem a solução para o problema. Só a partir de então a sede passa a ser compreendida "conscientemente". É como se o meio e nossa sensomotricidade tivessem orientado nossa percepção voluntária; é como se dispuséssemos de uma sabedoria que só se deixa saber depois que já foi exercida, como uma fortuna que nos surpreende vinda do passado. Ou, num sentido inverso, que é o sentido da destruição: o aprendizado de um novo passo em um exercício de dança de salão só acontece a partir do momento que nos "deixamos tomar" por um movimento que ainda não conhecemos, venha ele do nosso parceiro, venha tal movimento da musicalidade que emana do salão por inteiro. A aprendizagem é correlativa à desconstrução das formas de controle que voluntariamente tentávamos exercer, numerando os passos: um, dois, um, dois... E também aqui somos atravessados por uma sabedoria que nos arrebata, apenas que vinda do futuro. Em ambos os casos, estamos às voltas com uma orientação íntima e ambígua, à qual Perls denomina de "*awareness* sensomotora" (1942, p. 69), uma espécie de tino impessoal (eminentemente sensomotor), nascido do encontro sempre renovado e inesperado do passado, do presente e do futuro junto à materialidade da experiência atual.

A compreensão da organização (unificadora ou destruidora) dos conteúdos como uma forma de *awareness* permitiu a Perls repensar a noção freudiana de sintoma. Esse não seria mais a manifestação, no presente e malgrado as forças de censura do ego, de um conflito em torno de um conteúdo que, desde o passado, continuaria a se manifestar (ou como aquilo que deve ser substituído ou como aquilo que deve ser recuperado). O sintoma psicopatológico seria sim a "indicação" de uma "interrupção" na *awareness*. Por outras palavras, seria sim a indicação de que, no momento presente, o paciente não conseguiria destruir ou unificar, estando impedido de criar e, conseqüentemente, de fluir desde o passado em direção ao futuro. Ainda que tivesse como fundo um conteúdo que, num momento passado, por força de um agente de coerção (por exemplo, uma ameaça do meio), tivesse de ser abandonado, o impedimento vivido pelo paciente não se confundiria com a manifestação desse fundo de conteúdo. Tal impedimento seria, antes, a recriação habitual, no presente, daquele ato passado de abandono de um conteúdo. Ou, então, o impedimento seria a reedição não deliberada (e, nesse sentido, "inconsciente", como se fosse uma "fisiologia secundária") de um ato passado de inibição de uma necessidade organísmica. Por essa razão, o sintoma não teria relação – como para Freud – com um conteúdo (supostamente perdido) que retornaria (como motivação ou como falta), mas, sim, com a retomada criativa do ato inibitório articulado no passado. O sintoma seria da ordem dos atos. Ele corresponderia mais com uma divisão do ego (que, segundo Perls, estaria preso a formas paulatinamente sedimentadas como hábitos inibitórios) e menos com conteúdo (muito embora Perls admitisse que a persistência de uma forma habitual de inibição estivesse a serviço de um conteúdo vivido no passado).

Inferiu-se daí que o trabalho clínico não se deveria ocupar de encontrar, para as formas habituais de inibição da *awareness* (as quais são, então, denominadas de sintoma), uma causa ou motivo, um "conteúdo" reprimido. Mais recomendável seria a proposição de experimentos e desafios que incrementassem a concentração do paciente na sua *awareness* (ou, o que é a mesma coisa, no fluir de suas experiências atuais: tivessem elas um sentido de unificação ou de destruição) de modo que fosse possível identificar no "que" e "como" tal paciente se interromperia. Diferentemente da psicanálise, que tenta suspender as formas de resistência do paciente (por exemplo, neutralizando sua sensomotricidade, fazendo-o deitar-se no divã) em proveito de conteúdos supostamente reprimidos (que, na livre associação, revelar-se-iam), Perls incentiva a sensomotricidade do paciente, fazendo-o "trabalhar" com a musculatura, assim como com a linguagem. Afinal, é somente na ação (seja ela motora ou lingüística) que as recriações inibitórias, acerca das quais o paciente não está consciente, podem aparecer. Perls denomina essa forma de intervenção de "terapia da concentração" no *continuum* de *awareness* e em proveito da identificação desse "inconsciente" que só existe enquanto é produzido no presente, a saber, o ato inibitório.

FUNDAMENTAÇÃO TEÓRICA DA TERAPIA DA CONCENTRAÇÃO: RELEITURA GESTÁLTICA DA PSICANÁLISE CLÁSSICA

Em que sentido posso reconhecer, para o meu presente, uma capacidade espontânea de recriação daquilo que advém do passado? Em que sentido um ato de inibição desempenhado no passado pode ser espontaneamente recriado no presente? Perls não pode responder a essas questões a partir da metapsicologia freudiana. Não obstante os avanços que tal metapsicologia estabelecera, ela ainda refletia em termos associacionistas. Mesmo tendo assumido a noção brentaniana de "fenômeno psíquico" – a qual preferiu chamar de "pulsão" –, Freud não declinou de tentar "explicá-la", o que o levou a considerá-la efeito da associação psíquica das muitas estimulações sofridas pelas mucosas de nosso corpo físico. Todavia, a vivência daquela orientação ambígua e espontânea – que é a *awareness* imanente às nossas experiências materiais atuais – não se deixa dividir em partes, menos ainda ser explicada a partir de uma delas. Ela é um fenômeno global, do qual o ato inibitório, seja ele deliberado ou habitual, é uma das configurações possíveis. Dessa idéia, Perls inferiu que uma metapsicologia coerente com a vivência da *awareness* (ou de sua interrupção) deveria se estabelecer com formato diferenciado, por meio de outro modelo teórico. E foi novamente Goldstein quem sinalizou para Perls a fonte desse possível outro modelo, a saber, a teoria de campo da segunda geração da psicologia da Gestalt. A partir dela, Perls poderia não apenas descrever a novidade introduzida pela noção de intencionalidade organísmica (que Perls denominava de *awareness*), como também poderia justificar a aplicação dessa noção ao campo da psicoterapia.

Malgrado as críticas dirigidas à psicanálise ortodoxa, Perls reconheceu que Freud foi um pouco além da psicologia de sua época.

Apesar de ainda descrever o homem como um ente formado por duas esferas (uma física e outra psíquica), e movido por estímulos particulares que se deixam articular na interioridade de cada qual, Freud compreendeu a vigência de relações de campo. Por exemplo, em sua primeira tópica, ele sabia que o valor de uma livre associação não residia nela mesma, mas na configuração de um todo que excedia a própria associação e do qual ela seria parte, a saber, o sistema inconsciente/pré-consciente. Sob esse ponto de vista, Freud rompeu com a perspectiva isolacionista, muito embora não tivesse sido capaz de reconhecer, nessa configuração, mais do que um sentido patológico. Afinal, tanto as associações quanto o sistema a que elas pertenceriam não exprimiriam mais que pulsões (entendidas enquanto representantes de um objeto de satisfação primordial) em conflito (pela substituição ou pelo restabelecimento daquele objeto).

Para Perls, se Freud tivesse prestado atenção ao caráter global de um sintoma ou de uma interpretação, ele teria podido ultrapassar a maneira compartimentada segundo a qual – em sua metapsicologia – descreveu o homem e suas relações no mundo. No lugar do associacionismo freudiano, Perls propõe – a partir da sugestão de Goldstein – a utilização da psicologia da Gestalt. Afinal, os psicólogos da Gestalt assumem integralmente essa constatação simples de nossa experiência, a saber, que os fenômenos sempre estão implicados em um contexto, sem o qual carecem de sentido próprio. Ou, conforme a formulação dos psicólogos da Gestalt, as coisas adquirem significação, dependendo do campo ao qual pertencem. O interesse pela teoria de campo conduziu Perls aos trabalhos de Köhler (1938). Era ele quem se ocupava de caracterizar as *Gestalten* como configurações de campo a integrar, por um lado, a existência física e, por outro, as condutas. Köhler, ademais, propunha a tese de que, em uma relação de campo, os elementos organizar-se-iam como figuras a partir de um fundo. O fundo seria aquilo que forneceria às figuras o lastro necessário para adquirirem sentido próprio. Por outras palavras, o fundo seria aquilo que ofereceria às figuras a orientação por cujo meio poderiam se destacar como manifestações singulares. Tal proposição permitiu a Perls conceber a *awareness* (entendida como a dupla orientação de unificação e destruição inerente à situação concreta da experiência) como uma espécie de campo em funcionamento. Para Perls, a *awareness* seria essa dinâmica, pela qual as vivências passadas do organismo constituir-se-iam como fundo (de orientação formal) para os dados materiais da experiência que, dessa forma, adquiririam um "valor" organísmico, um sentido ou orientação. Tanto as vivências passadas (de onde se depreenderiam as orientações de unificação e destruição) quanto os dados materiais presentes (e os possíveis valores assumidos por eles) seriam imanentes à experiência concreta, entendida como atualidade de um mesmo processo, como atualidade de um mesmo campo.

No caso de um sintoma psicopatológico, em que a *awareness* estaria interrompida, ela se caracterizaria por um campo no qual o organismo teria dificuldades para visar, nos múltiplos dados do meio, uma figura, um "valor". O "motivo" dessa dificuldade estaria relacionado com a "co-presença" de uma vivência passada de auto-inibição, que, de uma forma sempre inédita, privaria os dados da experiência atual de um fundo de outras vivências. Não obstante se tratar de uma inibição articulada no passado, ela só surtiria efeito à medida que estivesse integrada como fundo de um dado atual. Em decorrência disso, Perls adverte que, ainda que o sintoma implique a estranha presença de um passado que impede o organismo de se conectar com os dados presentes, tal impedimento não é uma conseqüência do passado, mas da atualidade da co-presença desse passado. Nesse sentido, ainda que o ato passado e o conteúdo que esse inibe resguardem uma orientação formulada noutro lugar e noutro tempo, não é desse lugar e desse tempo que eles herdam sua não funcionalidade atual. Essa se refere à configuração global do campo presente. Junto a esse campo, o ato inibitório e respectivo conteúdo são recriações.

LEITURA HOLÍSTICA DA PSICOLOGIA DA GESTALT

Para Perls, entretanto, a psicologia da Gestalt – tal como a metapsicologia freudiana no tratamento do funcionamento psíquico – não resistiu à tentação de encontrar, para essa anterioridade do todo em relação às partes, uma espécie de princípio ou lei estrutural, o que grassou, no coração desta escola, uma contradição letal: afinal, que leis poderiam explicar uma configuração da qual elas próprias participariam?

Perls censura os Gestaltistas pelo estilo eminentemente genético, explicativo e, especialmente, pela crença objetivista segundo a qual o monitoramento científico dos experimentos seria condição suficiente para desvelar o campo total desse mesmo experimento. Essa crença é contraditória com a percepção das *Gestalten*, pois, não obstante o todo não existir sem suas partes, nenhuma parte é suficientemente capaz de substituir o todo. Deduzir uma Gestalt de seus aspectos quantificáveis, por conseguinte, é um procedimento, no mínimo, arbitrário. Em vez disso, Perls propõe que as descrições visem não à lei estrutural das *Gestalten*, mas a cada Gestalt em particular e que, relativamente a essa Gestalt, possam ser apurados todos os dados possíveis, independentemente da natureza quantitativa ou qualitativa. Isso implica, segundo Perls, a adoção de uma postura holística, tal como aquela assumida por Goldstein, quando de seu trabalho de descrição dos traços clínicos dos soldados acometidos de lesão cerebral. Goldstein (1939) não pesquisava características comuns a vários pacientes. Ao contrário, ele preferia as várias características intervenientes nas configurações individuais deles: cada paciente era, não apenas um campo, mas um campo singular, razão por que nenhum dado revelado era desprezado. Goldstein os inseria, todos, no panorama global das manifestações fisiológicas e comportamentais do paciente. O fundamento dessa postura metodológica, Goldstein o atribuía ao marechal de campo inglês e primeiro-ministro sul-africano J. C. Smuts. Na sua obra *Holism and evolution*, Smuts (1926) propusera um programa de investigação denominado "holismo". Segundo tal programa, a ciência deveria interessar-se não tanto pelas características atômicas dos fenômenos estudados, mas pela configuração global formada por elas. Tal configuração, todavia, não corresponderia ao resultado do somatório das partes envolvidas. Tratar-se-ia, antes, de uma organização autônoma que, nem por isso, seria indiferente àquelas partes. Se uma delas se alterasse, todas as demais se alteravam, até que uma nova estrutura unificada se restabelecesse. Por tal motivo, Smuts advogava em favor de uma metodologia integrativa, que não discriminasse entre aspectos mais relevantes e aspectos menos relevantes para a consecução de uma pesquisa. Todos os dados – fossem eles quantitativos ou qualitativos –, de alguma maneira, contribuiriam para a análise do sentido de totalidade que formavam. Goldstein, por sua vez, empregou esse princípio na consideração da noção Gestaltista de campo. Isso significou que, mais do que as "estruturas" em função das quais poder-se-ia explicar o funcionamento de um organismo no meio, o que verdadeiramente se deveria estudar era o "efeito das contingências no desenvolvimento daquelas estruturas". Nesse sentido, Goldstein descobriu que: não obstante ser verdadeiro que a regressão dos soldados a comportamentos infantis não era conseqüência direta, por exemplo, de uma lesão na região occipital (ligada à percepção), o comprometimento causado pela lesão (a saber, perda da capacidade para distinguir cores) refletia-se em todos os outros comportamentos. A regressão comportamental – por exemplo, da sexualidade adulta – a formas de expressão infantil era coerente com a regressão patológica da visão do paciente.

Perls adota esse aspecto do holismo em sua leitura da noção de campo – o que não quer dizer que assumisse integralmente o holismo de Smuts. As inferências metafísicas, pelas quais Smuts transformou a noção holística de totalidade em uma teleologia a ser aplicada nas mais diversas áreas do saber, configuravam mais uma profissão de fé do que uma fundamentação teórica da noção de totalidade. Por esse motivo, seguindo o exemplo de Goldstein, Perls restringiu-se àquelas formulações de Smuts que descreviam a dinâmica integrativa do campo. Por meio dessas formulações – e em substituição à metapsicologia freudiana – Perls propôs não um Gestaltismo estruturalista que faria da *awareness* a lei ou a regularidade de uma combinatória de partes. Em vez disso, Perls propôs a tese de que a *awareness* seria a vivência de um processo de auto-regulação contínuo, sempre em mutação, dependendo dos fatores ou das contingências que viessem a aparecer – e para os quais não haveria uma solução de antemão. Aplicada à psicoterapia, essa tese permitiu a Perls inferir que, se é verdade que os sintomas neuróticos têm relação com a retomada de atos inibitórios esquecidos, essa retomada não é determinada por um conteúdo passado, tampouco está condicionada por uma forma *a priori*. Trata-se de um ajustamento criador, do qual fazem parte ocorrências atuais, ocorrências passadas (como o próprio ato de inibição) e possibilidades futuras, todas elas relacionadas entre si, de modo a se exprimirem mutuamente. O sintoma é apenas uma dessas configurações globais, cuja nota característica é justamente a presença de uma auto-inibição, muito embora o sentido dessa auto-inibição só possa ser compreendido tendo-se em vista o conjunto dos elementos envolvidos.

Ora, se, num campo holístico, a mútua relação entre as partes envolvidas não é determinada por uma combinatória universal, por uma lei estrutural, em que sentido ela se diferenciaria da pura contingência? O que nos permitiria reconhecer, para ela, uma forma de intencionalidade organísmica (conforme os termos de Goldstein) ou uma unidade de *awareness* (conforme a terminologia de Perls)? As respostas para essas questões, Perls as tenta estabelecer a partir da aplicação do "pensamento diferencial" de Salomon Friedlaender, conforme dissertaremos a seguir.

APLICAÇÃO DO "PENSAMENTO DIFERENCIAL" DE SALOMON FRIEDLAENDER

Perls começou sua obra de 1942, apresentando duas teses de Friedlaender, filósofo neokantiano, vinculado à Escola Bauhaus, e autor da obra *Schöpferische Indifferenz* (1918)[3]. Além de reconhecer, em Friedlaender, um exemplo de integridade humana, Perls (1969) atribuía a ele a autoria de uma das mais importantes releituras do emprego romântico da noção de dialética – emprego esse, conforme Perls, encontrado em Hegel e Schelling[4]. Por meio dessa releitura, acreditava Perls, Friedlaender teria suspendido o sentido metafísico veiculado por tais pensadores em proveito da descrição do "modo" como os fenômenos efetivamente acontecem em nossa experiência cotidiana. Conforme Perls, Friedlaender não se interessava em discutir se os fenômenos forneciam ou não um fundamento material para as leis psicológicas ou se eles eram ou não o correlativo transcendente de princípios teleológicos universais. Friedlaender queria apenas descrever as operações envolvidas na vivência de um fenômeno. Isso o teria levado a reconhecer, para nossa materialidade e para a materialidade do mundo, uma espontaneidade criativa, cujo sentido não seria outro senão equilibrar tensões opostas, em proveito dessas unidades provisórias no tempo, que são os fenômenos. Friedlaender chamava de "indiferença criativa" essa criatividade espontânea situada a meio caminho entre orientações materiais opostas, por ele denominadas de "formas" ou "pensamento diferencial" da realidade. Perls vislumbrou, nas noções de "indiferença criativa" e "pensamento diferencial da realidade", os elementos funcionais por meio dos quais ele poderia não só descrever a dinâmica dos "todos" holísticos, como distinguir esses "todos" de episódios contingentes. Se se pudesse identificar, em um conjunto de partes, não apenas uma tensão, mas uma tendência para estabelecer o equilíbrio, eis, então, um todo holístico e não apenas um conglomerado acidental[5]. Ademais, as teses de Friedlaender permitiam uma descrição de nossas vivências de campo sem que, para tal, tivéssemos de admitir um agente exterior (causa primeira), uma teleologia (causa final, distinta dos próprios meios) ou uma forma rígida ou linear (causa formal). Eis por que, em *Ego, fome e agressão*, Perls (1942) faz uma tentativa de aplicação das teses de Friedlaender às formulações que importara de Goldstein. Em verdade, Perls não levava em conta as intenções programáticas de Friedlaender. Essas pretendiam mostrar ao kantismo que a noção de criação – veiculada por Kant (1790) em sua *Crítica da faculdade do juízo* – colocava por terra a distinção que, na *Estética transcendental* da *Crítica da razão pura*, o próprio Kant (1781) fizera entre "entendimento" e "sensibilidade" para efeitos de apreensão de um fenômeno. A Perls interessava apenas o fato de que, na noção de "indiferença criativa", era possível encontrar uma apresentação da espontaneidade criadora vigente em cada campo holístico sem que isso implicasse reinvestir o primado do sujeito ou do mundo na consecução de um sentido de totalidade. Por outro lado, a noção de "pensamento diferencial" da realidade permitia a Perls vincular aquilo que, até então, a psicanálise distinguia, a saber, o instintivo e o pulsional, o inconsciente e o pré-consciente/consciente, o id e o ego, dentre outras dicotomias. Não que Perls estivesse negando essas dicotomias. Ao contrário, elas serviam como ilustração daquilo que estaria em jogo na "indiferença criativa", nesse trabalho de criação de uma "estrutura" provisoriamente estável. Em suma, por meio das noções de "pensamento diferencial" e de "indiferença criativa", Perls estaria a propor uma descrição da experiência sem antecipar conteúdos que só ela, todavia, poderia revelar. Perls apresenta a teoria de Friedlaender nos seguintes termos:

> [...] todo evento está relacionado a um ponto-zero, a partir do qual ocorre uma diferenciação em opostos. Esses *opostos* apresentam, em seu *contexto específico,* uma grande afinidade entre si. Permanecendo atentos no centro, podemos adquirir uma habilidade criativa para ver ambos os lados de uma ocorrência e completar uma metade incompleta. Evitando uma perspectiva unilateral, obtemos uma compreensão muito mais profunda da estrutura e da função do organismo. (Perls, 1942, p. 45-6)

A formação de um campo, segundo Perls, dar-se-ia a partir de um contexto específico de encontro entre duas orientações contrárias. Tal encontro seria um evento contingente, mas que, uma vez estabelecido, fundaria um ponto zero, um ponto de indiferença – no que diz respeito ao conteúdo de cada força –, mas cheio de interesse, precisamente, interesse na conservação desse estado de equilíbrio. Seria a partir desse interesse que o campo propriamente ganharia autonomia, o que quer dizer, espontaneidade. A partir do momento em que se estabelecesse o ponto zero, tudo se passaria como se, em função da manutenção do equilíbrio, as orientações opostas pudessem ser potencializadas ou diminuídas. A matéria ganharia vida "funcional", ganharia um centro pelo qual se transformaria numa totalidade, num organismo. A partir de então, ela seria capaz de se auto-regular, o que significa: investir ou retirar-se de um pólo a outro, em proveito do equilíbrio.

Perls (1942) fornece um exemplo da dinâmica de articulação das polaridades a partir de um ponto zero. Segundo ele:

> [...] o Sr. Brown sai para um passeio num dia muito quente. Ele transpira e perde certa quantidade de água. Se chamarmos a quantidade total de líquido requerida pelo organismo equilibrado de A e a parte perdida de X, então lhe resta a quantidade A-X, um estado que ele experiencia [sic] como sede, como um desejo de restaurar o equilíbrio organísmico de água, como um desejo de incorporar ao seu sistema a quantidade de X. Esse X aparece em sua mente (que, protestando contra o "-X", pensa em seu oposto) como a visão de um regato borbulhante, uma jarra d'água ou um bar. O "-X" no sistema corpo-alma aparece como X em sua mente. Em outras palavras: A-X existe no "corpo" como uma deficiência (desidratação), na "alma" como uma sensação (sede) e na "mente" como a imagem complementar. Se a quantidade X de água real é adicionada ao organismo, a sede é anulada, saciada, e o equilíbrio A restaurado, a *imagem* de X na mente desaparecendo junto com a chegada do X real no sistema corpo-alma. (p. 70; grifo do autor)

Uma situação inversa à vivida pelo Sr. Brown seria aquela em que o corpo estaria polarizado no "mais" e a mente no "menos". É isso o que acontece, segundo Perls, na defecação. O corpo acumula um excesso de matéria que a mente, então, tenta equilibrar abstraindo a possibilidade da defecação. Para Perls, ademais, as funções "mais" e "menos" do metabolismo são um outro bom exemplo da dinâmica de articulação das polaridades a partir de um ponto zero. Se uma célula encontra-se imersa em um meio extracelular carregado de soluto sódio, sua membrana não consegue impedir a entrada desse sal e do respectivo solvente (a saber, a água). Ela admite um "mais" que, se não for compensado, acarretará um edema. A célula, então, começa a articular um "menos", que é a expulsão do sódio e de parte da água presentes no ambiente intracelular. Esse processo demanda a "criação" de uma estratégia específica, que consiste na utilização de reservas energéticas da célula em proveito da consecução de uma "bomba" capaz de "empurrar" o sódio de volta para o meio extracelular. A criação dessa estratégia é o próprio ponto zero de que falava Friedlaender, ou seja, uma apresentação dinâmica da noção goldsteiniana de intencionalidade organísmica, especificamente aqui retratada como poder de centragem das células.

Perls passa, então, a tratar o ponto zero como uma intenção e a intenção como uma forma de "indiferença criativa" entre dois pólos e em proveito do equilíbrio das partes envolvidas. Para ele, enfim, a "indiferença criativa" é o fundamento dinâmico desse campo holístico que é o organismo no meio. Ou, então, a "indiferença criativa" é o fundamento dinâmico do processo de autoregulação que caracteriza o campo organismo–meio. Aplicada ao campo específico da subjetividade, a indiferença criativa corresponde àquilo que Perls vai chamar de "ego insubstancial", em contrapartida à noção de ego da psicanálise, seja ela freudiana ou pós-freudiana.

DA "LEITURA DIFERENCIAL" DA TEORIA ORGANÍSMICA À TEORIA DO EGO INSUBSTANCIAL

Em 1936, Perls apresentou, na Checoslováquia, por ocasião do Congresso Internacional de Psicanálise daquele ano, um trabalho que tratava das resistências orais. Seu objetivo era mostrar, contra o que era cânone na teoria psicanalítica freudiana da época, que mesmo crianças muito pequenas, em fase de formação da dentição, já estavam providas de uma intencionalidade ou, nas palavras de Friedlaender (1918), de um ponto zero criativo capaz de coordenar a ação do infante no meio, independentemente daquilo que se supunha ser uma pulsão sexual tão-somente. Perls denominou essa intencionalidade de "ego", o que, evidentemente, foi muito mal recebido pela comunidade psicanalítica freudiana. Afinal, isso significava admitir que o campo pulsional – essa maneira psicanalítica de designar o universo das funções organísmicas – já seria dotado de uma organização espontânea, ainda que totalmente indeterminada. Como se sabe, para a teoria psicanalítica, tal organização somente se configuraria a partir do momento em que a criança fosse introduzida no universo da linguagem. Perls viria a contestar o seguinte: se pode-se admitir, com base na psicanálise freudiana, que o ego só existe a partir de um campo de pulsões, ou, numa linguagem goldsteiniana, com base em um fundo de outras funções organísmicas, então, também se deve admitir – agora contra a psicanálise – que o ego é originário, afinal, ele é a própria amarração do campo, a espontaneidade sem a qual a multiplicidade dos elementos envolvidos não configuraria uma unidade provisória.

Em 1936, Perls ainda se intitulava psicanalista. Mas o contato com Friedlaender, a leitura de Smuts e, sobremodo, as discussões com Goldstein começavam a mostrar seus efeitos. Desse último, muito especialmente, Perls aprendeu a reconhecer a presença de uma intencionalidade primitiva, não tributária das funções cognitivas superiores. Em seus experimentos com soldados vítimas de lesões so-

Fenomenologia e Gestalt-terapia | 153

fridas em combate na Primeira Guerrra Mundial, Goldstein (1933) observara o quanto certos pacientes, tendo suas funções intelectuais fisicamente comprometidas (em decorrência de lesões corticais), mesmo assim conseguiam estabelecer o rearranjo de seus quadros sensomotores e de expressão comunicativa, rearranjo esse que não se podia atribuir senão a uma capacidade primitiva de auto-regulação. Tal capacidade, por sua vez, não tinha relação apenas com as características individuais de cada paciente. Ela incluía a qualidade do meio ao qual cada paciente era submetido, o que levou Perls a interpretar a capacidade de auto-regulação nos termos da filosofia de Friedlaender: zona de equilíbrio entre forças divergentes e em proveito da manutenção desse equilíbrio. A vantagem da linguagem de Friedlaender residia no fato de ela não fazer apelo a qualquer subsistência, a qualquer continente ôntico dessa capacidade de auto-regulação. Tal capacidade seria mais o processo de construção de uma identidade, do que o efeito dela. Nesse sentido, ela seria, antes, a formação de um ego do que uma parte dele. Por essa razão, com o intuito de não ser confundido com o psicanalista Federn[6] e sua teoria do ego, Perls (1942) viria a denominar aquela capacidade de auto-regulação – na qual se reconhece uma forma de espontaneidade criativa, intenção organísmica ou *awareness* – de "ego insubstancial" (p. 205).

Doravante ao falar de ego, Perls não tem mais em vista aquele suposto "órgão de censura" concebido por Freud. Perls tem em vista uma dinâmica complexa, totalmente inserida e operada desde o meio, de reorganização da unidade desse meio como um organismo específico (tal como, por exemplo, o cego reorganiza seu meio fazendo da bengala uma extensão de seu corpo). Ou, então, conforme Perls (1942), o ego corresponde a uma função do organismo no meio no sentido em que se considera que a respiração tem relação com uma função dos pulmões na troca de gases do organismo: "pulmões, gases e vapor são concretos, mas a função é abstrata – embora real". Da mesma forma, "o ego é igualmente uma função do organismo" (p. 205), mas não uma parte dele.

Quando teve acesso às idéias contidas na obra *Ego, fome e agressão*, Goodman não apenas se entusiasmou com a proposta de releitura da experiência psicoterapêutica a partir de bases Gestaltistas, especificamente goldsteinianas. Goodman também reconheceu, nesse esforço de Perls para compreender a novidade veiculada pela teoria organísmica de Goldstein, um motivo fenomenológico e, por conseguinte, a possibilidade de uma reflexão filosófica sobre a psicologia da Gestalt. Afinal, a própria noção de "ego insubstancial" veiculada por Perls encaminhava uma leitura fenomenológica de Goldstein e, por extensão, da psicologia da Gestalt. Eis, então, que nascia não apenas uma nova proposta psicoterapêutica denominada Gestalt-terapia, mas também – e a partir da experiência psicoterapêutica – uma legítima "filosofia da Gestalt", da qual a "teoria do *self* " talvez seja a peça mais elaborada.

FLUXOGRAMA DE AUTORES IMPORTANTES PARA A CONSTRUÇÃO DE UMA CLÍNICA GESTÁLTICA

A apresentação, eminentemente histórica, que propomos até aqui teve como objetivo estabelecer a gênese e a caracterização dos principais desdobramentos pelos quais passou a noção que intitulou o esforço de Frederick Perls para pensar a clínica psicoterapêutica mais além da metapsicologia freudiana, qual seja tal noção: Gestalt. Termo corrente na língua alemã, que o utiliza para designar uma forma que é por si só um todo, o substantivo "*Gestalt*" foi introduzido no campo das discussões filosóficas sobre a natureza dos objetos em geral para significar, na pena de Brentano: totalidades intuitivas vivenciadas pelos sujeitos psíquicos não como conseqüência de seus atos de vontade, mas como fundamento destes. Trata-se de orientações adquiridas (temporais), para as quais não podemos atribuir uma significação específica, mas que se deixam reconhecer como forma geral de todas as significações; no sentido em que se diz que a "alegria" é a forma comum e indefinível de todas as nossas manifestações de contentamento ou êxito. Mas a noção de "Gestalt" mereceu, dos alunos de Brentano, aplicações distintas. Freud leu nessa noção uma possível forma de apresentação daquilo que estaria na base dos "distúrbios" orgânicos e comportamentais para os quais não se podia apontar uma causa física; qual seja tal base, nossas experiências de satisfação primitiva e que, por razões diversas, ficaram retidas como aquilo que não podemos reviver, mas insistimos em repetir: pulsões. Já Husserl viu na noção de "Gestalt" a origem subjetiva, o que significa dizer "vivida", de todas as nossas representações objetivas – as quais não se confundem com as coisas-em-si de nossa atitude natural. Diferentemente de Brentano e de Freud, Husserl lê as *Gestalten* como vivências essenciais ou formas universais de uma consciência intersubjetiva, que só podemos compreender quando abstraímos de nossa ingenuidade em pensar que tudo se resume ao psiquismo humano. O que ensejou, nos psicólogos da época, o ideal de uma ciência psicológica que pudesse descrever essas formas tal qual um físico, por exemplo, descreve a trajetória de um cometa. Essa naturalização das *Gestalten*, obra da psicologia da Gestalt, nunca foi perdoada por Husserl; embora os próprios psicólogos da Gestalt, após terem sido criticados por Husserl, reconsiderassem suas posições, a ponto de definirem as *Gestalten* como ocorrências de campo, anteriores a distinção entre a visão física e a psicológica. Goldstein talvez tenha sido quem soube tirar o melhor proveito dessa noção de campo, na qual, ademais, reconheceu uma similaridade com a proposta de pesquisa holística defendida por Jan Smuts. Antes e independentemente de nossas faculdades superiores de representação lingüística da experiência em geral, nosso organismo compartilharia com o meio uma capacidade de auto-regulação, à qual podemos verificar tanto num ambiente celular quanto nos comportamentos sociais. Frederick Perls, a sua vez, conheceu os dois destinos da noção brentaniana de Gestalt, o freudiano e o fenomenológico. E, a seu modo, procurou conciliar a clínica freudiana e a compreensão fenomenológica da experiência concreta, não obstante ela se estabelecer à revelia dos escrúpulos do fundador da fenomenologia. Apesar de admitir, apoiado em Goldstein, que as *Gestalten* fossem vividos, com o que concordariam os fenomenólogos husserlianos; Perls considerou tais *Gestalten* vividos eminentemente ambíguos e desprovidos daquela evidência que os fenomenólogos husserlianos reclamam para as essências. Para Perls, as *Gestalten* são antes ajustamentos criadores num contexto de ambigüidade. São a própria manifestação da ambigüidade, razão pela qual não se prestam como "objeto" de uma ciência rigorosa, mas como "motivo" de uma postura ética, tal como aquela que observamos na clínica psicanalítica.

Por conta disso, mesmo sem a anuência das instituições psicanalíticas de seu tempo, até 1951, Perls ainda se intitulava psicanalista; muito embora já não concordasse com a forma como Freud fazia depender, de um objeto de satisfação primordial, as duas orientações fundamentais que se deixam perceber no domínio clínico e que, na linguagem de Freud, denominavam-se de pulsão de vida e pulsão de morte. Nesse sentido, diferentemente de Freud, Perls não denomina aquelas orientações de pulsões. Mais ao estilo de Goldstein, Perls prefere chamá-las de funções organísmicas. Por meio delas, acredita Perls, os elementos materiais envolvidos na experiência presente, venham eles ou não do passado, recebem uma orientação de unificação ou de destruição. Na unificação, os elementos materiais presentes são articulados como ponto de estabilização da experiência: conservação. Na destruição, são transcendidos como ponto de abertura para o inédito: crescimento. Essa orientação ambígua das funções torna a experiência uma totalidade sempre inesperada, inédita, como se nela houvesse uma espontaneidade criadora. Perls denomina essa espontaneidade de *awareness*. O que nos permite afirmar enfim que, na mediação da noção de função organísmica estabelecida por Goldstein, Perls compreende as pulsões descritas por Freud como um fluxo de *awareness* ambíguo: ora em direção à conservação da experiência, ora em direção à sua transformação. Ou, noutras palavras, para Perls, as pulsões não seriam conteúdos arcaicos que devessem ser recuperados ou substituídos. Entendidas enquanto funções organísmicas, elas seriam a "forma" ambígua de funcionamento global de nosso organismo frente à atualidade material.

Para melhor descrever essa "forma" de funcionamento, Perls recorre, por um lado, ao holismo estrutural de Smuts, conforme recomendação de Goldstein. Afinal, a noção de que tudo está vinculado com tudo permite compreender em que sentido uma orientação ou função organísmica adquirida no passado exprime-se junto a um conteúdo material presente. Por outro lado, Perls recorre ao pensamento diferencial de Friedlaender, em cujos termos reconhece uma possível elucidação da ambigüidade característica das funções organísmicas. Segundo Perls, a dialética da diferenciação implícita à noção de indiferença criativa apresentada por Friedlaender ilustra em que sentido, em torno de cada novo dado material, as funções organísmicas estabelecem ora a unificação ora a transformação de cada experiência, de cada fenômeno vivido.

Ademais, segundo Perls, a noção de indiferença criativa proposta por Friedlaender elucida de que maneira, em decorrência da dupla orientação das funções organísmicas, cada experiência comporta uma espécie de espontaneidade criativa, acerca da qual o próprio Goldstein já havia falado quando descreveu seus experimentos com soldados lesionados. Perls denominou essa espontaneidade de "ego", o que de forma alguma se confunde com uma faculdade intrapsíquica, ou com uma função social cuja tarefa seria evitar o conflito (entre as diversas orientações do próprio funcionamento psíquico) por meio da censura (como postula a psicanálise freudiana). O ego, que a noção de indiferença criativa elucida, tem relação com a própria dialética das funções organísmicas, as quais geram, no seio da experiência, uma unidade parcial (figura) que, espontaneamente, os dados materiais envolvidos na experiência não poderiam formar, seja em favor da conservação, seja em favor da destruição de algo (que pode ser o próprio organismo). O que faz do ego menos um habitante do organismo e mais uma função da experiência, uma função do campo organismo/meio. Eis por que Perls denominou essa função de "ego insubstancial" (1942, p. 205).

A neurose, por conseguinte, não seria, conforme o entendimento de Perls, uma ação de censura estabelecida pelo ego. Seria, ao contrário, o comprometimento da função de ego, a impossibilidade manifestada pelo organismo para estabelecer, para os elementos materiais envolvidos na experiência, uma orientação de unificação ou destruição. A neurose, por outras palavras, seria uma interrrupção do fluxo de *awareness*, e a terapia de inspiração gestáltica, um trabalho de resgate dessa função, dessa função de criação na atualidade da sessão. E eis que se lançam as bases para o futuro surgimento da GT, que ainda precisará do olhar fenomenológico de Paul Goodman para se firmar como uma prática psicoterapêutica (ou analítica) exercida em nome próprio.

No fluxograma a seguir, elaborado para fins didáticos, tabulamos os nomes dos principais autores e as principais teses que, de maneira direta ou indireta, acabaram concorrendo para a construção dessa proposta de clínica gestáltica que, nos idos de 1942, Perls ainda denominava de terapia da concentração; mas que, logo a seguir, em decorrência da leitura fenomenológica estabelecida por Goodman, passou a se chamar Gestalt-terapia.

Fenomenologia e Gestalt-terapia | 159

Quadro 2: FLUXOGRAMA "CONSTRUÇÃO DA CLÍNICA GESTÁLTICA"

BRENTANO - Viena - 1874
Na obra *Psicologia do ponto de vista empírico* propõe a tese de que um fenômeno psíquico é uma gestalt, um "todo ou representante" que orienta intencionalmente a produção de "representações" (objetos intencionais imanentes ao psiquismo).

FREUD
PSICANÁLISE: interpreta o fenômeno psíquico como o "representante" de uma "satisfação originária" perdida a qual o psiquismo procura repetir ou substituir (pulsões de vida e morte).

HUSSERL - Göttingen - 1900
Na obra *Investigações lógicas*, propõe uma psicologia eidética ou fenomenologia. Para ela, o fenômeno psíquico é um vivido essencial que orienta a produção intencional de um objeto irreal transcendente ao psiquismo.

EHRENFELS
Os objetos naturais contêm além das partes uma *Gestaltqualität* perceptível.

MÜLLER
Propõe investigação experimental dos objetos intencionais.

RUBIN
Figura/fundo - 1908

WERTHEIMER, KOFFKA e KÖHLER - Frankfurt - 1912
Primeira geração da PSICOLOGIA DA GESTALT
Lêem no objeto intencional uma ESTRUTURA e na noção de vivido essencial, uma LEI.

FRIEDLAENDER - 1918

HUSSERL - Frankfurt - 1913
Critica o naturalismo dos Gestaltistas e propõe que os conceitos fenomenológicos (vivido essencial, objeto intencional...) sejam tratados nos termos de uma filosofia transcendental (idealismo): redução fenomenológica.
A consciência transcendental passa a ser descrita como um CAMPO de correlação cujo fundamento é o EGO.

SMUTS - 1926

LEWIN, GELB e GOLDSTEIN - 1926
Segunda geração da PSICOLOGIA DA GESTALT - A partir da leitura que Köhler faz de Husserl, compreendem a Gestalt como um CAMPO. Estudam distúrbios da linguagem.
CAMPO = Organismo no meio
Goldstein dilui a separação entre físico e psíquico, porém ainda vê o organismo como um indivíduo

LORE POSNER
Orientada por Wertheimer.

FREDERICK PERLS - 1942
Ego, fome e agressão: propõe uma releitura gestáltica da metapsicologia freudiana. As pulsões deixam de ser entendidas como conteúdos esquecidos e passam a valer como formas impessoais (organísmicas) que fornecem orientação intencional ambígua (*awareness*) às ações criativas implementadas no campo organismo/meio. Ego insubstancial é o nome dessa ação criativa. Propõe uma clínica cujo foco é a mobilização da concentração do consulente em seu fluxo de *awareness*.

PAUL GOODMAN - USA - 1951
(Conhecedor da fenomenologia husserliana e preceptor de Goldstein.)
Reconhece na leitura que PERLS faz de GOLDSTEIN (passagem do individual para o genérico e o resgate de uma temporalidade que se manifesta no presente) um retorno à fenomenologia. Escreve o segundo tomo de *Gestalt Therapy*, onde, principalmente, através da teoria do *self*, propõe as idéias de Perls num formato fenomenológico.

NOTAS

1 Perls seguiu a tradução inglesa para o termo *Trieb* estabelecida por James Strachey em colaboração com Anna Freud, a saber, *Instint*, não obstante a diferença reconhecida por Freud entre os termos *Trieb* e *Instinkt* (em alemão). Georges Boris acompanhou a versão inglesa, o que é acertado; desde que tenhamos em mente a que, exatamente, Perls está se referindo, a saber, às pulsões. O que é evidente, por exemplo, quando Perls refere-se, segundo a tradução de Boris, ao Thanatos e ao Eros como Instintos de Morte e de Vida (Perls, 1942, p. 73 e p. 161).

2 Mais uma vez salientamos nossa compreensão de que, quando fala em instintos, é das pulsões que Perls está a tratar.

3 As duas principais publicações filosóficas de Salomon Friedlaender – também conhecido pelo codinome expressionista Mynona – são *Schöpferische Indifferenz* (escrita em 1918, mas publicada em dois volumes, um desse mesmo ano e outro de 1926) e *Das magische Ich* (escrito provavelmente em 1935, em seu exílio em Paris).

4 Não é objetivo deste trabalho discutir as avaliações históricas que, a partir de Friedlaender, Perls fez, especialmente de Schelling e de Hegel, muito embora reconheça a necessidade.

5 Isso responde às nossas questões arroladas no final do item Leitura holística da psicologia da Gestalt, no presente capítulo.

6 Na segunda parte do livro *Ego, fome e agressão* (Perls, 1942), no capítulo sétimo ("O ego como uma função do organismo"), Perls discute, rapidamente, a noção de ego de Federn, reconhecendo que ela conseguiu fazer justiça a esse fenômeno elementar ignorado por Freud, precisamente, a forma egológica de organização de nosso campo pulsional. Entretanto, Federn ainda considerava o ego uma substância, delimitada por uma fronteira. Diferentemente dele, Perls não dirá que o organismo "tem" uma fronteira, mas que ele "está" numa fronteira.

Parte 2

Leitura fenomenológica da clínica gestáltica

I

No prefácio do livro *Gestalt-terapia,* Perls, Hefferline e Goodman (1951, p. 32) declararam que "[o] magnífico trabalho de Goldstein em neuropsiquiatria não encontrou o lugar que merece na ciência moderna". Uma possível razão para esse aparente insucesso da empresa goldsteiniana talvez fosse a dificuldade para se entender um de seus principais conceitos, a saber, o conceito de intencionalidade organísmica. Ao considerar a "formação dinâmica das *Gestalten*" uma "essência" (vital ou valorativa) do organismo em sua relação com o meio (e antes de qualquer abstração), Goldstein fez retornar, ao cenário das discussões psicológicas e fisiológicas, o tema da intencionalidade. Ele, entretanto, não se deu o trabalho de discutir com a tradição filosófica, especialmente com a fenomenologia, razão pela qual a noção de intencionalidade organísmica foi, por vezes, confundida – a contragosto de seu proponente – com uma categoria psicológica. Apenas no final da vida, Goldstein veio a admitir o parentesco entre as noções de intencionalidade organísmica e de intencionalidade fenomenológica, o que foi suficiente para encaminhar, com Perls e seus colaboradores, uma releitura fenomenológica, se não da ciência moderna, mas ao menos da prática psicoterapêutica. Essa releitura, entretanto, exigia uma tarefa preliminar: a elucidação do sentido fenomenológico das teses de Goldstein, de onde se depreenderia uma "filosofia da Gestalt", a qual, por sua vez, introduziu para a própria fenomenologia um deslocamento. Em vez de se dirigir aos vividos (entendidos como essências evidentes a fundamentar os atos e correlatos) da subjetividade transcendental, a fenomenologia escrita nos termos de uma filosofia da Gestalt passou a se ocupar da ambigüidade de nossas formas de ligação com o semelhante e com a natureza. Em vez de uma ciência rigorosa, a fenomenologia se transformou, na pena de Perls, Hefferline e Goodman, numa descrição da irredutibilidade radical da experiência de coexistência. A fenomenologia se transformou numa "ética", entendendo-se por ética não a adesão a uma regra ou valor social, mas a "postura" de tolerância em relação ao que é estranho, ao que não pode ser descrito ou explicado e a que muitos chamam de "patológico".

II

Em seu texto autobiográfico, intitulado *Escarafunchando Fritz: dentro e fora da lata de lixo*, Perls afirma não estar pronto "para escrever um texto sistemático sobre a filosofia da Gestalt". Ainda assim, admite ter "muitas partes prontas para a figura total"(1969, p. 316). Que partes são essas? Onde estão? Em que sentido está configurado o que denominou de "filosofia da Gestalt"?

Perls não dá muitas pistas sobre onde encontrar respostas para essas questões, mas diz o suficiente para compreendermos a importância dessa temática. Depois de minimizar o peso das influências que recebera em decorrência de seu contato com os existencialistas de Frankfurt (Martin Buber, Tillich e Max Scheller) e depois de suspender a relevância daquilo que aprendera lendo Heidegger, Sartre e Binswanger (porquanto não puderam romper, respectivamente, com o totalitarismo da linguagem explicativa, com o finalismo ético do dever-ser e com o dualismo ontológico na descrição dos fenômenos), Perls questiona-se, nos termos de uma "problemática" menção a *Ser e tempo* (Heidegger, 1927): "[s]erá que não existe possibilidade de uma orientação ôntica onde Dasein – fato e meio de nossa existência – se manifeste compreensível sem explicações?". Ou, então, referindo-se a Sartre: "[será que não existe uma] forma de ver o mundo não por intermédio da intencionalidade de algum conceito, mas onde possamos entender a intencionalidade de se conceitualizar?". Relativamente ao dualismo ontológico recalcitrante no discurso de Binswanger, pondera Perls: "[será que não existe uma] forma perspectiva onde fiquemos satisfeitos em tomar uma abstração como figura total – onde, por exemplo, o aspecto físico seja tomado como tudo o que há?" (Perls, 1969, p. 78). Ao que Perls responde: "na verdade existe". Trata-se de uma abordagem que, não obstante estar em sintonia com as principais discussões teóricas do início do século XX, jamais reclamou o *status* de filosofia, a saber: "a psicologia da Gestalt. Gestalt! Como posso fazer entender que Gestalt não é só mais um conceito inventado pelo homem? Como posso dizer que Gestalt é – e não só para a psicologia – algo inerente à natureza?" (Perls, 1969, p. 78-9).

Efetivamente, Perls nunca concluiu seu projeto de consecução de uma "filosofia da Gestalt". De qualquer forma, empenhou-se na elaboração de uma teoria em cujos termos estariam ensaiadas as primeiras categorias desta filosofia. Trata-se da "teoria do *self* ", ao mesmo tempo apresentada como uma descrição das funções ou dos processos que caracterizam nossas formas de inserção no campo organismo/meio, e, também, uma descrição das dinâmicas temporais que fundamentam a unidade destas formas de inserção. No âmbito desta teoria, o *self* designa um sistema temporal, na forma do qual a relação organismo/meio e suas vicissitudes deveriam poder ser pensadas como a expressão concreta de vividos essenciais, e não como o desdobramento de certa concepção de patologia e de saúde. Nesse sentido, para Perls, Hefferline e Goodman (1951, p. 184), a teoria do *self* é menos uma teoria da personalidade e mais o rudimento de uma possível eidética, que, segundo eles mesmos, é o tema da fenomenologia. Daí não resulta ser possível concluir que, por meio dessa eidética, Perls e seus colaboradores almejassem uma fenomenologia transcendental nos moldes de Husserl. Ainda que Husserl admitisse, depois de 1913, a complementaridade entre a fenomenologia eidética e a fenomenologia transcendental, elas não eram, para o fundador da fenomenologia, equivalentes (Moura, 1989). A diferença fundamental residia em que, não obstante a fenomenologia eidética ter suspendido as teses naturalistas em proveito da descrição da vida intencional da consciência − e, nesse sentido, haver compreendido que os objetos do conhecimento seriam sempre tributários de uma atividade intencional que os viabilizaria −, ela continuava operando na atitude natural, como se esta atividade intencional pertencesse a um objeto natural especificamente, a saber: o homem. A fenomenologia transcendental, por sua vez, deixaria de ser psicologia, porquanto não se ocuparia de estudar o objeto natural continente da intencionalidade, mas apenas a intencionalidade como tal, o que significa dizer: a intencionalidade como puro modo de constituição de objetos e não como propriedade psicológica.

Acontece que Perls, na esteira de uma tradição de interlocutores de Husserl, não fazia caso dessa distinção. Mais precisamente, tal como Heidegger e Merleau-Ponty, para citar alguns, Perls não entendia a fenomenologia eidética como disciplina psicológica, tampouco a fenomenologia transcendental como uma investigação estritamente metodológica e, nesse sentido, exclusivamente formal a respeito dos processos intencionais. Se é verdade que a fenomenologia eidética sempre trata do homem, o homem em questão não é um "objeto", mas aquilo que a própria fenomenologia transcendental chama de esfera dos vividos (*erlebnissen)* ou, simplesmente, intencionalidade pura: domínio de generalidade em que nos experimentamos como únicos, ao mesmo tempo em que indissociáveis dos outros e do mundo. Por essa razão, a descrição do homem – entendido como tal domínio de generalidade – realiza, num só golpe, a fenomenologia eidética e a fenomenologia transcendental. A teoria do *self*, nesse sentido, por descrever a generalidade de minha inserção no meio e as formas de contato em que me deslindo único e, ao mesmo tempo, integrado num mundo e numa história mais antigos do que eu, se pretende, simultaneamente, fenomenologia eidética e fenomenologia transcendental.

III

Alguém poderia, entretanto, protestar, lembrando que boa parte da teoria do *self* se ocupa de descrever a neurose e que, ademais, essa descrição é estabelecida a partir da prática clínica do psicanalista e, depois, clínico gestáltico Frederick Perls, o que é verdadeiro, muito embora, tal como a teoria do *self* as descreve, a neurose e a prática clínica não são qualidades objetivas de um sujeito psicológico (seja ele o suposto "doente" ou o suposto "clínico"), mas formas intencionais no mundo da vida, modos específicos de correlação a partir dos quais nos experimentamos como fluxo interrompido (neurose) ou fluxo de transcendência (como, às vezes, acontece na experiência clínica). Nesse sentido, se a interlocução com a experiência clínica e com as teorias psicológicas é mais freqüente do que o diálogo com a história da filosofia, tal se deve a que, naquelas, Perls, Hefferline e Goodman reconheciam maior proximidade com o que entendiam ser a fenomenologia: abertura àquilo que se mostra em sua ambivalência ou, numa palavra, ética.

A utilização da prática clínica e das teorias psicológicas, entrementes, nunca foi algo pacífico para Perls e seus colaboradores. Afinal, as formulações estabelecidas nesses domínios, não obstante se ocuparem de descrever nossa inserção integral no mundo da vida, permaneciam tributárias de um expediente teórico segundo o qual seria preciso encontrar – para nossas formas de inserção – um fundamento objetivo. Por esse motivo, conjecturavam Perls e colaboradores, seria preciso lembrar aos pacientes e aos teóricos da ciência o caráter eminentemente transitório de nossa experiência e, conseqüentemente, do saber que ela pudesse ensejar. Mais do que indício da falibilidade das ciências, a temporalidade das explicações haveria de revelar um modo de ser no mundo, que não se deixa capturar objetivamente, porque é "outro" (*itara*) com relação a toda forma de objetivação: iterabilidade, dirá Jacques Derrida.

No caso da teoria organísmica, formulada por Goldstein (1939) – e reputada como a mais importante para Perls – este reconheceu ser tal teoria um caminho alternativo que levaria à superação dos "totalitarismos" teóricos que insistiam em reduzir a existência a uma forma de objeto determinado "em-si" ou a uma reflexão transparente "para-si". Nos termos da teoria organísmica, tanto os fenômenos biológicos como os psíquicos poderiam ser descritos como relações espontâneas de implicação e diferenciação entre dados da experiência: ou seja, como *Gestalten*[1]. Mas, diferentemente de Goldstein, que considerava as *Gestalten* ocorrências materiais do organismo junto ao meio, Perls chama atenção para o caráter temporal dessas ocorrências. Em outras palavras, as *Gestalten* não são apenas formas de organização material. Há também um horizonte temporal que dá orientação a essa materialidade e por meio da qual tal materialidade ganha um sentido imanente. Com essa perspectiva, Perls introduz, no seio da fisiologia goldsteiniana, o tema de uma subjetividade eminentemente histórica, mas que, em contrapartida, se deixa compartilhar na matéria. De onde resulta a consideração da fisiologia como índice de uma subjetividade simultaneamente intersubjetiva. Perls engendra, aqui, uma espécie de retorno à teoria da subjetividade fenomenológica, mas sem precisar praticar a redução da fisiologia à filosofia transcendental. *Self* é o nome desta subjetividade materialmente compartilhada, assim como a teoria do *self* é o nome da empresa fenomenológica de Perls.

IV

A trajetória estabelecida por nossa pesquisa não coincide com o modo habitual segundo o qual a comunidade de Gestalt-terapeutas reconhece o vínculo entre a fenomenologia e a GT. De um modo geral, a literatura de comentadores da GT não relaciona os temas fenomenológicos dos livros de Perls, Hefferline e Goodman com o projeto de uma filosofia da Gestalt. Ainda assim, reconhecem que a entrada em cena daqueles temas veio aprofundar, quando não substituir, a abordagem que, até 1950, Perls tinha da psicanálise e da psicologia da Gestalt.

Nesse sentido, Isadore From e Michael Vincent Miller salientam o caráter fenomenológico da GT quando, na introdução da edição do *The Gestalt Journal* da obra *Gestalt-terapia*, dizem que Perls, Hefferline e Goodman, seus autores,

> Em lugar de tentar descrever saúde e patologia em termos derivados da ciência causal, apresentam um entendimento fenomenológico, baseado na experiência observável e imediatamente relatável, de como uma pessoa faz para criar – e continuar criando – uma realidade neurótica ou saudável. (From e Miller, 1997, p. 28)

Ademais, conforme From e Miller, a GT é uma fenomenologia aplicada. Os conceitos da GT de "fronteira de contato" e de "*self*" são verdadeiros construtos fenomenológicos, pois, assim como estes, também aqueles se ocupam de descrever o "surgimento e desvanecimento no momento presente" de um objeto intencional de uma experiência subjetiva imediata (From e Miller, 1997, p. 28).

Estamos de pleno acordo com essa descrição fornecida por From e Miller. Conforme demonstramos nos capítulos quarto, quinto e sexto, a proposta de uma fenomenologia da *awareness* (PHG, 1951, p. 33) acabou, de fato, por engendrar – como correlativos das noções fenomenológicas de campo de presença e consciência transcendental – as noções de fronteira de contato e *self*. De toda sorte, o que acreditamos poder acrescentar às análises de From e Miller é o esclarecimento sobre a função do discurso fenomenológico no contexto das discussões promovidas por Perls, Hefferline e Goodman, especificamente, no segundo volume do livro *Gestalt-terapia* (1951). Tal função não tem relação com a construção de uma metodologia de intervenção clínica capaz de salvaguardar a individualidade do "processo psicofisiológico experienciado por uma pessoa", conforme postulou outro importante psicoterapeuta e autor da GT, Joseph Zinker (1994, p. 293). Para este, o termo "fenomenológico", na GT, quer tão-somente indicar que o processo psicofisiológico experienciado por uma pessoa é unicamente seu, e que a dimensão do aqui e agora dá a este fenômeno pessoal um imediatismo existencial. A realidade fenomenológica existe sempre temporariamente no presente e espacialmente exatamente no aqui. O aqui/agora fenomenológico representa, portanto, uma experiência sensorial altamente pessoal em um determinado momento do tempo e do espaço (Zinker, 1994, p. 293). Tal experiência parece evidenciar uma avaliação contraditória com a maneira segundo a qual Perls, Hefferline e Goodman definiram o *self*. Para estes, o *self* não é uma pessoa. Ele é um sistema de contatos exercido por uma espontaneidade genérica. É verdade que cada contato se dá no aqui/agora, todavia, este não é algo que se possa reduzir ao espaço e ao tempo objetivamente medidos. O aqui/agora é antes a forma passiva de síntese entre nossa historicidade mutante (e que, portanto, nunca é um valor objetivamente determinado) e um dado material concreto. Por essa razão, se se trata de compreender a função da fenomenologia na GT, temos de olhar não para aquilo que de "pessoal" possa haver nos processos de contato. Quando muito, a "pessoa" é uma construção da função personalidade. E a construção dos papéis sociais, assim como todas as outras funções implicadas no processo de contatar, parte de uma generalidade transcendental, que é aquilo que de mais próprio e mais indeterminado nós experimentamos de nós mesmos, a saber, nossa historicidade. Demarcar tal historicidade: eis aqui a função elementar do discurso fenomenológico no contexto das reflexões da GT.

A demarcação dessa generalidade transcendental – que somos nós mesmos enquanto fluxo temporal – não se confunde, todavia, com um trabalho técnico, exclusivamente metodológico (como se, em fenomenologia, pudéssemos separar método e conteúdo a serem investigados). Entrementes, essa é a posição de Gary Yontef (1993), outro renomado Gestalt-terapeuta, que afirma que "a Gestalt-terapia se utiliza da fenomenologia com uma conotação mais técnica: a Gestalt-terapia criou uma terapia estruturada numa metodologia existencial operacional". Conforme essa metodologia, deveríamos trabalhar "entrando experiencialmente [sic] na situação e permitindo que a *awareness* sensorial descubra o que é óbvio/dado, reconhecendo e colocando entre parênteses idéias preconcebidas sobre o que é relevante". Ainda conforme Yontef, "a exploração fenomenológica objetiva uma descrição cada vez mais clara e detalhada do que é; e desenfatizar o que seria, poderia ser, pode ser e foi (Yontef, 1993, p. 217-21)". Tal como Yontef, o casal Serge e Anne Ginger afirmam que a GT reteve da fenomenologia os seguintes aspectos:

1. que é mais importante descrever do que explicar: o *como* precede o *porque;*
2. que o essencial é a *vivência imediata,* tal como é percebida ou *sentida corporalmente* – até imaginada – assim como o *processo* que está se desenvolvendo *aqui e agora;*
3. que nossa percepção do mundo e do que nos rodeia é dominada por fatores *subjetivos irracionais,* que lhe conferem *um sentido, diferente para cada um;*
4. isso conduz, particularmente, à importância de uma *tomada de consciência do corpo* e do tempo vivido, como *experiência única de cada ser* humano, estranha a qualquer teorização preestabelecida. (Ginger e Ginger, 1987, p. 36; grifos dos autores)

Nosso entendimento é que essa consideração "metodologicista" da função da fenomenologia no *corpus* da GT é não apenas inconsistente como também contraditória nela mesma. Inconsistente porquanto desconsidera, na forma como os utiliza, o sentido dos conceitos técnicos de redução, essência, consciência, corporeidade. Para a fenomenologia, redução não tem absolutamente relação com suspensão de toda e qualquer idéia (apenas das teses naturalistas). Essencialidade, da mesma forma, não tem relação alguma com "vivência imediata" (as essências não são imediatas, mas intuições expressas na imanência dos atos e, por conseguinte, na mediação deles). Consciência transcendental, ademais, não se confunde com "subjetividade irracional". A consciência transcendental não é, simplesmente, uma subjetividade, mas uma subjetividade intersubjetiva, tampouco é irracional, muito embora comporte uma forma primitiva de racionalidade, que é a intencionalidade operativa. Esse "metodologicismo", ademais, é contraditório consigo mesmo. Afinal, ao mesmo tempo em que afirma ser preciso fazer a redução (em benefício da descrição de "como" uma subjetividade emerge), tal metodologicismo não põe em questão a tese de que a subjetividade é uma individualidade inexorável, o que justamente vem reafirmar aquilo que a fenomenologia sempre insistiu em suspender, precisamente, a tese do mundo natural, da qual a noção de subjetividade individual é uma das facetas.

Nós a podemos ler uma tomada de posição diferente nos textos de Jean-Marie Robine, especialmente em seu livro *S'apparaître à l'occasion d'un autre* (1994). Nos capítulos sexto e sétimo, especialmente, Robine admite ser a filosofia fenomenológica uma peça de capital importância para se compreender as intenções programáticas das reflexões estabelecidas na obra *Gestalt-terapia*. De todo modo, Robine alerta para a necessidade de estabelecermos uma diferenciação entre o modo como os americanos e os europeus, por exemplo, compreendem o que seja a fenomenologia. Enquanto os primeiros utilizam esse termo para designar uma "experiência vivida", os outros a entendem de maneira muito técnica, significando as filosofias desenvolvidas por Brentano e Husserl, por exemplo. Para Robine, é nessas filosofias que podemos encontrar os conceitos fundamentais a partir dos quais Paul Goodman desenvolveu a peça mais fenomenológica da GT, a saber, a teoria do *self.* Dentre aqueles conceitos, Robine destaca o de intencionalidade. E ainda que não acompanhemos de todo o modo como Robine interpreta a noção de intencionalidade – como haveremos de mostrar no decurso do capítulo quarto a seguir –, estamos de acordo que seja tal noção aquela que nos ajuda a compreender por que razão o *self* é antes um processo temporal do que uma entidade psicofísica.

Ora, assim como Robine, acreditamos que, para os propósitos da GT, a fenomenologia não é uma metodologia empírica. Nem mesmo uma postura teórica. Trata-se de uma postura ética, por meio da qual se privilegia a descrição daquilo que se mostra desde si, precisamente, as *Gestalten*. Em Perls, Hefferline e Goodman (1951, p. 48), enfim, a fenomenologia está a serviço da descrição das *Gestalten* que, por sua vez, só se manifestam fenomenologicamente, como solução vindoura daquilo que, desde o passado, faz-nos transcender o presente. O sistema *self* é uma forma de apresentação desse *continuum* em mutação; a própria realização da filosofia da Gestalt.

Nos próximos três capítulos investigamos de que maneira a proposta de clínica gestáltica elaborada por Perls a partir de Goldstein, especialmente, foi recepcionada e lida por Paul Goodman, bem como as transformações que sofreu em decorrência da visão fenomenológica deste último.

NOTA

1 Daí não decorre que Goldstein considerasse os fenômenos psíquicos e os biológicos idênticos. Afinal, há diferenças que não se relacionam com a natureza dos elementos envolvidos, mas com os diferentes níveis de "energia" implicados (ou expressos) na relação daqueles elementos – entendendo-se por energia a orientação de agregação ou desagregação que se pode observar operando entre os elementos físicos que compõem uma determinada função organísmica. Disso resulta uma distinção entre as formas mais energéticas (biológicas) e as menos energéticas (psíquicas ou mentais). Ainda assim, em ambos os casos, trata-se de *Gestalten*, modos distintos de organização espontânea entre os elementos envolvidos.

4

Awareness e intencionalidade

ENCONTRO COM PAUL GOODMAN E O NASCIMENTO DA GESTALT-TERAPIA

Em 1942, na África do Sul, Perls publica a obra *Ego, fome e agressão*, na qual amplia um artigo apresentado na Checoslováquia, em 1936, e que tratava do mesmo tema. Essa obra foi novamente editada em 1947, em Londres, quando o revisionismo kleiniano da obra de Freud estabelecia um ambiente propício para obras como a de Perls, que levava como subtítulo "Uma revisão do método e da teoria de Freud". Essa segunda publicação, por sua vez, facilitou a inserção de Perls nos círculos intelectuais de Nova Iorque, onde passou a residir desde 1946. Mais do que a proposta de uma revisão da teoria e do método de Freud, a apresentação holístico-gestáltica do psiquismo gerou polêmica em terras norte-americanas. Especificamente, a noção de "ego insubstancial" confrontou Perls e os pós-freudianos partidários da "psicologia do ego". Afinal, diferentemente deles, Perls não concebia o ego como uma faculdade imanente e reguladora, cuja principal tarefa era censurar pulsões em conflito entre si. Da mesma forma, não concebia a "terapia da concentração" como uma forma de fortalecimento da dimensão saudável da consciência. Se é verdade que, tal como o psicanalista russo Löwenstein[1] e os psicanalistas vienenses Kriss e Hartmann – a quem se atribui a fundação da "psicologia do ego" norte-americana –, Perls dissese que o inconsciente tem uma organização egológica que lhe é própria, tal egologia não tem absolutamente qualquer relação com funções voluntárias, mas com a *awareness:* essa espontaneidade temporal concebida a partir da noção goldsteiniana de intencionalidade organísmica e que o próprio Perls, a partir de Friedlaender, tentou descrever como uma atividade criativa de restabelecimento da unidade organísmica. Ou, então, se é verdade que Perls defendia a tese de que a "terapia da concentração" implicava uma forma de fortalecimento do ego, tal fortalecimento não se confunde com o trabalho de ratificação de certos papéis sociais ou imaginários, conforme pensavam os partidários da "psicologia do ego". Segundo estes, por meio daqueles papéis, os pacientes se defenderiam de suas próprias pulsões em proveito de uma vida mais equilibrada. Para Perls, ao contrário, o fortalecimento do ego correspondia à prática de suspensão das formas de inibição imaginárias e sociais. Somente por meio dessa suspensão o ego poderia retomar, de forma espontânea, sua própria historicidade junto às possibilidades abertas pelo meio. De qualquer forma, esse debate com os pós-freudianos, em Nova York, permitiu a Perls perceber a necessidade de melhorias na forma de apresentação, sobretudo, das noções de "intencionalidade organísmica" como *awareness* e de "ego insubstancial" como função. Tal percepção predispôs Perls ao debate com críticos do pós-freudismo, como Goodman. Devotado a estudos fenomenológicos, especialmente da obra de Husserl, Goodman imediatamente percebeu nas teses de Perls mais do que uma forma holístico-gestáltica de ler a psicanálise. Ele percebeu, sobremodo, uma forma fenomenológica de se compreender o holismo e a psicologia da Gestalt.

Conforme Stoehr (1994), biógrafo de Goodman, Perls e Goodman se conheceram em função de um artigo escrito por esse último a respeito de Reich, no qual seu autor concluía sobre a necessidade de uma profunda revisão na metapsicologia freudiana. Perls – que havia feito análise com Reich – interessou-se pelas idéias de Goodman, a quem confiou não apenas uma cópia da obra *Ego, fome e agressão* (1942), como também anotações que havia feito um pouco antes de partir da África do Sul. Em tais anotações, Perls se ocupava de refletir sobre sua prática psicoterapêutica, à luz das noções que havia elaborado a partir de Goldstein, Smuts e Friedlaender. O principal desafio de Perls era caracterizar a experiência clínica como um evento de campo em que, paradoxalmente, se manifestasse uma espontaneidade egológica. Mas, ainda que as terminologias de Smuts e Friedlaender tivessem contribuído para tal caracterização, elas não conseguiam dirimir o descompasso entre a visão eminentemente material de Goldstein e a visão principalmente histórica que, por meio da noção de "ego insubstancial", Perls procurava reabilitar da psicanálise. Ou seja, ainda que a noção goldsteiniana de auto-regulação ou de intencionalidade organísmica permitisse a caracterização do organismo como uma forma de subjetividade, essa subjetividade não incluía elementos temporais, os quais – Perls bem o sabia – eram recorrentes na experiência clínica. Goodman teria então sugerido a Perls a utilização de uma terminologia fenomenológica. Afinal, esta não apenas resguardava a matriz teórica da noção de campo empregada pelos psicólogos da Gestalt – a qual Goldstein importou – bem como a fundamentava em uma egologia transcendental, cuja nota característica era justamente a temporalidade. Eis que nascia uma parceria dedicada não apenas a repensar a psicoterapia – da qual se teria desprendido a GT –, mas também dedicada a descrever essa psicoterapia a partir de um referencial coerente com o caráter temporal dos eventos de campo que a caracterizassem.

Goodman sabia que Goldstein estava certo ao conceber o organismo como uma forma específica de regulação da matéria físico-química junto a um campo amplo de fatores, que denominava de meio. Mas a psicanálise também estava certa ao dizer que o campo tem relação com uma subjetividade anônima, genérica, que se exprime de um modo particular em cada objeto. Ora, segundo Goodman (Stoehr, 1994), a noção fenomenológica de consciência transcendental responderia a essas duas verdades. Por um lado, ela é a dinâmica intencional de constituição de objetos em que ela mesma experimenta sua unidade, sua regulação. Por outro, ela é isso que sobeja em todo objeto, isso que ultrapassa todas as formas objetivas em proveito de sua própria generalidade temporal. Eis por que o próprio Perls (1969) irá dizer que "[e]u fiz da tomada de consciência (*awareness*) o ponto central da minha abordagem, reconhecendo que a fenomenologia é o passo básico e indispensável no sentido de sabermos tudo que é possível saber. Sem consciência nada há. Sem consciência há vazio" (p. 88). Mas em que sentido se relacionam as expressões *awareness* e consciência?

RELEITURA FENOMENOLÓGICA DA NOÇÃO DE AWARENESS

É especialmente no segundo tomo da obra *Gestalt-terapia* que Perls, Hefferline e Goodman (1951) se ocupam de esclarecer os conceitos que nomeiam essa forma peculiar de ler e de articular, nos termos de uma nova abordagem psicoterapêutica, chamada de Gestalt-terapia, a intencionalidade organísmica e a historicidade da nossa existência.

O primeiro dos conceitos esclarecidos é justamente o conceito de *awareness*. Todavia, diferentemente do que acontecia na obra *Ego, fome e agressão*, Perls (1942) − agora conforme a redação de Goodman[2] − não vai discutir a *awareness* com base em Smuts e Friedlaender. Para se compreender em que sentido a *awareness* designa nossa intencionalidade organísmica, bem como "nossos problemas" na vivência dessa intencionalidade, Perls, Hefferline e Goodman postulam uma "fenomenologia", à qual caberia descrever os "fatores" que caracterizassem a "*awareness*" não como uma faculdade, mas como um "estado" (PHG, 1951, p. 33). A fenomenologia, desde então, passa a inspirar a reflexão teórica a ser implementada na fundamentação dessa nova abordagem psicoterapêutica, que é a Gestalt-terapia. Tal abordagem exigiu dos seus criadores uma adequação dos termos utilizados por Perls (1942) em *Ego, fome e agressão* ao formato transcendental e, nesse sentido, eminentemente processual, da linguagem fenomenológica. As transformações da noção de *awareness* são exemplares nesse sentido. No livro *Gestalt-terapia*, a noção de *awareness* é, de longe, a mais empregada. Não apenas isso, ela está integrada a quase todas as outras noções-chave do texto, como se pode observar na definição apresentada na introdução do segundo volume do livro. Conforme Perls, Hefferline e Goodman, a *awareness* "caracteriza-se pelo *contato*, pelo *sentir* (sensação/percepção), pelo *excitamento* e pela formação de *Gestalten*. O seu funcionamento adequado é o reino da psicologia normal; qualquer perturbação cai na categoria de psicopatologia" (1951, p. 33; grifo dos autores). A segunda parte dessa definição trata daquilo que Perls (1942) já havia compreendido em *Ego, fome e agressão*, a saber, que a saúde organísmica está diretamente relacionada com o fluxo de *awareness*, ao passo que as formas de ajustamento disfuncional têm relação com a interrupção desse fluxo. A primeira parte, por sua vez, ocupa-se de sintetizar os aspectos principais da *awareness* entendida não como faculdade, mas como processo ou como "sistema *awareness*" (PHG, 1951, p. 192). Nesse sentido, a *awareness* é apresentada como aquilo que se dá no contato, a partir de um sentir, em forma de excitamento e em proveito da formação de "Gestalt". Ora, mas o que significam os termos contato, sentir, excitamento e formação de "Gestalt"? Em que sentido designam um processo?

Definição de awareness

Perls, Hefferline e Goodman descrevem cada um dos termos da definição. Em primeiro lugar, tratam do contato. Ainda que, mais adiante, discutam especificamente esta noção (a qual designa a totalidade de uma determinada vivência que, por meio da *awareness*, operamos no interior do campo organismo/meio); no que diz respeito à definição de *awareness*, o contato vem remarcar as transformações que, junto à materialidade, operamos relativamente à nossa própria unidade no tempo. Contatar é ligar-se a algo diferente e, por conseguinte, transformar aquilo que até então vigia como nossa identidade no tempo. Isso não significa que toda ligação material ocorrida no organismo ou no meio implique *awareness*: a quebra de uma molécula na atmosfera ou a replicação de uma fita cromossômica, por exemplo, não exigem *awareness*. Tais processos, sem dúvida, estão investidos de uma unidade constituída no tempo, mas que não carece "se apreender" como um todo. Eis por que "digo" que não percebo, espontaneamente, minha própria divisão celular, não a "vejo" acontecer na passagem das horas, como vejo passar a fisionomia de um conhecido "meu", ou os sentimentos que nutro por ele. Para perceber minhas replicações cromossômicas, tenho de "representar" a unidade desse processo num modelo objetivo, o famoso código genético. Portanto, não se pode dizer que esses processos configurem uma vivência de *awareness*, embora se trate de um processo de contato. Conforme Perls, Hefferline e Goodman: "[o] *contato*, como tal, é possível sem *awareness*, mas para a *awareness* o contato é indispensável" (1951, p. 33; grifo dos autores).

Já o sentir – que Perls, Hefferline e Goodman apressam-se em caracterizar como uma unidade de sensação e percepção – não tem relação com um processo fisiológico ou psíquico de recepção e registro de estímulos, sejam eles exteroceptivos, interoceptivos ou proprioceptivos. Sentir não é aqui a faculdade (sensível) de uma substância, de um ente, de um ego psicofísico. Sentir tem relação com o fato de nossa história impessoal, à qual Merleau-Ponty (1945) denominava de corpo habitual, escolher tacitamente os objetos, junto aos quais vislumbra possibilidades de emancipação ou retomada. O que significa dizer que, para Perls, Hefferline e Goodman, a sensibilidade não é uma faculdade passiva frente aos estímulos materiais. Ao contrário, a sensibilidade é a própria passividade de nós mesmos frente à nossa história impessoal que, por conta própria, escolhe, no universo de ocorrências materiais atuais, aquelas que abrem algum horizonte de futuro. Evidentemente, isso não significa negar que eu seja capaz de fazer escolhas por meio de juízos volitivos. Posso perfeitamente "decidir" tomar a via da esquerda, quando, "em meu coração, algo me diz que, para chegar até a sapataria, talvez fosse melhor tomar o caminho da direita". Essa decisão, entrementes, não pertence ao campo da percepção sensível, porquanto a percepção sensível não carece da caução de um juízo, da chancela de uma decisão. Uma vez imerso na via esquerda, que decidi tomar, as faces pelas quais cruzo não arrebatam minha atenção, sigo concentrado no alvo que quero alcançar, ou talvez ocupado com a frustração de não haver seguido meu "coração", até que, de repente, do meio daquele oceano de fisionomias anônimas, vislumbro alguém familiar, que ainda não sei ao certo quem é. Se me perguntasse, enquanto procurasse identificar o nome daquela fisionomia: por que ela se apresentou para mim, por que eu a vi, por que ela não permaneceu anônima, como as demais, logo compreenderia que alguém, que não se reduz aos pensamentos e imagens sobre os quais posso decidir, olhava por mim ou, propriamente, exercia meu olhar, a ponto de escolher, a partir de critérios que tampouco compreendo integralmente, mas que parecem ter relação com o passado, o que ou a quem ver, o que ou a quem perceber, enfim, sentir. Esse alguém anônimo, tão anônimo quanto minha musculatura ótica no ato de olhar, é minha história impessoal, a qual só posso "saber" depois. E sua atividade, à qual sou passivo, minha sensibilidade.

Para explicitar essa forma peculiar de se compreender o sentir, os autores descrevem o "apetite". Enquanto modalidade do sentir, o apetite esclarece em que sentido minha ação é comandada por uma intenção mais antiga que meus atos voluntários (PHG, 1951, p. 209):

> Parece que o apetite ou é estimulado por alguma coisa no ambiente ou surge de forma espontânea do organismo. Contudo, natu-

ralmente, o ambiente não excitaria, não seria um estímulo, a não ser que o organismo estivesse pronto para responder; e, ademais, com freqüência pode-se demonstrar que foi um apetite vagamente consciente que nos colocou no caminho do estímulo no instante apropriado. A resposta vai em direção ao estímulo. O apetite é, não obstante, geralmente vago até que encontre algum objeto com o qual trabalhar; é o trabalho do ajustamento criativo que intensifica a *awareness* do que queremos.

O que nos permite compreender a afirmação de Perls, Hefferline e Goodman, segundo quem: "[o] *sentir* determina a natureza da *awareness*, quer ela seja distante (p. ex., acústica), próxima (p. ex., tátil) ou dentro da pele (proprioceptiva)" (1951, p. 33). O sentir – que não é senão meu corpo habitual, minha história de generalidade – escolhe a quem e o que perceber, com qual elemento se correlacionar, antes mesmo que eu tivesse tempo para pensar sobre isso.

Ora, se é verdade que é a partir de meu "sentir" que, tacitamente, as escolhas sensíveis são estabelecidas, também é verdade que o percebido, ele próprio, não se reduz ao "meu" sentir. Ao contrário, as coisas ante nossos olhos têm o poder de nos conduzir para composições que, mesmo se tentássemos, jamais conseguiríamos reduzir àquilo que, a posteriori, pudéssemos dizer de nós mesmos. Merleau-Ponty (1945, p. 432), nesse particular, esclarece o paradoxo específico em torno da coisa percebida:

> Não se pode, dizíamos, conceber coisa percebida sem alguém que a perceba. Mas, além disso, a coisa se apresenta àquele mesmo que a percebe como coisa-em-si, e põe o problema de um verdadeiro em-si-para-nós.

Para Merleau-Ponty (1945, p. 428), assim como minha existência tem uma história anônima e impessoal, um corpo habitual que opera por conta,

[h]á na coisa uma simbólica que liga cada qualidade sensível às outras. [...] O desenrolar dos dados sensíveis sob nosso olhar ou sob nossas mãos é como uma linguagem que se ensinaria por si mesma, em que a significação seria secretada pela própria estrutura dos signos, e é por isso que se pode dizer, literalmente, que nossos sentidos interrogam as coisas e que elas lhes respondem.

Ora, segundo Perls, Hefferline e Goodman, o "excitamento" espontâneo – terceiro termo da definição de *awareness* – não é senão a potência que nossa história impessoal tem para deslizar pelas possibilidades abertas pela coisa que nossa própria história antes sentiu. Por outras palavras, excitamento espontâneo é capacidade de transcendência, é migração de nossa história para um campo estrangeiro, para um campo outro, que é o campo virtual das possibilidades abertas pelas coisas e pelos corpos semelhantes descobertos pelo sentir. Por conseguinte, nós nunca sabemos precisamente de onde o excitamento espontâneo parte, tampouco para onde ele se dirige. Ele não tem uma fonte específica – sua fonte é o anonimato de uma história esquecida, que é o hábito. Ele não tem um alvo determinado, pois os alvos têm a ver com as direções abertas pelas coisas percebidas. Tampouco ele tem uma forma específica de aniquilamento: os excitamentos espontâneos não podem ser aniquilados, eles só podem ser realizados, o que significa dizer: transcendidos para outros campos, para as possibilidades abertas pelas próximas coisas descortinadas no sentir. Conseqüentemente, os excitamentos espontâneos são forças constantes. Essas características, que em muito lembram aquelas com as quais Freud definiu a pulsão, não fazem do excitamento espontâneo algo diferente da fome, do sono, da curiosidade, do medo, enfim dos mal-afamados "instintos". Afinal, para Perls, Hefferline e Goodman, os instintos são apenas modos de excitamento espontâneo: da fome para o sono, do sono para o despertar da curiosidade, da curiosidade para o medo e desse para a agressividade, da agressividade para a excitação sexual e, talvez, de volta para a fome, não há seqüência de vivências diferentes: há uma só vivência, um só excitamento, uma só história que se transcende em diferentes configurações materiais, até que não exista mais nenhuma, o que implicará a morte do excitamento espontâneo. Diferentemente de Freud, os autores do *Gestaltterapia* não trabalham com a hipótese da dicotomia entre o instinto e a pulsão: ambos compõem uma só sorte de fluxo, um só escoamento temporal realizado por meio de correlações múltiplas. Eis por que, para os autores, a noção de excitamento espontâneo "inclui a noção freudiana de *catexis*, [...], e nos dá a base para uma teoria simples da ansiedade" (PHG, 1951, p. 33), sobre a qual discutiremos no capítulo sobre a neurose.

Ora, mesmo sendo ela o movimento de transcendência, a *awareness* não é o mero escoar de uma história em direção ao incerto. Se é verdade que a *awareness* é sempre uma abertura para aquilo que se apresenta materialmente, tal não significa que a *awareness* seja tão-somente um movimento de transcendência em direção a uma nova configuração material, e assim por diante. Em cada abertura, em cada transformação, aquilo que se realiza é muito mais do que uma passagem para uma nova ordem material. Realiza-se, também, a experiência de uma unidade, que é a unidade de nós mesmos como algo sempre em transformação. Para Perls, Hefferline e Goodman, em cada movimento de transcendência na direção das possibilidades abertas pelo percebido, minha história retoma-se como um todo, mas um todo estrangeiro, estranho, transcendente. Vivo minha unidade, mas sempre a distância, na transcendência, junto às coisas, aos meus semelhantes, como se eu mesmo tivesse me transformado em outro. De onde se segue, por conseguinte, que essa vivência de unidade é minha, mas também me é estranha. Experimento-me como um todo com o qual, entretanto, não coincido. Conseqüentemente, esse todo não tem uma identidade definida, não tem partes determinadas. Ainda assim, é um todo, o meu único todo possível, em que se anuncia uma personalidade objetiva que ainda não sou. Vivo um todo presuntivo que não é senão o representante de uma representação que ainda não estabeleci.

Essa idéia de que a *awareness* implica a constituição de um representante de minha própria representação futura nos remete à forma como a fenomenologia husserliana interpretou a tese brentaniana de que, aquém de nossos atos de representação, poderíamos contar com representantes intuitivos daquilo que, tardiamente, aqueles atos haveriam de representar. Tais representantes das representações futuras (*Vorstellungen Representanz*) – conforme vimos – mais não seriam que vivências temporais, cujas partes ou conteúdos estariam indeterminados, razão pela qual configurariam antes um todo do que um conjunto de partes. Esse todo sensível e primeiro, Brentano (1874) chamou de "Gestalt", entendendo por isso a forma sensível como nossas vivências temporais primeiramente se inscrevem como uma história, como um todo a orientar nossos atos de representação. E eis por que, em sua descrição da *awareness* – entendida como dinâmica específica do contato –, Perls, Hefferline e Goodman referem-se à formação de *Gestalten* como o quarto termo constitutivo da *awareness*. A vivência de minha unidade histórica na transcendência é formação de Gestalt. *Awareness*, portanto, é abertura sensível (para os dados materiais), excitamento (como escoamento temporal pelas possibilidades abertas pelos dados) e unificação presuntiva (ou transcendente) de uma só história (que são minhas experiências de contato retidas).

ANALOGIA ENTRE O EMPREGO FENOMENOLÓGICO DA NOÇÃO DE INTENCIONALIDADE E O EMPREGO GESTÁLTICO DA NOÇÃO DE AWARENESS

Ora, essa definição de *awareness* – como aquilo que se dá no contato, com base em um sentir, na forma de um excitamento, em proveito de um fluxo de unidades de sentido – repete, ainda que por

Fenomenologia e Gestalt-terapia | 183

meio de uma terminologia mais afinada com a teoria organísmica de Goldstein, a definição husserliana de intencionalidade. Também essa se caracteriza pelo processo de vivência de um fluxo de dados materiais que, a cada novo dado, caem como fundo de co-dados para o próximo, de modo a fornecer, para esse novo dado, um sistema de orientações em proveito de uma só totalidade de sentido. Não apenas isso, a definição de *awareness* de Perls, Hefferline e Goodman distingue, tal como o fez Husserl relativamente à noção de intencionalidade, dois níveis de articulação.

Para Husserl (1893), a "retenção" de "matérias impressionais presentes" (p. 62), enquanto perfis que se modificam a cada nova matéria e em proveito de novas matérias impressionais, assim como a "síntese espontânea" (p. 105) das matérias retidas em torno das novas matérias caracterizam os dois aspectos fundamentais de nossa vivência íntima do tempo ou, como prefere Husserl, de nossa intencionalidade operativa *(Fungierende Intentionalität)*. Por meio dessa intencionalidade, cada matéria impressional torna-se um "campo temporal originário" (p. 142), ou, conforme a tradução de Merleau-Ponty (1945), "campo de presença" (p. 557) do passado junto à materialidade atual, a qual, por sua vez, abre para aquele passado um horizonte de futuro. Essa intencionalidade operativa é diferente daquela "de ato" *(Aktintentionalität)*, cuja nota constitutiva é justamente o ato de retroação lingüística em direção aos campos de presença vividos no passado e que, dessa forma, tornam-se "eternos" enquanto objetos da consciência intencional (Husserl, 1893, p. 107-8). Diferentemente da intencionalidade operativa, a intencionalidade de ato não simplesmente "opera" a ligação entre o atual e o potencial. A intencionalidade de ato efetivamente representa aquelas ligações como um objeto da linguagem ou significação.

Tal como na definição fenomenológica de intencionalidade, também na definição de *awareness,* há dois níveis. No primeiro – como correlato da noção de intencionalidade operativa de Husserl – encontramos aquilo que, no livro *Ego, fome e agressão,* Perls (1942) denominava de [1] *"awareness* sensomotora" (p. 69). Mais ao estilo fenomenológico, na obra *Gestalt-terapia*, Perls, Hefferline e Goodman (1951) subdividiram aquela noção em outras duas: [1.1] *"awareness* sensorial"* (p. 42) ou "primária" (p. 223) e [1.2] *"awareness* deliberada" (p. 49), também denominada de "comportamento motor" ou de "resposta motórica" (p. 42), dependendo do contexto em que é utilizada[3]. Enquanto a *"awareness* sensorial" designa o processo de abertura ao novo (ou, simplesmente, o sentir); a *"awareness* deliberada" (ou resposta motórica, termo mais freqüentemente empregado) designa o excitamento (que, por sua vez, sempre implica a mobilização de nossa história ou, o que é a mesma coisa, uma ação historicamente motivada em direção ao futuro). No segundo nível – como correlativo da intencionalidade fenomenológica de ato –, encontramos a *"awareness* reflexiva ou consciente" (p. 44), cuja característica é justamente a fixação verbal das *Gestalten* vividas, que, dessa forma, se transformam em aquisições objetivas[4].

Em verdade, assim como para a fenomenologia husserliana, para os criadores da GT, entre esses dois níveis de articulação da *awareness* não há ruptura. Há integração. A diferença entre esses níveis significa apenas a "orientação" retrospectiva ou prospectiva da fluidez. Nesse sentido, enquanto a *awareness* sensomotora (incluindo-se aí a sensorialidade e a resposta motora) implica um visar, através do dado material, a possibilidades futuras que se possam oferecer ao horizonte retido; a *awareness* reflexiva sempre envolve uma fixação ou um retardamento radical, geralmente exercido de modo lingüístico, em proveito da determinação objetiva de uma Gestalt vivida no passado. Esse retardamento (ou objetivação) é extremamente importante para que o passado – que é um aspecto da *awareness* sensomotora e, por conseguinte, algo que está sempre se modificando a cada nova Gestalt – seja então disponibilizado como uma Gestalt imutável e, nesse sentido, como um valor determinado.

Ora, esse tratamento da *awareness* como "sistema intencional", nos moldes da filosofia fenomenológica, permitiu a Perls, Hefferline e Goodman safar a noção goldsteiniana de intencionalidade organísmica de sua conotação exclusivamente material. A fenomenologia acrescentou à noção de organismo materialmente inserido no meio um fundo temporal. Conseqüentemente, viabilizou a reintrodução do domínio psicológico, sem com isso eliminar as conquistas da fisiologia goldsteiniana em seu empenho para compreender a conduta como um fenômeno de campo organismo/meio. Afinal, o domínio psicológico – que Perls, Hefferline e Goodman entendiam como o universo dos co-dados retidos como fundo intencional junto a cada novo dado – não tinha existência autônoma ou separada da materialidade daquilo que se apresentasse no contato. Ao contrário, é somente junto aos dados materiais que os excitamentos poderiam acontecer, razão por que, em Perls, Hefferline e Goodman, o psicológico e o fisiológico são indissociáveis. Eles só podem ser compreendidos na imanência do sistema *awareness*.

AWARENESS E CONSCIÊNCIA

O fato de Perls, Hefferline e Goodman atribuírem à *awareness* reflexiva ou consciente o poder para "determinar" valores não significa que esses valores não tenham sido "compreendidos" num nível mais elementar, ainda que de forma indeterminada. Perls, Hefferline e Goodman admitem que, mesmo em um nível sensomotor, há apercepções que são vividas como pequenas interrupções na fluidez do processo de formação e de destruição de *Gestalten*. Tais apercepções indicam que também a *awareness* sensomotora está investida da capacidade de abstração ou fixação, muito embora não se trate de uma fixação reflexiva exercida por meio da linguagem, como no caso da *awareness* reflexiva. E eis por que Perls, Hefferline e Goodman (1951) vão afirmar que também a *awareness* sensomotora (seja ela sensorial ou deliberada) implica uma forma de "consciência" (entendida como capacidade de fixação). Afinal, para os autores em tela, "[...] (o que se denomina 'consciência' parece ser um tipo especial de *awareness*, uma função-contato em que há dificuldades e demoras de ajustamento)" (PHG, 1951, p. 44). A propósito, é preciso ter cuidado aqui. Essa consciência de que falam Perls, Hefferline e Goodman não é a consciência transcendental descrita por Husserl. Como equivalente dela, reservam o termo *"self"*[5], que designa a forma espontânea segundo a qual o sistema *awareness* se configura como uma unidade no curso de nossos muitos contatos (lembrando que cada contato é a unidade de uma determinada vivência temporal junto ao campo organismo/meio).

O termo "consciência", por sua vez, limita-se a designar aquela abstração ou fixação, por meio da qual se alcança a "compreensão" de que cada vivência é provida de uma espontaneidade, que se manifesta como mudança. Nesse sentido, a consciência é, primeiramente, esse momento do contato em que a *awareness* sensorial retarda-se (fixa-se ou, como preferia Perls (1942), concentra-se) nos co-dados mobilizados junto ao dado material até que, por conta própria, um horizonte de futuro se anuncie. Num segundo nível, a consciência é a "fixação" nas possibilidades futuras (que o dado abriu para os co-dados passados), até que, de forma espontânea, um novo dado material se apresente[6], dando início a uma nova experiência de contato. Por fim, há um nível mais abstrato de consciência que é imanente à *awareness* reflexiva ou propriamente consciente. Conforme Perls, Hefferline e Goodman (1951, p. 76),

[a]té aqui estivemos falando de uma consciência rudimentar, que compartilhamos com os animais selvagens do campo e da floresta. Vamos iluminar um pouco o cenário e buscar uma ilustração mais elevada, o processo de abstrair e verbalizar (e até de escrever para revistas eruditas).

Aqui, a consciência coincide com nossa fixação nos produtos da linguagem e nas representações lingüísticas com as quais nos referimos às consciências que agora já são para nós inatuais. É aqui e tão-somente aqui que a consciência adquire *status* de "saber", saber sobre o passado, sobre o que está agora representado.

O fato de Perls, Hefferline e Goodman terem admitido que mesmo a *awareness* sensomotora compreenderia formas de consciência estabeleceu um ponto de tensão com relação à teoria husserliana da intencionalidade operativa. Afinal, para Husserl, a intencionalidade operativa não implicava qualquer "re-conhecimento", mesmo tácito ou antepredicativo, das vivências essenciais que, nesse nível irreflexivo, se pudesse exprimir. Em certo sentido, Perls, Hefferline e Goodman estão, aqui, mais próximos de Merleau-Ponty do que de Husserl. Ou, então, as consciências imanentes à *awareness* sensomotora aproximam-se muito daquilo que Merleau-Ponty (1945), na *Fenomenologia da percepção*, denomina de *cogito* tácito:

> O que descubro e reconheço pelo *Cogito* não é a imanência psicológica, a inerência de todos os fenômenos a "estados de consciência privados", o contato cego da sensação consigo mesma – não é nem mesmo a imanência transcendental, a pertença de todos os fenômenos a uma consciência constituinte, a posse do pensamento claro por si mesmo –, é o movimento profundo de transcendência que é meu próprio ser, o contato simultâneo com meu ser e com o ser do mundo. (p. 503-4)

De fato, o interesse de Perls, Hefferline e Goodman (1951) não era debater com Husserl, sequer seguir Merleau-Ponty. Queriam, sim, estabelecer uma diferença entre o sistema *awareness* e as noções freudianas de consciência e de inconsciente. Por essa razão, introduzem a temática das consciências, a despeito de Husserl e, coincidentemente, na direção de Merleau-Ponty, na discussão sobre o sistema *awareness*.

Quase desde o princípio Freud descobriu fatos poderosos do "inconsciente", e esses se multiplicaram em discernimentos brilhantes sobre a unidade psicossomática, os caracteres dos homens, as relações interpessoais da sociedade. Entretanto, de algum modo esses discernimentos não se combinam numa teoria satisfatória do *self*, e isso, acreditamos, deve-se a uma má compreensão da assim chamada vida "consciente". A consciência ainda é considerada, na psicanálise e na maioria de seus ramos (Rank foi uma exceção), como o receptor passivo de impressões, o associador aditivo de impressões, o racionalizador [sic] ou o verbalizador [sic]. É aquilo que é manejado, reflete, fala e não faz nada. (p. 53)

Para Perls, Hefferline e Goodman (1951), se Freud precisava destacar o inconsciente do domínio de nossas vivências conscientes, tal se devia às limitações da noção de consciência com a qual trabalhava. Por se limitar às características de "receptor passivo, associador, racionalizador [sic] e verbalizador [sic]" (p. 53), o sistema consciente não podia abranger essas ocorrências lacunares, em que se anuncia uma espontaneidade para além de nossa capacidade reflexiva. Eis por que Freud propõe a tese do inconsciente, como se nossa existência tivesse um segundo centro, uma outra consciência regida por leis que não são as leis da consciência reflexiva. Para Perls, Hefferline e Goodman, ao contrário, não se trata de reconhecer, para nossa existência, dois centros diferentes, dois "senhores". Trata-se de mostrar que nossa existência não tem centro, que ela é uma espontaneidade que se reconhece em níveis diferentes, em diferentes consciências. Sistema *awareness* é o nome dessa espontaneidade que se revela parcialmente junto a esses instantes de fixação ou de retardamento, que são as nossas "consciências". Elas, portanto, não são substâncias ou simples formas de censura. Elas são pequenas interrupções que, ao mesmo tempo em que dificultam o fluxo de *awareness*, instauram uma espécie de *cogito*, o qual, no caso das consciências sensomotoras, não chega a ser um saber, mas um *cogito* tácito, uma abertura àquilo que se faz por conta, precisamente, o fluir dos dados e dos co-dados em proveito do processo de formação e destruição de *Gestalten*. Para Perls, Hefferline e Goodman, quando − no senso comum − se fala em "mente", é a essas várias consciências que se faz referência. Muito embora seja freqüente o homem comum relacionar a noção de mente a uma instância empírica ou a uma estrutura *a priori*, pura, tal como fazem os filósofos. Entretanto, a mente – entendida como uma consciência – é algo que não está em um lugar específico, o que também não quer dizer que ela esteja em lugar algum. Enquanto consciência e, nesse sentido, enquanto interrupção do fluxo de *awareness* em proveito da configuração de novas possibilidades, a mente é um instante da experiência – de toda e qualquer experiência – razão pela qual há tantas mentes quanto experiências puderem acontecer. Com essa tese, Perls, Hefferline e Goodman novamente se aproximam de Merleau-Ponty (1942) que também afirma, na *Estrutura do comportamento*, que se pode encontrar "consciência por toda parte", mas não a "*pura* consciência" ou a "subjetividade pura" almejada pela filosofia. É possível encontrar, sim, a "consciência *enraizada*": abertura ao mundo como "meio universal" (p. 199), parada estratégica para que o mundo, ele próprio, possa imprimir o seu ritmo, suas possibilidades (Merleau-Ponty, 1942, p. 199; grifo do autor).

NOTAS

1 Rudolph Löwenstein (1898-1976) nasceu na Galícia polonesa integrada ao império russo. Emigrou para Zurique, onde estudou medicina e descobriu a psiquiatria bleuleriana. O seu interesse pela psicanálise o leva a Berlim, onde faz a sua formação psicanalítica. Em 1925, chega à França e se instala em Paris, onde participa da fundação do grupo Evolução Psiquiátrica e da Sociedade Psicanalítica de Paris. Em 1939, é mobilizado pelo exército francês. No mesmo ano, a princesa Marie Bonaparte lhe dá refúgio em Saint-Tropez. Em seguida exila-se na Suíça e finaliza o seu percurso exilado nos Estados Unidos. Lá publica, com Kriss e Hartmann, *Organization and pathology of thought* (1956).

2 A obra *Gestalt-terapia*, de autoria de Perls, Hefferline e Goodman (1951), contém dois volumes. O primeiro descreve os experimentos terapêuticos em que Hefferline se propõe aplicar os conceitos formulados por Perls (1942) na obra *Ego, fome e agressão*. O segundo procura elaborar teorica-

mente tais conceitos, à luz de um referencial fenomenológico. Conforme admitiram os próprios autores, a redação do segundo volume é de exclusiva competência de Goodman (Stoehr, 1994, p. 81 *et seq*).

3 Conforme Perls, Hefferline e Goodman: "[p]resumivelmente, existem organismos primitivos nos quais *awareness* e reação motórica são a mesma ação; e, em organismos superiores, onde há contato satisfatório, pode-se sempre mostrar a cooperação entre percepção e movimento (e também sentimento)" (1951, p. 42).

4 Nesse ponto, é preciso mencionar nossa ressalva relativamente à maneira como Pietro Cavaleri (*apud* Robine, 2004, p. 121), de um lado, e Jean-Marie Robine (2004, p. 121), de outro, tentaram se apropriar da noção fenomenológica de intencionalidade em proveito de uma melhor compreensão da teoria do *self* elaborada por Paul Goodman. Para Cavaleri, a noção husserliana de intencionalidade haveria de esclarecer as intenções de Paul Goodman quando este empregava a noção de deliberação, especialmente para caracterizar o funcionamento do *self* no modo "ego". Para Robine, a noção husserliana de intencionalidade aplica-se antes à noção de sensorialidade característica do *self* em seu modo id. Em verdade, se partirmos da compreensão que tanto a deliberação quanto a sensorialidade são dimensões da *awareness* (precisamente, *awareness* sensorial e *awareness* deliberada ou, o que é a mesma coisa, resposta motórica), e de que a noção de *awareness* é uma tentativa de incorporação da temática fenomenológica da intencionalidade, temos de concluir que tanto Cavaleri quanto Robine estão corretos. A intencionalidade tanto nos ajuda a pensar as deliberações da função de ego (onde prevalece uma *awareness* deliberada, motórica) quanto a sensorialidade da função id (onde prevalece uma *awareness* sensorial). Não apenas isso, é preciso acrescentar que a temática husserliana da intencionalidade de ato nos ajuda a pensar a *awareness* reflexiva, característica do *self* em seu modo personalidade. No capítulo sexto discutimos no detalhe a teoria do *self* e suas funções.

5 No capítulo sexto trataremos especificamente da teoria do *self*.

6 PHG reconhecem outra característica da consciência – o retardamento em benefício da desmobilização dos co-dados que não encontram perspectiva de futuro junto ao dado: "(c)hegamos assim a uma outra função da consciência: exaurir a energia que não pode alcançar equilíbrio. Entretanto, note que isso é, como na função primária, um tipo de retardamento: anteriormente o retardamento consistia na awareness intensificada, experimentação e deliberação para resolver o problema: aqui o retardamento no interesse do descanso e da fuga, quando o problema não pode ser resolvido de outra forma" (1951, p. 71-2).

5

Contato e o *a priori* de correlação

RELEITURA FENOMENOLÓGICA DA TEORIA ORGANÍSMICA: O CONTATO COM AWARENESS

A reelaboração fenomenológica das idéias de Perls (1942) não se limitou à noção de *awareness*. Tanto quanto esta, a noção de campo organismo/meio – em função da qual Perls empregava aquela – passou a merecer um tratamento fenomenológico, adquirindo um *status* transcendental. O campo organismo/meio não seria mais entendido como "lugar espacial" de contato do organismo com o meio. Em verdade, foi a própria noção de contato que mudou de sentido, passando a designar menos uma região e mais um modo de intercâmbio entre materiais – o que a noção de "ponto zero", emprestada por Perls de Friedlaender, já tentava fazer. Mas, agora, o intercâmbio não se daria entre materiais em polaridades físicas distintas. O intercâmbio dar-se-ia, sim, entre materiais intencionalmente "co-dados" (retidos e projetados) e materiais "dados" na experiência, o que fez do contato um evento primordialmente temporal, tal como os vividos essenciais da fenomenologia, e do campo organismo/meio um *self*: subjetividade alargada, simultaneamente concreta e histórica, subjetiva e intersubjetiva, tal qual a "consciência transcendental" de Husserl. Isso não quer dizer que Perls, Hefferline e Goodman (1951) seguissem Husserl tal e qual. Afinal, diferentemente dele, não tratavam o campo transcendental afastando toda e qualquer elaboração científica. Ao contrário, eles substituíam os termos filosóficos de Husserl pela linguagem fisiológica de Goldstein, porquanto compreendiam que tanto uma descrição empírica quanto uma descrição formal poderia dar conta de esclarecer as vivências essenciais – as quais preferiam chamar de contatos – imanentes ao campo organismo/meio. Na introdução do segundo volume de *Gestalt-terapia*, afirmam que: "[c]ontato, formação figura/fundo é um excitamento crescente, sensitivo e interessado; e, inversamente, aquilo que não é de interesse, presente para nós, não é psicologicamente real" (p. 47). Contato já não é simplesmente encontro ou adesão material. Há um elemento intencional no "coração" do contato a que Perls, Hefferline e Goodman chamam de "interesse". Por meio desse interesse (que não é senão o sistema *awareness*, a abertura e a mobilização de nossa história frente à materialidade de um dado), procuramos tornar "real"[1] o que de psicológico (o universo de nossos co-dados) possamos retomar frente a um dado material (que, assim, torna-se para nós uma figura). Se não houver interesse (ou, se o sistema *awareness* não for mobilizado), nada que seja "nosso" (nada que esteja retido) é retomado frente à materialidade da contingência e, conseqüentemente, nenhum contato acontece, isto é, nenhuma necessidade se constitui e se desfaz. Nesse sentido, dizem Perls, Hefferline e Goodman (1951):

[...] Contato é "achar e fazer" a solução vindoura.
A preocupação é sentida por um problema atual, e o excitamento cresce em direção à solução vindoura, mas ainda desconhecida. O assimilar da novidade se dá no momento atual à medida que esse se transforma no futuro. Seu resultado nunca é um mero agregamento de situações inacabadas do organismo, mas uma configuração que contém material novo do ambiente. É, portanto, diferente do que

poderia ser relembrado (ou conjecturado), assim como a obra de um artista torna-se nova e impredizível para ele à medida que manuseia o meio material. (p. 48)

O contato, enfim, é sempre um evento temporal. Aquilo com o que – na materialidade do dado – entra-se em contato não é a própria materialidade (a materialidade em-si), mas as possibilidades que ela abre para nossos co-dados, para aquelas materialidades que já vivemos e que se tornaram horizonte de passado. São essas vivências que, frente à concretude da matéria atual, tornam-se "problema": é para elas que esperamos uma solução, um vindouro anunciado na própria matéria atual.

CONTATO COMO A PRIORI DE CORRELAÇÃO

Para se compreender essa leitura temporal do contato é preciso não confundir o contato de que fala a GT com a experiência tátil, tal como esta é entendida pela física tradicional, pela fisiologia e, a partir delas, pela linguagem corriqueira. Contatar, conforme os fundadores da GT, não é atritar ou fazer aderir duas superfícies materiais. Tampouco contatar tem relação com a constituição de uma imagem (seja ela cerebral ou psíquica) relativa às estimulações mecânicas das terminações nervosas localizadas, por exemplo, na pele. Todas essas definições partem do pressuposto de que somos receptores individuais de estimulações que, a sua vez, só adquirem valor ou sentido quando "representadas" psíquica ou fisiologicamente na imanência de nós mesmos. Porém, conforme mostraram os experimentos de Goldstein (1933) com soldados vítimas de lesões cerebrais contraídas na Primeira Guerra Mundial, não parece assim tão evidente que o contato se limite a uma "representação imanente" de uma estimulação qualquer. Um soldado, cujo braço esquerdo fora amputado em decorrência da explosão de uma ogiva, continuou sentindo coceiras na mão de que já não dispunha.

Mais do que isso, ele continuou operando como se tivesse o braço amputado. Se lhe fosse oferecida uma bandeja no refeitório, ele empregava o braço direito como se ainda pudesse contar com o apoio do esquerdo. Contra a fisiologia clássica, para a qual somente pode haver representação cerebral de estimulação localizada "em presença" da respectiva terminação nervosa, Goldstein vai dizer que a sensação é algo mais que um circuito neurológico. Para os psicólogos, segundo quem o soldado apenas cometeu um "erro" de representação, uma alucinação, Goldstein adverte que a cauterização do coto faz cessar imediatamente o fenômeno do membro fantasma, o que significa dizer que a sensação fantasma não se reduz a uma alucinação tão-somente. O que então se passa?

Há que se reconhecer, tal como fizera Merleau-Ponty (1945) a partir dos experimentos de Goldstein, que:

> Esse fenômeno, que as explicações fisiológicas e psicológicas igualmente desfiguram, é compreensível ao contrário na perspectiva do ser no mundo. Aquilo que em nós recusa a mutilação e a deficiência é um Eu engajado em um certo mundo físico e inter-humano, que continua a estender-se para seu mundo a despeito de deficiências ou amputações, e que, nessa medida, não as reconhece *de jure*. (Merleau-Ponty, 1945, p. 121)

Do ponto de vista desse "Eu engajado", acredita Merleau-Ponty (1945, p. 121-2):

> A recusa da deficiência é apenas o avesso de nossa inerência a um mundo, a negação implícita daquilo que se opõe ao movimento natural que nos lança às nossas tarefas, às nossas preocupações, à nossa situação, aos nossos horizontes familiares. Ter um braço fantasma é permanecer aberto a todas as ações das quais apenas o braço é capaz, é conservar o campo prático que se tinha antes da mutilação.

O que significa dizer que, mesmo à revelia de suas condições materiais presentes, o doente é atravessado por um "saber" operativo, que o liga ao mundo e aos seus semelhantes sem necessidade de mediação reflexiva. É verdade que, uma vez representada sua condição atual, uma vez que ele se apropria dela (a partir da cirurgia e das mediações reflexivas), o saber operativo tende a se pulverizar (mas nunca sem deixar de produzir seus efeitos). O que, enfim, revela o paradoxo que define nossa sensibilidade: somos dotados de um saber pré-objetivo que se apaga diante de nossas representações mentais, mas que, nem por isso, deixa de vigorar. Eis por que, vai dizer Merleau-Ponty (1945, p. 122-3):

> Nosso corpo comporta como que duas camadas distintas, a do corpo habitual e a do corpo atual. Na primeira, figuram os gestos de manuseio que desapareceram da segunda, e a questão de saber como posso sentir-me provido de um membro que de fato não tenho mais redunda em saber como o corpo habitual pode aparecer como fiador do corpo atual.

A fiança que incessantemente recebemos de nossos hábitos – sem que precisemos evocá-los ou representá-los por outros meios – desvenda uma existência pré-pessoal, que nos acompanha *pari passu*, uma intimidade estrangeira, a qual, se repararmos bem, não é diferente da prévia disponibilidade de nosso corpo para nós mesmos. Conforme Merleau-Ponty (1945, p. 123): "[é] preciso que meu corpo seja apreendido não apenas em uma experiência instantânea, singular, plena, mas ainda sob um aspecto de generalidade e como um ser impessoal" (1945, p. 123). Meu corpo é um organismo atravessado por marcas invisíveis e autônomas, as quais se repetem sem o consórcio de meus atos reflexivos, ainda que só perante tais atos elas possam fazer algum "sentido", o que não é garantia de que sejam por eles totalmente esclarecidas.

E é exatamente essa generalidade, em que experimentamos a nós mesmos, ao semelhante e ao mundo como um ser impessoal, que traduz o sentido profundo daquilo que Perls, Hefferline e Goodman estão chamando de contato. O contato é menos um fenômeno físico ou fisiológico do que a expressão (o que equivale a dizer: a produção, a repetição) de um fundo habitual, ele mesmo genérico e impessoal, junto a uma ação inédita, relativamente à qual aquele fundo mais não é que um horizonte indeterminado. Por outras palavras: o contato é menos uma representação reflexiva do que a manifestação, junto a uma criação deliberadamente estabelecida, de nossa ligação impessoal com o mundo e com o semelhante, antes mesmo que nós tivéssemos refletido sobre tal ligação. O que não faz do contato o vínculo "imaginário" entre mim e meu semelhante: as relações imaginárias, em que "fantasiamos" o encontro coincidente entre mim e o semelhante, a fusão existencial de nossas vidas, nossa relação de complementação sexual ou amorosa, tais relações demandam sempre uma "representação" judicativa, um ato intelectual que os venha propor. O contato não é uma representação, tampouco ele é uma sorte de coincidência ou fusão pré-objetiva entre minha vida e a de meu semelhante. Ao contrário, trata-se de uma correlação que, não obstante se apoiar em nossas ações individuais (sejam elas juízos ou não), surge espontaneamente como um excesso jamais apreendido por aquelas ações.

FRONTEIRA DE CONTATO COMO UM EVENTO TEMPORAL

De acordo com Perls, Hefferline e Goodman (1951), "[t]odo ato contatante é um todo de *awareness*, resposta motora e sentimento – uma cooperação dos sistemas sensorial, muscular e vegetativo – e o contato se dá na superfície-fronteira *no* campo do organismo/ambiente" (p. 68; grifo dos autores). Ora, mas o que é uma superfície-fronteira *no* campo do organismo ambiente? Respondem eles:

> Expressamo-lo dessa maneira bizarra, em lugar de expressá-la como "na fronteira entre o organismo e o ambiente", porque, [...] a defi-

nição de um animal implica seu ambiente: não tem sentido definir alguém que respira sem o ar, alguém que caminha sem gravidade e chão, alguém irascível sem obstáculos e, assim por diante para cada função animal. (p. 68-9)

Mas não apenas isso:

O organismo/ambiente humano naturalmente não é apenas físico, mas social. Desse modo, em qualquer estudo de ciências do homem, tais como fisiologia humana, psicologia ou psicoterapia, temos de falar de um campo no qual interagem pelo menos fatores socioculturais, animais e físicos. Nossa abordagem nesse livro é "unitária" no sentido de que tentamos de maneira detalhada levar em consideração *todo* problema como se dando num campo social-animal-físico. (PHG, 1951, p. 43)

Diferentemente de Goldstein, que não levava em conta a incidência de elementos histórico-sociais na descrição do todo organísmico de seus pacientes, Perls (1942) concebe o campo organismo/ meio entrecortado por uma sociabilidade, cujo aporte é precisamente a historicidade dos seus participantes. É essa historicidade que nos permite entender em que sentido, para Perls, Hefferline e Goodman (1951), a "fronteira de contato, onde a experiência tem lugar, não *separa* o organismo e seu ambiente; em vez disso limita o organismo, o contém e protege, *ao mesmo tempo* em que contata o ambiente" (p. 43; grifo dos autores). Se, de fato, entre meu organismo e meu mundo dá-se uma comunidade em que não deixo de ser eu, tampouco de pertencer ao mundo, tal se deve a que, entre minha materialidade e a materialidade do mundo, há toda uma sorte de perfis temporais a interligar os dados materiais entre si. São esses perfis que nivelam o organismo e o ambiente físicos como meios materiais de uma mesma vida subjetiva. Mas são também esses perfis que desvelam, na matéria, possibilidades que não podemos seguir, que nos são estranhas, nos são outras ou, simplesmente, são o próprio outro diante de nós.

A temporalização da fronteira, por fim, elucida em que sentido, no contato: organismo e meio se unem – em função das possibilidades que o meio material abre para as vivências temporais do organismo – e se separam – haja vista as impossibilidades que esse mesmo meio revela. A temporalização da fronteira revela em que sentido vivemos um só processo, uma única consciência transcendental: ao mesmo tempo em que somos individuais, somos também totalmente consagrados ao mundo e àquilo que não podemos ser, precisamente, o outro. Somos, tal qual consciência transcendental, subjetividades intersubjetivas. Essa temporalização da noção de fronteira, ademais, permitiu a Perls, Hefferline e Goodman (1951) esclarecerem a dinâmica daquilo que Goldstein (1939), ao falar do campo organismo/meio, chamava de capacidade de conservação e crescimento. De acordo com eles, a conservação não diz respeito apenas à manutenção do equilíbrio homeostático entre as partes materiais envolvidas em um evento de fronteira. Conservar é reter, como fundo de novos eventos, os eventos já vividos. Trata-se da constituição espontânea do fundo de passado que sustenta todos os nossos atos e sem o qual nenhum dado poderia valer como uma figura, ou seja, como uma necessidade que devêssemos satisfazer. Afinal, uma necessidade é sempre uma demanda do passado frente ao novo. Da mesma forma, consideram que o crescimento não diz respeito apenas ao enfrentamento do novo. Crescer não é simplesmente agregar o que de novo aparece na fronteira de contato. Se for verdade que, "[p]rimordialmente, o contato é *awareness* da novidade assimilável e comportamento com relação a essa, e rejeição da novidade inassimilável", também é verdadeiro que "o contato não pode aceitar a novidade de forma passiva". Ao contrário, "[t]odo contato é criativo e dinâmico". É nessa criação, enfim, que podemos reconhecer a continuidade de nós mesmos, de nossas vivências passadas, agora projetadas como possibilidades abertas pela novidade material. Por essa razão, "*[t]odo contato é ajustamento criativo do organismo e ambiente"*. *Enquanto "trabalho que resulta em assimilação e crescimento"*, o contato *"é a formação de uma figura de interesse contra um fundo ou contexto do campo organismo/ambiente"* (p. 45; grifo dos autores).

Ajustamento criador[2], assim, é o termo com o qual, doravante, Perls, Hefferline e Goodman vão se referir ao que acontece no campo organismo/meio. E o que aí acontece já não é simplesmente uma auto-regulação física do meio, a homeostasia do organismo ou a assimilação – da parte deste – de uma conduta adaptada às condições ambientais, como pensava Goldstein (1939). O que acontece, sim, é a recriação de uma história frente às possibilidades abertas pelas contingências materiais. Recriação essa que, mais do que um evento isolado, é a realização material de um *continuum,* de um *continuum* de *awareness* em proveito de um sistema de contatos, ao qual Perls, Hefferline e Goodman (1951) vão então chamar de *self*:

> Chamemos de *"self"* o sistema de contatos em qualquer momento. Como tal, o *self* é flexivelmente variado, porque varia com as necessidades orgânicas dominantes e os estímulos ambientais prementes. O *self* é a fronteira de contato em funcionamento; sua atividade é formar figuras e fundos. (p. 49)

Releitura fenomenológica da noção de ego insubstancial: o agente do contato

Em que sentido posso dizer que, a cada episódio material, reedito um mesmo sistema de contatos, um único *self*, que sou eu mesmo, junto ao outro e ao mundo, em situação? Perls, Hefferline e Goodman não pretendem responder a essa questão recorrendo a um princípio exterior, seja ele uma lei *a priori* ou uma construção indutiva a partir da experiência empírica. Não se trata de explicar as razões que justificariam a existência do *self*. Trata-se de descrevê-lo. Razão por que retomam – da obra *Ego, fome e agressão* (1942) – a noção de "ego insubstancial" (p. 205), que, já naquela obra, designava a função de unificação do tempo junto a cada episódio material. Porém, agora, tal noção vai adquirir um sentido muito mais amplo. Perls, Hefferline e Goodman a aproximam da noção de ego transcendental da fenomenologia husserliana. Na obra de 1942, a noção de ego insubstancial era apenas uma aplicação, ao domínio organísmico, da noção de "indiferença criativa" – que Perls tomou de empréstimo de Friedlaender. O ego insubstancial designava a função de unificação de uma história em torno de uma materialidade, assim denominada de organismo. Por um lado, a noção de "ego insubstancial" ampliava a noção de "indiferença criativa", porquanto introduzia, como um dos aspectos da criatividade, uma historicidade que, em seus termos, a noção de indiferença criativa não contemplava. Mas, por outro, ao restringir a historicidade ao domínio organísmico, a noção de ego insubstancial inflacionava a noção de organismo, tornando-o "portador" de uma história e, nesse sentido, um continente, uma substância. Tal noção de organismo, por conseguinte, implicava uma contradição. Afinal, se o organismo fosse, de fato, no meio, ele não poderia ser de antemão uma individualidade. É para dirimir essa contradição que Perls, Hefferline e Goodman (1951) vão recorrer às noções fenomenológicas de consciência transcendental e ego transcendental. Husserl (1913) concebia a consciência transcendental não como uma individualidade, mas como o "campo" de co-presença de "nossos" vividos essenciais uns para os outros. Como já tratamos no capítulo segundo, essa co-presença era vivida de forma operativa, como a constante transformação das vivências em vivências retidas e assim por diante. Ainda assim, essas vivências gozavam de unidade entre si, muito embora só pudessem se reconhecer assim numa forma objetiva, num objeto intencional. "Ego transcendental" era o nome daquela forma solidária segundo a qual nossas muitas vivências se implicavam a cada novo instante. De qualquer forma, essa unidade de implicação só se realizava de instante em instante, razão pela qual

Husserl (1913) concluiu que o ego transcendental era, ao mesmo tempo, a unidade das vivências da consciência, mas também a divisão da consciência em muitas unidades, em muitas individualidades. Em decorrência disso Husserl viria a falar de uma divisão ou individuação do ego: *ichspaltung*. É nesse sentido que Perls, Hefferline e Goodman (1951) vão dizer – baseados em Husserl – que o organismo não é uma individualidade. Estando inserido no meio, o organismo é sim uma generalidade histórica em torno de dados materiais, os quais, a sua vez, abrem possibilidades e impossibilidades para aquela generalidade. O organismo inserido no meio é, tal como a consciência transcendental, um campo genérico, um *self*. O advento de uma individualidade apenas se configura quando, diante das possibilidades, uma escolha é feita, uma fixação é estabelecida. Eis precisamente aqui, nessa escolha ou fixação, a emergência do ego. Ele continua sendo – tal como em 1942 – uma função de unificação temporal em torno de uma matéria atual. Considerando que essa temporalidade não pertence a um indivíduo, mas a um organismo como campo, o ego ele próprio não pertence a um indivíduo, mas é o processo de constituição de uma individualidade num campo organismo/meio.

Na obra *Gestalt-terapia* (1951), a noção de ego insubstancial ganhou uma nova apresentação, agora não mais como função do organismo como indivíduo, mas do organismo como campo. Operando a partir de uma historicidade genérica, o ego unifica, como um ato individual, um mesmo *self*. Nesse sentido, o *"self"* é a unidade de um sistema de contatos que, paradoxalmente, só pode ser compreendida na imanência de cada contato, como uma individualidade. Em todo evento na fronteira de contato, cada ação unifica, como uma totalidade individual e em torno de um dado material contingente, uma generalidade histórica, que é a própria inserção histórica do organismo no meio. Ego é o nome daquela ação, daquele processo de individuação do *self*. Ou, então, o ego é o sistema de identificações e de alienações da temporalidade do *self* junto a um elemento material. Ele "é precisamente o integrador; é a unidade *sintética* como disse Kant. É o artista da vida. É só um pequeno fator na interação organismo/meio, mas desempenha o papel crucial de achar e fazer os significados por meio dos quais crescemos" (PHG, 1951, p. 49; grifo dos autores).

Com efeito, de que maneira o ego – enquanto função central do *self* – promove a unificação deste? Como estabelece o contato? Como, em cada contatar, os contatos passados estão co-presentes? Para responder tais questões, Perls, Hefferline e Goodman perceberam a necessidade de uma investigação mais sistemática sobre essa que é a principal herança da fenomenologia para a GT, precisamente, a noção de temporalidade. Afinal, é a partir dessa noção que, não só a fenomenologia esclarece o sentido profundo de nossa inserção intencional no mundo, como também a GT se apropria da teoria fenomenológica da intencionalidade para pensar as propriedades e as dinâmicas do *self*. Em decorrência disso, Goodman, na terceira parte do segundo volume da obra *Gestalt-terapia*, dedicou-se a operar uma fenomenologia do *self* entendido como sistema temporal de contatos no presente transiente. Eis então que nascia a teoria do *self*, a peça mais explicitamente relacionada com a fenomenologia husserliana e na qual Perls reconheceu a principal formulação de seu projeto de uma "filosofia da Gestalt".

Notas

1 Perls, Hefferline e Goodman (1951) entendem por real a "unidade de *awareness* sensorial, resposta motora e sentimento" (p. 76), o que, por conseguinte, não deve ser confundido com a realidade objetiva.

2 Seguindo um entendimento estabelecido por Jean-Marie Robine (2004, p. 83-84), decidimos traduzir a expressão "creative adjustement" como "ajustamento criador" e não, tal como formulado na tradução brasileira, como "ajustamento criativo". Em alguma medida, a primeira forma esclarece melhor o caráter operante do ajustamento. Ou, ainda, a primeira forma ressalta que o ajustamento é menos um substantivo e mais uma ação. Ainda assim, nas citações extraídas da tradução brasileira, mantivemos a opção do tradutor.

6
Self e temporalidade

Nas duas primeiras partes do segundo volume do livro *Gestalt-terapia* (1951), Perls, Hefferline e Goodman já se ocupam de reler – como tratamos nos dois capítulos anteriores – a teoria goldsteiniana à luz da fenomenologia de Husserl. Mas o fio condutor dessa releitura não era a obra husserliana, mas a forma como os conceitos de Goldstein haviam sido empregados na primeira obra de Perls, a saber, *Ego, fome e agressão* (1942). Não obstante os importantes esclarecimentos relativos aos vínculos entre as noções de *awareness* e intencionalidade fenomenológica, fronteira de contato e temporalidade, *self* e consciência transcendental, ajustamento criador e ego transcendental, as formulações elaboradas nas duas primeiras partes de *Gestalt-terapia* não obedeciam a uma sistemática transcendental rigorosa. Por essa razão, poderiam facilmente ser confundidas com descrições naturalistas de entidades psicológicas. É verdade que Perls, Hefferline e Goodman – mais ao estilo de Dewey (1938) – propuseram uma escrita fenomenológica comprometida com a linguagem do homem natural e da ciência. Afinal, para eles, também essa linguagem seria uma vivência essencial, uma "pragmática"[1]. Ou, nos termos de Perls, Hefferline e Goodman, também ela seria uma forma de contato, razão pela qual não poderia ser desprezada. O desafio, entretanto, seria mostrar o que de transcendental tal linguagem comportava. Decorreu daí a necessidade de uma redução do discurso de antes aos seus aspectos estritamente processuais. A elaboração da "teoria do *self*" corresponderia a tal redução. Nas palavras de Perls, Hefferline e Goodman (1997): "[c]omecemos agora de novo e desenvolvamos de modo mais sistemático nossa noção do *self* e de sua inibição neurótica" (p. 177). Para tanto, propõem dois níveis de elaboração:

> [e]m primeiro lugar, baseando-nos em material do capítulo introdutório, "A estrutura do crescimento" [...], consideremos o *self* como a função de contatar o presente transiente concreto; indagamos sobre suas propriedades e atividade; e discutimos os três principais sistemas parciais – ego, id e personalidade – que em circunstâncias específicas parecem ser o *self*. (p. 177)

Nesse nível de elaboração, propõem algo muito próximo do que, para Husserl (1913), seria a descrição estática dos vividos essenciais da consciência transcendental, descrição essa que Husserl denominou de redução eidética. Num segundo nível, encontraríamos o correlativo da redução transcendental de Husserl:

> Em seguida, numa crítica das teorias psicológicas diversas, [...] explanando a atividade do *self* como um processo temporal, discutiremos as etapas de pré-contato, contatar, contato final e pós-contato; e isso constitui um relato da natureza do crescimento como ajustamento criativo. (PHG, 1951, p. 177-8)

Tal como Husserl já o exprimira, Perls, Hefferline e Goodman (1951) acreditam que é por meio da descrição da temporalidade imanente aos processos intencionais (ou de *awareness*) que se pode compreender o fundamento dinâmico e a unidade de nossas muitas experiências de contato. Isso talvez explique a razão por que afirmaram, na obra inaugural da GT, que o *self* é um processo temporal. Mais do que isso, talvez esteja aqui a razão pela qual, para eles, "é provável que a experiência metafísica do tempo seja primordialmente uma leitura do funcionamento do *self*" (p. 180). Em apoio ao esforço que empreendemos para reconhecer o estilo eminentemente fenomenológico da escrita presente no segundo volume do livro *Gestalt-terapia* (1951), especialmente em sua terceira parte, nos reportamos à carta de Goodman a Köhler, redigida em dezembro de 1951, algumas semanas antes da publicação desse livro. Nessa carta, Goodman contesta as objeções que Köhler manifestara a respeito de *Gestalt-terapia*. Antes da publicação da obra, Köhler recebeu uma prova do livro. Os seus autores tinham a expectativa de que Köhler o recomendasse, o que acabou não acontecendo. O livro apenas chegou a Köhler alguns dias antes da publicação, de modo que ele só pôde fazer uma leitura exploratória. Ainda assim, considerou a obra – a que chamou de uma aplicação da teoria gestáltica ao campo da psicoterapia – algo quase inofensivo, mas, nem por isso, menos vulgar. Em verdade, Köhler não gostou das críticas que Perls, Hefferline e Goodman dirigiram à psicologia da Gestalt. Nesse sentido questionou: "Por que então emprestar o nome de uma psicologia que, segundo eles, não acertou nos pontos principais?" (Köhler *apud* Stoehr, 1994, p. 101; tradução dos autores)[2]. E, por isso sugeriu que o título fosse alterado. Goodman respondeu à nota de Köhler dizendo que, se esse tivesse tido tempo para ler a parte final da obra (o volume dois), ele encontraria a apresentação sistemática dos fundamentos teóricos da proposta. Conseqüentemente, compreenderia em que sentido se podem vincular os conceitos dinâmicos da psicologia da Gestalt à prática psicoterapêutica. Tal vinculação está assegurada pela matriz fenomenológica com a qual se descreve o que sejam as *Gestalten* e de que maneira podem ser experimentadas.

Edificada a partir de uma leitura que Perls, Hefferline e Goodman (1951) fizeram de Aristóteles, Kant, Dewey e, muito especialmente, do livro *Idéias* de Husserl (1913), tal matriz reconhece nas *Gestalten* o modo temporal segundo o qual nossas muitas vivências engendram uma só vida, diferente a cada nova vivência, mas que, por um déficit físico-orgânico, um impedimento social ou uma deliberação individual, pode medrar desarticulada, o que configuraria a doença. Argumenta Goodman:

> Finalmente, permita-me fazer uma observação sobre o título de nosso livro. É difícil encontrar um título que satisfaça três autores. O Prof. Hefferline e o Dr. Perls têm devotas conexões com a Gestalt. (A Dra. L. Perls – esposa do Dr. Fritz e sua colaboradora durante 20 anos – foi, por exemplo, uma fervorosa discípula de Wertheimer). Quanto à forma de expressar estas idéias, eu modernamente me associo, digamos, às *Ideen* de Husserl ou, pelo aspecto oposto, às idéias de Dewey. (Goodman *apud* Stoehr, 1994, p. 103; tradução dos autores)[3]

Goodman não diz, aqui, que a GT é uma filosofia idealista. Mesmo porque, não obstante reconhecer a equivalência entre as noções de "consciência transcendental" e de "*self*", e de admitir que o "*self*" deva ser entendido como domínio "transcendental", Goodman não acha que precise abandonar o mundo da vida em proveito de um regime puramente formal, semântico; o que, aparentemente, seria a proposta de Husserl. Para Goodman, trata-se de suspender apenas parte do mundo da vida, precisamente, o mundo da vida convertido em tese naturalista. Nesse aspecto, como veremos a seguir, Goodman encontra-se mais ao lado de Dewey, que também advogava, ainda que não nos termos de uma empresa fenomenológica, em favor do reconhecimento dos aspectos não cognitivos de nossa existência enquanto fundamento do saber objetivo. Razão pela qual, de Husserl, Goodman toma apenas o formato eidético (por cujo meio pretende discriminar funções) e transcendental (com o qual quer fundamentar dinamicamente essas funções) das formulações contidas na obra *Idéias I*. Afinal, é nessa obra que Husserl (1913) - conforme tratamos no capítulo segundo – reapresenta seu projeto de fenomenologia como filosofia transcendental. A primeira apresentação Husserl (1907) a havia feito na obra *A idéia da fenomenologia*. É tal obra, enfim, que fornece a matriz fenomenológica a partir da qual Goodman organiza a escrita da terceira parte do segundo volume do *Gestalt-terapia*. Essa terceira parte, por sua vez, contém seis capítulos (de X a XV). O primeiro descreve – de maneira topológica ou "estática" – as funções do *self*. Os capítulos XII e XIII ocupam-se de esclarecer a dinâmica temporal segundo a qual, em cada contato, o *self* experimenta-se como uma unidade transitória. Já os dois últimos capítulos tratam da aplicação das funções e das dinâmicas do *self* na compreensão da neurose. Para essa parte do estudo, interessa-nos os capítulos X, XII e XIII. Após uma leitura atenta, percebemos que o capítulo X começa estabelecendo uma definição geral do sistema *self* e de suas propriedades (itens 1 a 4), o que deveria distinguir tal sistema da compreensão comum que as pessoas têm do que seja o *self*. Logo a seguir, no subitem 5, inicia uma topologia, em que três funções básicas do *self* são descritas: id, ego, personalidade. Conforme Perls, Hefferline e Goodman (1951), a descrição dessas funções é "o tema mesmo da fenomenologia" (p. 184), o que nos faz crer que, nessa passagem, os autores estivessem operando o primeiro momento da redução fenomenológica, precisamente, a redução eidética: suspensão da consideração psicológica do *self* em favor da descrição das essências (ou atos e correlatos intencionais) que nele operam. Nos capítulos XII e XIII, por sua vez, Perls, Hefferline e Goodman retomam e esclarecem aquilo que já haviam dito na introdução do capítulo X, precisamente, que "o *self* é um processo eminentemente temporal" (p. 178). Nesse sentido, os fundadores da GT passam a descrever a temporalidade específica dos processos de contato unificados pelo *self*, o que aponta para o segundo momento da redução fenomenológica, a saber, a redução transcendental. Tal como Husserl, Perls, Hefferline e Goodman se ocupariam, nesse momento, de estabelecer as condições dinâmicas das funções do *self*, o que implica elucidar sua temporalidade.

Descrição geral do self

Para Perls, Hefferline e Goodman (1951), "o *self* é o sistema de contatos presentes e o agente de crescimento" (p. 178) do organismo no meio. Ele não é uma entidade, um subsistente ôntico, mas o conjunto de funções e dinâmicas, por cujo meio o campo organismo/meio, ao mesmo tempo em que se "conserva" enquanto dimensão histórica genérica, "cresce" (enquanto organismo) e se transforma (enquanto meio) junto aos horizontes de futuro que se abrem (para sua própria historicidade). Assim compreendido, o *self* é uma sorte de espontaneidade, que somos nós mesmos, sempre engajados em uma situação – que é o campo organismo/meio – na qual nos experimentamos únicos (e, nesse sentido, finitos) de diversas formas: como seres anônimos (nas funções vegetativas, no sono, na sinestesia, no hábito, nos sonhos etc.), como indivíduos (na sensomotricidade, nas formas de consciência que a habitam, na fala etc.) e como "realidades" objetivas (nas identificações imaginárias, nas formações lingüísticas já sedimentadas como aquisição cultural, nas instituições, nos ideais etc.). Na avaliação de Perls, Hefferline e Goodman (1951), essa compreensão do *self* "deveria ser óbvia, mas as abstrações tornaram-se tão entranhadas que é útil assinalar os tipos comuns de erros". Ninguém duvida que "ficar em pé, andar, deitar-se são interações com a gravidade e apoios. A respiração é do ar. Ter uma pele ou invólucro interno ou externo é uma interação com a temperatura". Da mesma forma, ninguém protestaria contra a afirmação de que "[t]oda percepção e todo pensamento são mais do que uma mera resposta, e dirigem-se ao ambiente assim como provêm dele. [...] [o]s 'objetos' da visão e da audição existem por meio do interesse, do confronto, da discriminação e da preocupação prática". Ademais, é óbvio que a "comunicação, a imitação, o cuidado, a dependência etc. são a natureza social orgânica de determinados animais" (p. 178, nota 1). Tanto nossas vidas vegetativa e sensomotora quanto nossas formas de socialização exprimem uma sorte de consórcio entre nosso organismo e nosso meio na realização histórica de nós mesmos. Porém, a partir do momento em que nossa historicidade foi fixada pela linguagem, a partir do momento em que a linguagem disponibilizou tal historicidade como um conjunto de eventos determinados e, nesse sentido, abstraídos uns dos outros: criou-se em nós a ilusão de que nossa existência e nossa inserção organísmica no mundo seriam duas realidades diferentes, separadas. O efeito da linguagem – a fixação dos acontecimentos como unidades de sentido separadas umas das outras – sobrepôs-se à nossa experiência espontânea, inclusive à própria experiência da linguagem que, não obstante não se distinguir de nossa vida perceptiva e, dessa forma, do meio ambiente, tornou-se ela própria refém de uma linguagem secreta, silenciosa, que a precederia – e a que chamamos de pensamentos puros.

Contra essas ilusões e em favor daquela comunidade originária que em momento algum abandonamos, Perls, Hefferline e Goodman (1951) propõem a noção de "contato", com a qual tentam descrever a realização histórica do campo organismo/meio. Da mesma forma, propõem a noção de *self*, por cujo meio designam a experiência da unidade que, em cada contato, experimentamos relativamente a todas as outras experiências de contato. Assim, "[c]ontatar é, em geral, o crescimento do organismo. Pelo contato queremos dizer a obtenção de comida e sua ingestão, amar e fazer amor, agredir, entrar em conflito, comunicar, perceber, aprender, locomover-se...". O *self*, por sua vez, "é o sistema complexo de contatos necessário ao ajustamento no campo imbricado. O *self* pode ser considerado como estando na fronteira do organismo, mas a própria fronteira não está isolada do ambiente". Portanto, "não se deve pensar o *self* como uma instituição fixada; ele existe onde quer que haja de fato uma interação de fronteira, e sempre que essa existir. Parafraseando Aristóteles: quando se aperta o polegar, o *self* existe no polegar dolorido" (p. 179). Enquanto sistema de contatos – que integra sempre funções perceptivo-proprioceptivas, funções motoras musculares e necessidades orgânicas – o *self* não é uma "estrutura" fixa. Ou, então, o *self* não é a regularidade de uma combinatória para a qual não pode haver mudança. Ao contrário, enquanto processo, o *self* é uma integração não ociosa: ele é o "ajustamento criador" da historicidade do campo organismo/meio, é o sistema intencional (ou sistema *awareness*) que, a cada momento, mobiliza (na forma de um excitamento) meu passado como "fundo" de um dado material que, assim, responde ao meu investimento "figurando", como potencialidade, um horizonte de futuro. Nesse sentido, "em situações de contato, o *self* é a força que forma a Gestalt no campo; ou melhor, o *self* é o processo de figura/fundo em situações de contato" (p. 180). Em decorrência disso, Perls, Hefferline e Goodman (1951) vão dizer que o *self* é, sobremodo, "a realização do potencial" (p. 180), que sou eu mesmo enquanto historicidade disponível a cada novo contato, a cada novo evento de fronteira no campo organismo/meio. De onde se segue a apresentação do *self* como uma espécie de espontaneidade engajada.

Em rigor, espontaneidade e engajamento são, conforme Perls, Hefferline e Goodman (1951), as duas principais características do *self*: "O *self* é espontâneo − nem ativo, nem passivo − (como fundamento da ação e da paixão) e engajado na situação concreta (como Eu, Tu e Isso)"[4] (p. 181-2). Definem espontaneidade como "o sentimento de estar atuando no organismo/ambiente que está acontecendo, sendo não somente seu artesão ou seu artefato, mas crescendo dentro dele" (p. 182). Perls, Hefferline e Goodman recorrem a uma distinção lingüística para falar dessa dupla valência da espontaneidade. Trata-se da distinção que é feita muito especialmente na língua grega, entre o emprego de verbos na voz ativa (que indica que a ação foi praticada por um sujeito), na voz passiva (que indica que o sujeito recebeu uma ação) e na voz média (em que o sujeito experimenta a si mesmo na ação). Enquanto o emprego de verbos nas vozes ativa e passiva implica uma separação possível entre o sujeito da ação e a ação descrita pelos verbos (uma vez que tal ação poderia admitir um outro sujeito, sem, entretanto, transformar-se noutra ação), o emprego de verbos na voz média não permite essa separação. Afinal, esse emprego designa ações que são, ao mesmo tempo, a maneira específica segundo a qual um sujeito se constitui como tal. Não se trata de uma ação do sujeito sobre si mesmo, mas da gênese desse sujeito na ação. Para Perls, Hefferline e Goodman (1951), a espontaneidade é o caráter médio de nossos processos sensomotores e linguageiros:

> O espontâneo é tanto ativo quanto passivo, tanto desejoso de fazer algo quanto disposto a que lhe façam algo; ou melhor, está numa posição eqüidistante dos extremos (nem passivo, nem ativo), uma imparcialidade criativa; um desinteresse não no sentido de não estar excitado ou não ser criativo – porque a espontaneidade é eminentemente isso – mas no sentido de uma unidade anterior (e posterior) à criatividade e à passividade, contendo ambas. (p. 182)

O engajamento, por sua vez, tem relação com a constatação de que não temos sensação de nós próprios ou de outras coisas a não ser em uma determinada situação. É sempre no campo organismo/meio que, espontaneamente, eu me experimento como *self*, o que não significa que eu me experimente sempre da mesma maneira. Na respiração, eu sou eu mesmo, muito embora eu mal me distinga da atmosfera que inspiro e expiro. O que é diferente desse eu que decide, por alguns segundos, suspender a respiração. Ou, ainda, desse outro que, tendo experimentado a impossibilidade de existir independentemente do ar que respira, "representa-se" como um ser no mundo. Eis aqui, nessas três formas elementares de vivência de mim mesmo como funcionamento médio da experiência, a direção segundo a qual Perls, Hefferline e Goodman descrevem as operações básicas ou funções do *self*.

AS FUNÇÕES DO SELF

Para Perls, Hefferline e Goodman (1951) a descrição do *self* – ou, o que é a mesma coisa, a descrição dos processos que constituem essa reedição criativa de nós mesmos no campo organismo/meio – é um trabalho fenomenológico. Afinal, trata-se da descrição do que há de essencial nessa experiência. Por essa razão, propõem não uma teoria da personalidade ou uma metapsicologia, mas uma psicologia formal, que não é senão uma descrição fenomenológica desse processo de apercepção da própria unidade no mundo – processo esse a que denominaram de *self*. Trata-se "da descrição e análise exaustivas de estruturas possíveis" (p. 184), por cujo meio poderíamos nos representar uma continuidade no processo de crescimento (retomada criadora) do organismo. Por meio dessa descrição, apartam o sistema *self* da visão naturalista do cientista e do homem comum – visão essa que não faz senão fragmentar o *self* em um número infinito de individualidades empíricas. Todavia, conservam a linguagem utilizada, por um lado, pela teoria organísmica de Goldstein e, por outro, pela psicanálise freudiana. Afinal, tais linguagens são capazes de remarcar (ainda que precariamente) o caráter eminentemente holístico[5] das funções por cujo meio o *self* se manifesta, muito embora nem Goldstein nem Freud compreendessem o *self* de forma transcendental.

Em verdade, Perls, Hefferline e Goodman adotam uma postura muito próxima daquela adotada por Dewey. Conforme já mencionamos na introdução da presente obra, não obstante ser verdadeiro que muitos setores da ciência contemporânea ainda são afetados por teorias do conhecimento que só se interessam por objetos puros, desvinculados de nossas experiências não cognitivas, para Dewey, o próprio cientista sabe da importância dos elementos não cognitivos na condução de sua prática científica. De certa forma, a prática científica é capaz de ensinar valores, o que justifica sua utilização para pensar, por exemplo, problemas políticos, éticos e morais (Dewey, 1922). Perls, Hefferline e Goodman, na esteira de Dewey, consideram que a descrição dos aspectos não cognitivos inerentes à prática e à reflexão científicas corresponde à descrição fenomenológica de nossas vivências essenciais, e, nesse sentido, daquilo que ela tem de transcendental. Por essa razão, acreditam que a fenomenologia pode e deve se apoiar nos elementos não cognitivos enfrentados pelos cientistas. Eis em que sentido, então, Perls, Hefferline e Goodman (1951) operam uma fenomenologia transcendental escrita não exatamente em termos científicos, mas apoiada no mundo da vida que esses termos tentam transformar. Tal modo de operar com a fenomenologia, entretanto, não é uma invenção deles. Merleau-Ponty (1945), alguns anos antes, conforme passagem já citada na introdução deste livro, já dizia que a fenomenologia:

[é] uma filosofia transcendental que coloca em suspenso, para compreendê-las, as afirmações da atitude natural, mas é também uma filosofia para a qual o mundo já está sempre "ali", antes da reflexão, como uma presença inalienável, e cujo esforço todo consiste em reencontrar esse contato ingênuo com o mundo, para dar-lhe enfim um estatuto filosófico. É a ambição de uma filosofia que seja uma "ciência exata", mas é também um relato do espaço, do tempo, do mundo "vividos". (p. 1-2)

Baseados nessa forma peculiar de ler o "transcendental" – e segundo a qual este não designa mais que as formas de inserção de nossa história no campo organismo/meio –, Perls, Hefferline e Goodman (1951) propõem a discriminação entre, pelo menos, três funções ou operações básicas do *self*, que eles denominaram de "estruturas" (p. 184) ou "sistemas parciais do *self* " (p. 177), a saber: a função id, a função de ego e a função personalidade. Elas não são três partes do sistema *self*, ou três etapas que eu poderia observar numa sucessão cronológica. Ao contrário, as três funções são apenas três pontos de vista diferentes que eu posso ter de uma mesma experiência, que é o sistema *self* em funcionamento. O que significa que, em cada experiência vivida (ou seja, na qual há um fluxo de *awareness*), eu tenho concomitantemente as três funções. A visão de uma ou de outra é uma escolha teórica de quem está a descrever a experiência. A frase "Sou eu que estou respirando neste momento" designa, simultaneamente, uma personalidade, uma réplica verbal de uma identidade objetiva (marcada pelo pronome reto "eu"), uma função de ego, que é a ação mesma de emitir a frase em questão, quanto uma função id, que é a necessidade ou excitamento que ultrapassa ou sobeja os valores semânticos fixados pelas frase supra. Falemos um pouco de cada uma delas.

Por função id, Perls, Hefferline e Goodman (1951, p. 154) compreendem:

> o fundo determinado que se dissolve em suas possibilidades, incluindo as excitações orgânicas e as situações passadas inacabadas que se tornam conscientes, o ambiente percebido de maneira vaga e os sentimentos incipientes que conectam o organismo e o ambiente.

Por um lado, a função id é a "retenção" de algo que não se inscreve como conteúdo, apenas como hábito: forma impessoal e genérica, presença anônima do mundo em mim. Por outro, id é a "repetição" desse hábito, sua reedição como orientação tácita de nossa vida atual. Em ambos os casos, id significa a "impossibilidade" de eu me desligar do mundo, a manifestação "invisível" do mundo em mim, a "generalidade" de minha inserção na vida dos semelhantes e das coisas, a "ambigüidade" permanente de minha existência. Enquanto hábito, id sou eu mesmo, mas um eu genérico, impessoal, que se manifesta como um "corpo agigantado" (PHG, 1951, p. 186), pleno de uma "sabedoria" prática, silenciosa, como aquela que toma de assalto o paciente acometido do fenômeno do membro fantasma, sem que ele tenha escolhido isso.

Enquanto hábito, a função id não deve ser entendida como algo que se produz antes ou fora do contato. O id não existe fora do contato e é no interior do *a priori* de correlação que ele é "produzido" como o que se mostra ausente enquanto prévio. Pensemos no hábito de andar de bicicleta, por exemplo. Só adquirimos esse hábito quando efetivamente passamos a pedalar em situações diferentes daquela em que nos ocupávamos do aprendizado. Mas, nessas situações diferentes, não teríamos podido pedalar se o hábito não estivesse adquirido. De onde se segue o paradoxo que consiste no fato de que: só posso dispor de meus hábitos à medida que os produzo na atualidade como aquilo que se mostra já constituído. Nas palavras de Merleau-Ponty (1945, p. 203): "[d]iz-se que o corpo compreendeu e o hábito está adquirido quando ele se deixou penetrar por uma significação nova, quando assimilou a si um novo núcleo significativo".

Enquanto hábito, por conseguinte, id não é um conteúdo tácito, um reservatório de vivências representadas[6], tal como se interpreta comumente a noção de id proposta por Freud. Comparado ao *isso* (id) freudiano, a função id tem mais relação com aqueles traços mnemônicos inacessíveis, que não se deixaram inscrever como representações inconscientes e que, no sonho, aparecem como aquilo que não comporta interpretação (como a imagem da fórmula da trimetilamina no "sonho de Irma", relatado por Freud)[7]. O que significa dizer que, do ponto de vista dos conteúdos, do ponto de vista daquilo que pode ser representado: o id é o que não se inscreve. Característica essa que nos permite compará-lo ao que, anos mais tarde, Lacan chamou de "registro do real": "aquilo que não pára de não se escrever" (Lacan, 1972, p. 127). O que não quer dizer que o id não se manifeste. Ao contrário, ele é um vazio co-presente, uma sorte de ausência que conta e com a qual, de maneira "inesperada", sempre nos reencontramos: numa palavra, hábito. Assim compreendido, o id é uma espécie de excesso que não tem lugar nem tempo definidos. O id é o "outro", uma espécie de sobra que, não podendo ser extinta, tampouco pode ser metabolizada, o que exige do sistema *self* um movimento de escoamento, a passagem para um novo dado, que àquele excesso possa representar. A função id, por conseguinte, é a que mobiliza a "espontaneidade" do sistema *self* – a qual não é senão aquela antes apresentada como a capacidade de sentir, base do excitamento constitutivo da *awareness* sensorial.

Já a função de ego, conforme Perls, Hefferline e Goodman, diz respeito ao "sistema de identificações e alienações" que desempenhamos com nossa musculatura a partir de um fundo histórico (função id) e em proveito de novas configurações materiais presumíveis (1951, p. 49). Conforme aqueles autores: "[o] Ego é a identificação progressiva com as possibilidades e a alienação destas, a limitação e a intensificação do contato em andamento, incluindo o comportamento motor, a agressão, a orientação e a manipulação" (1951, p. 154). Todavia, é importante não confundirmos a noção de função de ego proposta pelos autores com a noção freudiana de ego, pelo menos, tal como essa noção foi compreendida pela psicologia do ego de Anna Freud (1946), Karl Löwenstein e seguidores nos Estados Unidos da América. Conforme tal compreensão, para Freud, ego mais não seria que o conjunto de mediações sociais por cujo meio regulamos a realização de nossas pulsões e a satisfação de nossas necessidades. Independentemente da justeza dessa interpretação, para Perls, Hefferline e Goodman, ego quer dizer outra coisa. Eles retomam a noção de "ego insubstancial" introduzida por Perls na obra *Ego, fome e agressão* e com a qual este tentava caracterizar, a partir de Goldstein, a presença de uma intencionalidade sensorial e motora já nos primeiros dias de vida do infante. Observando as resistências orais de crianças recém-nascidas submetidas à alimentação forçada, Perls reconheceu a tese goldsteiniana de que o "organismo" é capaz de "deliberar" quais ingestões podem ser assimiladas ou não. Essas deliberações, obviamente, não demandam representações adquiridas no laço social. Elas são decisões sensoriais e motoras, que se ampliam à medida que o infante vai sendo inserido em relações mundanas mais complexas, sobretudo sociais. Cada deliberação é, por um lado, a inscrição de uma figura num campo genérico de indiferenciação, o delineamento de uma forma específica de satisfação parcial num campo genérico de tensão (caracterizado, por exemplo, pelo infante e sua nutriz). Ou, ainda, ela é a emergência de uma individuação (muscular e lingüística) no contexto amplo de generalidade (mundana e cultural). Mas, por outro, cada deliberação é a sinalização da existência de uma orientação, de uma intenção que, entretanto, não se revela integralmente e resta sempre por descobrir. É como se aquele gesto do bebê tivesse uma causa, um motivo, um autor que, por ser incógnito, abre espaço para uma procura, para a curiosidade, para a emergência de um novo gesto. E eis que a função de ego esclarece em que sentido a individualidade é, mais além do que uma forma de satisfação, uma unidade que só se articula presuntivamente. Nesse aspecto, a função de ego antecipa algumas características que serão pontuadas por Lacan em sua formulação tardia do "registro simbólico", o qual, em certa medida, estabelece uma releitura da noção freudiana de ego. Na década de 1970, Lacan pensava o "registro simbólico" como a emergência de uma contingência, daquilo que, num certo momento da experiência analítica, "pára de não se escrever" (Lacan, 1972, p. 126). Trata-se, por um lado, daquilo que surge como corpo gozoso, como marca bordando a inexorabilidade do real[8] e, por outro, como o efeito de um sujeito, de uma causa presumível, o significante dessa causa, em proveito da qual esse mesmo significante se desdobrará em muitos outros significantes, "um" a cada vez... Todavia, é preciso ter cuidado aqui: assim como, para Lacan, o simbólico não se confunde com a suposta causa dos significantes; para Perls, Hefferline e Goodman, a função de ego não corresponde a um organismo, ou a um ego psicológico (constituído *a priori* e que pudesse ser tomado como o continente das ações e das palavras observáveis na fronteira de contato). A função de ego é, antes, a "presunção" de haver um autor, a "presunção" de haver uma unidade que dê sentido aos comportamentos musculares e verbais que, por si só, são a expressão bruta de uma tensão até então inominável. Assim definida, a função de ego é equivalente àquele movimento de "formação" de um todo presumível, que é a Gestalt, implícito à noção de *awareness*, conforme vimos acima.

Outro equívoco a se evitar é tomar a noção de ego proposta pelos fundadores da GT como equivalente àquilo que classicamente se denominou de consciência psicológica. A função de ego não corresponde à atividade judicativo-representacional, seja ela inibitória ou não, desempenhada pelas faculdades superiores descritas pela psicologia, precisamente, o entendimento e a vontade[9]. Tais atividades são apenas configurações possíveis da função de ego: o ego enquanto "consciência", enquanto interrupção momentânea do fluxo do excitamento espontâneo – o que favorece o ajuste espontâneo das possibilidades abertas pelos dados sensíveis[10]. A estas atividades precisamos acrescentar as deliberações operativas, essencialmente motoras e irreflexivas, por meio das quais a função de ego estabelece, no coração da experiência de contato, a emergência de um significante individual, que não é senão o nosso movimento, a nossa ação. Afinal, conforme Perls, Hefferline e Goodman, é somente na ação que propriamente nos diferenciamos do meio em que estamos diluídos (como função id). Se, por um instante, interrompemos nossas ações – por meio de um "ato" de "consciência", em que nos ocupamos de representar o que "espontaneamente" fazemos – compreenderemos o quanto somos distintos do meio em que propriamente operamos. Nesse sentido dizem os autores em tela, "[n]essa experiência corrente [...] a *autoconsciência* do Ego (é) deliberada, de modo ativo, sensorialmente alerta e motoricamente agressiva, e consciente de si própria como estando isolada da sua situação" (1951, p. 185). Essa capacidade de isolamento ou diferenciação, entrementes, não significa o rompimento da vivência de contato. Ao contrário, a função de ego é a vivência de contato em seu sentido mais estrito. Afinal, se o contato é a retomada de uma história segundo uma orientação inédita, porquanto é o ego quem descobre e inventa a diferença, é ele o agente mor do contato.

A função personalidade, a sua vez, corresponde à nossa capacidade para representar nossas próprias vivências de contato. Não apenas isso: trata-se de nosso poder para reconhecer, nessas representações, nossa identidade objetiva, nossa figura estabilizada, da qual, então, passamos a fruir. Nesse sentido, dizem Perls, Hefferline e Goodman, a função personalidade "[...] é a figura criada na qual o *self* se transforma e assimila ao organismo, unindo-a com os resultados de um crescimento anterior" (1951, p. 184). Ou, então, a função personalidade "é o sistema de atitudes adotadas nas relações interpessoais; é a admissão do que somos, que serve de fundamento pelo qual poderíamos explicar nosso comportamento, se nos pedissem uma explicação" (1951, p. 184). Eis por que, para os fundadores da GT, "a Personalidade é essencialmente a réplica verbal do *self*" (1951, p. 188). Por meio das representações instituídas pela função personalidade, o *self* estabiliza, como um valor imaginário, aquela unidade presuntiva na direção da qual a função de ego projetou nossos excitamentos. Nesse sentido, a função personalidade é comparável ao "registro imaginário" proposto por Lacan e com o qual esse autor procurava designar o narcisismo e o auto-erotismo descritos por Freud. Tais processos nunca são um evento subjetivo, privado, mas uma forma de laço social por cujo meio alcançamos uma representação de nossa unidade possível. Aliás, também para a GT, por se tratar de um valor imaginário, instituído por meio de atos intersubjetivos, a representação da unidade presuntiva de mim mesmo nunca se limita a designar minha individualidade operativa, egológica. Ao contrário, as figuras objetivas com as quais me identifico sempre valem intersubjetivamente, razão pela qual, elas caracterizam uma sorte de generalidade, apenas que "verbalmente" determinada. Nesse sentido, é importante não confundirmos tal generalidade com aquela que caracteriza a função id. Enquanto a função id é da ordem da percepção, ou seja, de nossa integração sensorial com o meio, a personalidade é uma generalidade social, formada a partir das ações, sobremodo lingüísticas, que o *self* estabelece por meio da função de ego.

De todo modo, é no âmbito das representações instituídas pela função personalidade que o sistema *self* adquire o *status* "humano". É na forma da função personalidade que se desenvolve a vida moral, os valores éticos, as instituições e os diversos modos de conhecimento: filosófico, científico, religioso... É na forma da função personalidade que o *self* passa a fruir de sua própria consistência imaginária. Todavia, essa consistência é constantemente perfurada pelo vazio do hábito e ultrapassada pelas criações da função de ego. O *self* não dispõe dela eternamente. O que esclarece em que sentido a função personalidade é também a capacidade do sistema *self* para replicar, reescrever a si mesmo. Desse ponto de vista, a função personalidade é comparável àquilo que Lacan denominou de uma "necessidade" ligada ao "registro imaginário", entendendo-se por isso o saber que, uma vez estabelecido, "não pára de se escrever" (Lacan, 1972, p. 199). Somente assim ele pode se prolongar como um núcleo significativo, como uma aparência de verdade relativa à unidade do sistema *self*.

AS DINÂMICAS DO SELF

REDUÇÃO À CONSIDERAÇÃO DINÂMICA DO SELF

A descrição das funções do *self*, apesar de pertinente à caracterização fenomenológica da maneira como uma história se retoma criativamente a cada evento no campo organismo/meio, não esclarece a dinâmica específica de cada processo de retomada. Por essa razão, Perls, Hefferline e Goodman percebem a necessidade de uma nova redução, nos moldes da redução transcendental operada por Husserl.

Husserl percebeu a necessidade de operar a passagem do nível eidético – em que se procedia à descrição da maneira como a consciência reconhecia suas próprias vivências essenciais – para o nível transcendental – em que se devia esclarecer o fundamento dinâmico das vivências da consciência. Da mesma forma, os autores de *Gestaltterapia* compreenderam a importância de estabelecer a passagem da psicologia formal – em que se investigam as funções denominadas de subsistemas ou estruturas parciais do *self* – para a fenomenologia das dinâmicas implícitas àquelas funções. Perls, Hefferline e Goodman acreditam poder realizar essa tarefa recorrendo às categorias de figura e fundo, tomadas de empréstimo à psicologia da Gestalt. Para eles, cada uma das funções do *self* caracteriza um modo específico de organização gestáltica entre os elementos envolvidos (sejam eles organísmicos, mundanos ou culturais).

Quando o *self* está polarizado como id, a figura não está propriamente definida. Quando muito, se pode dizer que a figura é essa vivência volumosa do corpo, que são nossas experiências interoceptivas (sinestésicas) e proprioceptivas (viscerais), as quais permanecem inespecíficas não apenas para quem as sente, como também raramente podem ser desvinculadas das condições do meio ambiente (altitude, quantidade de oxigênio disponível, pressão atmosférica, temperatura, velocidade do vento, dentre outros infinitos fatores que, entretanto, são experimentados de forma indeterminada). Trata-se do domínio próprio em que um dado indeterminado surge ou é acolhido como figura.

Quando o *self* está polarizado na função de ego, a figura é um ato intencional, uma ação deliberada a partir de um fundo de excitamentos para o qual a ação quer ser uma resposta. Já na função personalidade, a figura não é da ordem do sensorial ou da deliberação, mas é certa abstração, um certo valor no qual nos alienamos sob um fundo de ações e sensibilidade.

Na função id, Perls, Hefferline e Goodman identificam uma dinâmica que poderia ser descrita como passiva, um estado de inércia a partir do qual o ego pode acolher um dado como figura. Trata-se, especificamente, do momento de surgimento de uma excitação a partir de um fundo organísmico. Perls, Hefferline e Goodman denominam de pré-contato esse momento de transição entre a função id e a função de ego.

Na função de ego, identificam – além da apreensão da figura (que caracteriza a dinâmica do pré-contato) a partir do fundo de excitamento fornecido pela função id – duas outras dinâmicas: o contatando e o contato final. Por contatando, devemos entender a deliberação na qual o *self* se polariza. A deliberação tanto pode ser um ato de identificação com uma possibilidade de satisfação dos excitamentos junto ao meio, quanto a alienação em favor de um arranjo físico-fisiológico ou sociocultural que se impõe a partir do meio. Trata-se, nesse sentido, do momento em que o *self* abre um horizonte de futuro, investe o mundo circundante de uma função nova. A partir desse momento, só resta ao *self*, agir. É o momento em que ele "faz" alguma coisa, polariza-se numa ação concreta. Temos, aqui, o contato final.

Depois disso, quando o excitamento foi aplacado pela ação do ego, o *self* pode "fruir", o que significa que ele pode polarizar-se numa representação (culturalmente estabelecida) daquilo que ele próprio fez. Isso significa que o *self* pode assumir ou se identificar com uma certa personalidade. Aqui se dá a dinâmica que Perls, Hefferline e Goodman denominam de pós-contato[11].

Perls, Hefferline e Goodman (1951) comentam que,

> [n]o processo de ajustamento criativo traçamos a seguinte seqüência de fundos e figuras: 1) Pré-contato – no qual o corpo é o fundo, e o seu desejo ou algum estímulo ambiental é a figura, isso é, o "dado" ou o id da experiência. 2) Processo de contato [ou contatando] – aceito o dado e se alimentando de suas faculdades, o *self* em seguida se aproxima, avalia, manipula etc. um conjunto de possibilidades objetivas: é ativo e deliberado com relação tanto ao corpo quanto ao ambiente; essas são as funções ego. 3) Contato final – um ponto eqüidistante das extremidades, espontâneo e desapaixonado de interesse com a figura realizada. 4) Pós-contato – o *self* diminui. (p. 232)

Não obstante as categorias de figura e fundo se prestarem a mostrar que: o *self* não é um mecanismo, uma cadeia de causas e efeitos ou de respostas complexamente reforçadas na contingência, mas a coesão espontânea do todo (que é minha existência de generalidade no meio) em proveito de diferentes funções (id, ego e personalidade) e na forma de diferentes dinâmicas (pré-contato, contatando, contato final e pós-contato): a natureza específica dessa coesão espontânea não é suficientemente elucidada por estas categorias. Perls, Hefferline e Goodman, criadores da teoria do *self*, reconhecem essa insuficiência, razão pela qual vão dizer que o sentido profundo das dinâmicas implícitas ao *self* pode ser mais bem esclarecido por meio de um recurso à teoria que deu origem às categorias de figura e fundo, a saber, a teoria fenomenológica da experiência temporal.

SELF COMO UM SISTEMA TEMPORAL[12]

Ainda que Perls, Hefferline e Goodman não citassem as lições proferidas por Husserl entre 1893 e 1917 – cujo tema era a experiência que cada um de nós tem desse *continuum* em mutação, que é nossa vivência do tempo –, elas constituíam um tema familiar àqueles que, por meio de Goldstein ou, antes dele, por meio de Köhler, tiveram contato com a teoria fenomenológica da percepção como uma dinâmica de figura e fundo (a qual foi elaborada por Rubin (1915) justamente a partir daquelas lições de Husserl). É provável que Perls, Hefferline e Goodman compreendessem a importância da descrição fenomenológica da experiência da temporalidade. Juntando duas passagens (já citadas) da terceira parte da obra *Gestalt-terapia* (1951), as quais falam, respectivamente, que a teoria do *self* é um tipo de "psicologia formal, que é o tema da fenomenologia" (p. 184) e que "é provável que a experiência metafísica do tempo seja primordialmente uma leitura do funcionamento do *self*" (p. 180), podemos facilmente comprovar nossa hipótese de leitura. Ademais, Goodman – conforme carta publicada por Stoehr (1994) e acima citada – foi explícito quando afirmou que a escrita da teoria do *self* foi pautada pelo estilo transcendental da obra *Idéias I* de Husserl. Nessa obra, escrita a partir de 1913, Husserl já se referia à vivência interna do tempo como o fundamento dinâmico da consciência transcendental. Daí a conclusão de que, independentemente dos objetivos visados por Husserl e pelos criadores da GT (o primeiro queria estabelecer uma descrição formal de nossas vivências intencionais, ao passo que os demais queriam construir uma descrição organísmico-situacional dessas mesmas vivências), acreditamos que seja na teoria fenomenológica do tempo que haveremos de encontrar o sentido profundo da "teoria do *self*" concebida por Perls, Hefferline e Goodman.

Para Husserl (1893), quando investigamos as condições dinâmicas que permitem à consciência transcendental representar, na forma de um objeto transcendente, a unidade de suas próprias vivências, é forçoso reconhecermos a vigência de um tipo especial de intencionalidade, que não se confunde com a intencionalidade de ato (*Aktintentionalität*) (p. 107-8). Trata-se, conforme a expressão de Merleau-Ponty (1945, p. 16, p. 561), da "intencionalidade operativa" (*Fungierende Intentionalität*), que é para Husserl uma sorte de "espontaneidade" (1893, p. 124), na forma da qual vinculamos cada uma de nossas vivências com todas as demais, sem que um ato de unificação seja exigido. Essa intencionalidade, conforme Husserl, nós a experimentamos de duas formas. Primeiramente, nós a vivemos como retenção do vivido enquanto fluxo de "modificações sucessivas". O que é vivenciado materialmente (a percepção de uma melodia, por exemplo), tão logo é experimentado, decompõe-se em sua organização material, o que não quer dizer que tal vivência deixe de existir. Sua permanência, entretanto, implica uma variedade de modificação: ela continua retida, mas como matéria modificada e, a cada nova vivência, como modificação da modificação, até que todas essas modificações estabeleçam, para as novas vivências, um tipo de horizonte. A constituição desse horizonte, por sua vez, corresponde à segunda forma de nossa intencionalidade operativa. Essa intencionalidade diz respeito, então, à organização espontânea desses vividos retidos enquanto "horizonte" de retrospecção e de prospecção para os novos vividos materiais. Nesse segundo formato, a intencionalidade operativa implica um tipo de "síntese passiva" (porque não é estabelecida por meio de atos reflexivos) entre o que eu vivi (e que comparece como horizonte de passado e futuro) e as minhas vivências atuais. Todavia, essa síntese é provisória, de "transição" *(Uebergansynthesis)*, porquanto os elementos históricos (os co-dados retidos) me arrebatam de minha atualidade em direção a uma virtualidade, que é a abertura para um novo dado material (Husserl, 1924). Assim, a vivência da intencionalidade operativa, ao mesmo tempo em que caracteriza a retenção dos vividos em proveito da formação de um campo de presença em torno de um dado material atual, implica o desvanecimento desse campo em proveito do surgimento de um novo dado e, conseqüentemente, da formação de um novo campo, caracterizando a continuidade de um fluxo, que denominamos de consciência da vivência interna do tempo ou, simplesmente, consciência imanente do tempo. Segundo Husserl (1893), trata-se de uma temporalidade

> pré-fenomenal, pré-imanente, constitui-se intencionalmente como forma da consciência constituinte do tempo, e em si própria. O fluxo da consciência imanente constitutiva do tempo não é apenas, mas ele é de uma maneira tão notável, e no entanto compreensível, que nele se dá necessariamente uma auto-aparição do fluxo, a partir da qual o próprio fluxo deve poder ser necessariamente captado no seu fluir. (p. 107-8)

No diagrama apresentado a seguir − construído a partir de um modelo apresentado por Husserl (1893) na obra *Lições para uma fenomenologia da consciência interna do tempo* e segundo a complementação sugerida por Merleau-Ponty (1945) em seu estudo sobre o diagrama husserliano (1945, p. 477) −, podemos visualizar a forma dinâmica segundo a qual Husserl compreendia nossa vivência do tempo.

Quadro 3: **FLUXO DOS VIVIDOS – CONSCIÊNCIA INTERNA DO TEMPO** (Adaptado de Edmund Husserl – 1983)

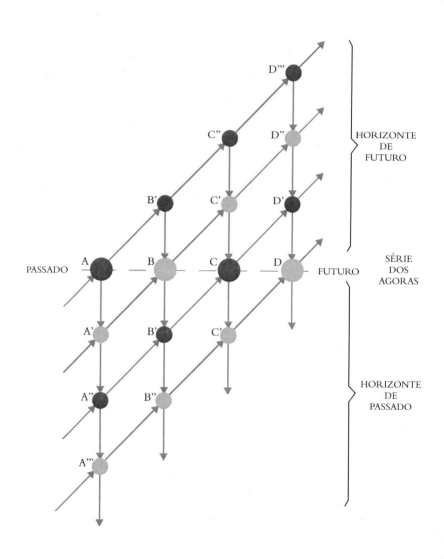

Diferentemente da representação física do tempo, em que há uma sucessão linear ou cíclica de "agora(s)", Husserl concebe o tempo vivido como uma rede que se arma, a cada vez e em torno do novo agora que surge. Os muitos "agora(s)" não têm ligação entre si, como no caso dos diagramas lineares ou cíclicos, nos quais importa mostrar que o que vem depois é uma conseqüência ou o retorno de algo do passado. No diagrama supra, cada um dos "agora(s)" é absolutamente diferente (e, nesse sentido, separado) dos demais. Se assim não fosse, não poderíamos estabelecer distinções materiais e, conseqüentemente, constituir uma representação espacial. Eis por que Husserl fala de uma série de "agora(s)" independentes (A, B, C, D etc.). Mas, do fato de os muitos "agora(s)" não terem uma ligação material entre si, não se infere que não tenham relação alguma. Há, sim, uma relação, mas ela não é estabelecida desde o exterior, como faz o físico, para reconhecer entre os vários "agora(s)", uma sucessão causal. Tampouco é estabelecida à moda de um deus panteísta, que está em todos os "agora(s)" simultaneamente. Para Husserl, a relação entre os meus vividos apenas pode ser estabelecida do ponto de vista de cada vivido; o que significa que: o que se pode saber dos demais é sempre uma modificação, uma alteração deles desde a posição em que me encontro agora. Ainda assim, se no "agora" atual posso considerar os outros "agora(s)", devo admitir um tipo de vínculo. É exatamente aqui que Husserl introduz o duplo sentido da intencionalidade operativa. Em primeiro lugar, acredita o autor, não obstante nossas vivências materiais serem finitas, elas não desaparecem completamente de nossa consciência transcendental. Elas permanecem "retidas" como modificações da matéria vivida que, assim, deixa de ser vivência para se tornar horizonte (o que Rubin (1915) chamou de "fundo", conforme tratamos no primeiro capítulo); ou, ainda, memória involuntária daquilo que não precisa ser evocado (por um ato de lembrança, por exemplo) para que seja reconhecido como nosso. A cada novo agora, nossas vivências retidas se modificam, assim como, no diagrama acima, A se transforma em *A'* quando da emergência de B; e em *A"* quando da emergência de

C. Mas, em segundo lugar, mesmo se modificando constantemente, o horizonte é aquilo que eu sempre posso reivindicar como orientação para minha vivência atual. Nesse sentido, no agora C, posso retomar *A"* e *B'* como horizonte de passado, bem como projetá-los à frente, como horizonte de futuro (*D'*), o que implica que esse C é mais do que um "agora", ou seja, é um "campo temporal" ou de "presença" (*Zeitfeld*) do passado e do futuro no presente (Husserl, 1893, p. 141). Ele é um "aqui e agora" em que minha vida inteira, meu passado e minhas expectativas estão incluídas como horizonte (ou como fundo). Entretanto, não significa que se trate de algo fechado em si, pois, porquanto é formado de co-dados que se apresentam para mim como horizontes, meu campo de presença é simultaneamente escoamento, transcendência do dado atual. Isso estabelece a abertura necessária para que um novo dado possa surgir e um novo campo de presença possa se formar. Essa característica do campo de presença – e segundo a qual a constituição de cada campo é, simultaneamente, a abertura para um novo campo – Husserl (1924) denominou de "síntese de transição" (*Uebergangsynthesis*) (p. 256-257). Decorre daí a idéia de que a consciência, em seu nível operativo, temporal, é um *continuum* de campos de presença, em que cada qual arrasta consigo todos os outros em proveito do vindouro.

Perls, Hefferline e Goodman (1951) não se referem, explicitamente, ao diagrama do tempo proposto por Husserl. Todavia, no momento em que se ocupam de esclarecer em que sentido o *self* é a realização de um "potencial", fazem a descrição de uma dinâmica que em muito se aproxima da descrição husserliana da intencionalidade operativa. Conforme nosso entendimento, isso talvez explique a enigmática afirmação de que "é provável que a experiência metafísica do tempo seja primordialmente uma leitura do funcionamento do *self*" (p. 180). Para eles:

> O que é importante observar é que a realidade com a qual se entra em contato não é uma condição objetiva imutável que é apro-

priada, mas uma potencialidade que no contato se torna concreta. O passado é o que não muda e é essencialmente imutável. Desse modo, as abstrações e a realidade abstrata imutável são construções da experiência passada fixada. Condições reais essencialmente externas são experienciadas não como sendo imutáveis, mas como sendo continuamente renovadas da mesma maneira. Ao concentrar-se a *awareness* na situação concreta, essa preteridade da situação se dá como sendo o estado do organismo e do ambiente; mas de imediato, no instante mesmo da concentração, o conhecido imutável está se dissolvendo em muitas possibilidades e é visto como uma potencialidade. À medida que a concentração prossegue, essas possibilidades são retransformadas em uma nova figura que emerge do fundo da potencialidade: o *self* se percebe identificando-se com alguma das possibilidades e alienando outras. O futuro, o porvir, é o caráter direcionado desse processo a partir das muitas possibilidades em direção a uma nova figura única. (p. 189-1)

Tal como Husserl — que, ao descrever a dinâmica da consciência transcendental, diferenciava o nível operativo do nível constituído — Perls, Hefferline e Goodman distinguem nossas construções objetivas da experiência passada daquilo que tais construções propriamente representam, a saber, a experiência de formação de figuras a partir de um fundo histórico. Tal experiência, segundo eles, não carece de uma deliberação reflexiva. Ela se dá de uma forma espontânea, como uma *awareness* na situação concreta, que, ao mesmo tempo em que se ocupa de fixar um dado a partir de um fundo de preteridade no campo organismo/meio, vê essa preteridade renovar-se como possibilidade futura, em busca de um novo dado. O *self*, então, se vê arrebatado por essas possibilidades — com as quais se identifica ou nas quais se aliena — em proveito de um acontecimento que ele mesmo não controla, que é o surgimento de uma nova figura. O que faz dele a unidade de um fluxo temporal que se renova a cada situação concreta e em proveito da situação seguinte, junto a qual a situação antiga é assimilada.

Ainda assim, o estilo fenomenológico dessa descrição temporal do funcionamento do sistema *self* recebe dos fundadores da GT uma redação própria, que dá continuidade às descrições temporais do processo de contato considerado individualmente. A noção de *awareness*, que antes designava as orientações temporais implícitas a cada experiência de contato, agora passa a valer como um sistema *awareness* (PHG, 1951, p. 192). E as partes constitutivas da *awareness*, precisamente, o sentir, o excitamento, a formação e a destruição de *Gestalten*, agora passam a designar as orientações temporais do próprio *self,* razão pela qual vão receber novos nomes, respectivamente: pré-contato, contatando, contato final e pós-contato.

Isso significa dizer que, do ponto de vista do fluxo que se renova a cada experiência de contato, a preteridade da situação, que é o sentir, não se esgota no trabalho de "escolha" do dado na fronteira entre o passado e o futuro (fronteira de contato). A preteridade é um fundo permanente, que se renova a cada nova experiência como a dimensão "inaugural" do processo de contato. Eis por que Perls, Hefferline e Goodman denominá-la-ão, agora, de "pré-contato". Trata-se da prévia disponibilidade de nossas vivências passadas como um fundo habitual aberto às nossas ações atuais. O que faz do pré-contato uma vivência limítrofe entre nossa generalidade sensível (função id) e nossas deliberações motoras (função de ego).

As deliberações motoras do *self* na função de ego correspondem àquilo que Perls, Hefferline e Goodman denominaram de excitamento espontâneo. Trata-se das ações por cujo meio retomamos, junto às possibilidades abertas pelos dados na fronteira de contato, a preteridade disponibilizada no pré-contato. O excitamento espontâneo, assim compreendido, não é mais que um movimento de transcendência de uma história em direção ao futuro. Razão pela qual Perls, Hefferline e Goodman vão falar do excitamento espontâneo como um acontecimento estritamente virtual, voltado para o futuro, que é o contatando.

E uma vez efetivado o movimento de transcendência de nossa história em direção ao futuro, configura-se uma síntese "passiva", a auto-aparição desse fluxo para si mesmo. Essa aparição, entretanto, nunca é uma coincidência. Trata-se da configuração de uma unidade à distância, presuntiva, virtual. O clímax dessa auto-aparição – a que Perls, Hefferline e Goodman vão chamar de formação de Gestalt – é a efetivação do movimento de transcendência, efetivação essa que agora tem outro nome: contato final.

Todavia, o contato final é, também, o momento de abertura de outra experiência, a transição de uma Gestalt para outra, o que exige, por sua vez, o relaxamento, a dissolução da Gestalt anterior, que então é assimilada como fundo para novas experiências de contato.

O processo de ajustamento criativo a novos materiais e circunstâncias compreende sempre uma fase de agressão e destruição, porque é abordando, apoderando-se de velhas estruturas e alterando-as que o dessemelhante torna-se semelhante. Quando uma nova configuração passa a existir, tanto o antigo hábito consumado do organismo contactante como o estado anterior do que é abordado e contatado são destruídos no interesse do novo contato. (PHG, 1951, p. 47)

Eis o pós-contato, a destruição da Gestalt anterior em proveito da formação de novas *Gestalten*. Quando essa experiência de assimilação é recoberta por uma representação, quando a ela é atribuído um valor imaginário, o pós-contato torna-se um acontecimento limítrofe entre a função de ego e a função personalidade.

APLICAÇÃO DO DIAGRAMA HUSSERLIANO ÀS DINÂMICAS DO SELF

Não obstante o caráter formal, Perls, Hefferline e Goodman prestaram uma inestimável contribuição para as práticas psicoterapêuticas quando descreveram, não uma seqüência objetiva, mas a essência (ou forma geral) das orientações que se abrem toda vez que nos ocupamos de um dado a partir de nosso fundo (horizonte de passado e futuro). Estamos aqui falando das já aludidas dinâmicas do *self*, que são o pré-contato, o contatando, o contato final e o pós-contato. Tais dinâmicas não são, voltamos a frisar, uma cadeia de ocorrências, etapas sucessivas de eventos de uma seqüência determinada, tal qual num ciclo, mas a abertura do novo a partir do antigo. Ainda assim, elas descrevem a orientação ou a direção na forma da qual vivenciamos, no campo de presença (ou, se se preferir, na fronteira de contato ou no "aqui e agora"), a retomada do já vivido (fundo) em proveito do dado material eminente.

Com efeito, se o *self* – enquanto sistema de contatos no presente transiente – é um processo temporal, e, se tal temporalidade é aquela descrita nos termos da fenomenologia de nossa vivência do tempo, então, o diagrama de Husserl (1893) pode nos ajudar a compreender a infra-estrutura temporal inerente às dinâmicas do contato. Conforme acreditamos, a utilização do diagrama husserliano tem a vantagem de nos permitir: a) visualizar o modo como nossa história vivida (e representada) participa do nosso "aqui-agora"; b) compreender o sentido de "campo" que caracteriza nosso "aqui-agora"; c) elucidar o caráter sempre "inédito" (e, nesse sentido, criativo) dos ajustamentos que estabelecemos (a partir de nosso fundo temporal e frente ao mundo e ao outro) no campo; d) esclarecer a razão pela qual o "aqui-agora" é não somente um encontro com o mundo e com o outro, mas a experimentação de nossa unidade histórica, experimentação essa que é o que justifica a escolha que Perls, Hefferline e Goodman fizeram pelo nome *self*.

Quadro 4: DINÂMICA TEMPORAL DO *SELF*

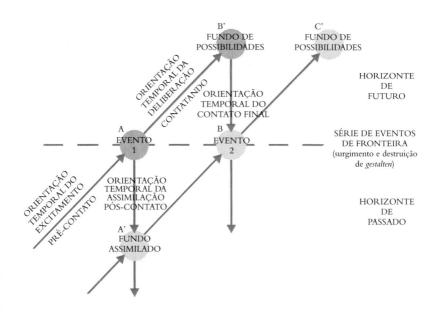

Apoiados no diagrama husserliano, construímos uma representação sistemática da dinâmica específica do fluxo que caracteriza o sistema *self*.

Conforme podemos observar, o pré-contato corresponde à espontaneidade de nossas vivências históricas; vivências estas que constantemente buscam uma via empírica de realização. O contatando é o excitamento espontâneo que atravessa as possibilidades de contato (desencadeadas pelas coisas e pelos semelhantes) em proveito da configuração de uma unidade presuntiva de mim mesmo. O contato final, a sua vez, é a efetivação dessa unidade. É a própria formação de uma Gestalt. E, por fim, o pós-contato é a retenção intencional das experiências de contato. Ele corresponde à destruição e assimilação do já vivido.

Há entre essas etapas uma sorte de complementaridade ambígua e passageira, que se faz como passagem em favor de um só fluxo de escoamento. A partir dos excitamentos assimilados, o *self* – na função de ego – percebe o dado na fronteira de contato (pré-contato). Este dado, a sua vez, abre possibilidades para o *self* retomar aqueles excitamentos num contexto de objetivação – ou unificação – presuntiva (contatando), cuja realização, entretanto, só pode ser estabelecida por um ato de transcendência em direção a um dado novo (contato final). Tão logo esse novo dado seja contatado, aquela unificação presuntiva – em torno do dado antigo – será assimilada como fundo (pós-contato). Acontece que, ao mesmo tempo em que se presta ao fechamento de um fluxo de contato, o novo dado já foi visado a partir do fundo de passado (o que caracteriza um novo pré-contato). Tal significa que, ao mesmo tempo em que realiza um fluxo de contato que se iniciou num dado anterior, o mesmo novo dado abre um segundo fluxo. Os eventos na fronteira de contato são, por conseguinte, ocorrências "ambíguas": por um lado, eles correspondem ao momento de fechamento de um fluxo de contato, por outro, eles equivalem à abertura de um novo fluxo. Mas não são os eventos de fronteira os únicos aos quais se pode atribuir ambigüidade. O "próprio fluxo" do contato é ambíguo, eminentemente ambíguo, porquanto sempre envolve pelo menos "dois eventos de fronteira": um primeiro evento, onde um fluxo se abre (pré-contato e contatando); e um segundo, onde o fluxo se fecha (contato final). Mas não apenas isso: tão logo o excitamento advindo do primeiro evento se transcende para o segundo, retrospectivamente, o primeiro evento é "destruído", é "assimilado" (pós-contato) como fundo para o novo fluxo que está se abrindo junto ao segundo evento. O que significa dizer que o fluxo de contato envolve sempre duas orientações temporais: uma orientação prospectiva (formação e destruição de uma Gestalt na passagem do evento um para o evento dois) e uma orientação retrospectiva (assimilação do evento um como fundo para a formação de uma nova Gestalt). Na primeira orientação, temos o crescimento, de que falava Goldstein. Na segunda, a conservação.

Ora, acreditam os autores fundamentais da GT, essa apresentação temporal do processo de formação e destruição de uma Gestalt esclarece, em sentido último, a dinâmica de correlação (ou de campo) que constitui o *self*.

> A partir do princípio e durante todo o processo, ao ser excitado por uma novidade, o *self* dissolve o que está dado (tanto no ambiente quanto no corpo e em seus hábitos), transformando-o em possibilidades e, a partir desses, cria uma realidade. A realidade é uma passagem do passado para o futuro: isso é o que existe, e é disso que o *self* tem consciência, é isso que descobre e inventa. (PHG, 1951, p. 209)

O *self* é um sistema de contatos, mas ele não é a síntese ou a totalidade de todas as vivências de contato. O *self* é uma experiência de contato a cada vez. Uma após a outra. Todavia, porquanto em cada qual todas as outras estão contidas como horizonte de passado e futuro, o *self* é, a cada nova vivência de contato, a co-presença de todas as outras. Mais precisamente, ele é isso que se conserva e se cria em torno de cada contingência, de cada novidade. Ele é essa passagem ininterrupta de uma vivência de contato para a outra. Melhor dizendo, ele é a própria passagem, a formação de um campo e sua destruição em favor do surgimento de um outro, mas sempre como um campo a cada vez.

> O presente é a experiência da especificidade em que nos tornamos ao nos dissolver em várias possibilidades significativas, e a reforma dessas possibilidades para produzir uma nova especificidade única e concreta. (PHG, 1951, p. 114)

É de fundamental importância observar, mais uma vez, que a apresentação temporal das dinâmicas do *self* não implica considerá-las como uma forma de ciclo ou de linearidade causal. Temporalidade quer tão-somente dizer a experiência de coesão espontânea (não mediada por atos reflexivos), na forma da qual eu experimento, frente aos outros e ao mundo circundante, a unidade de uma existência mista, de generalidade: *self*. Portanto, não obstante as dinâmicas sinalizarem o modo como o já vivido comparece junto ao dado, não há nenhum conteúdo que se replique tal e qual. Há tão-somente retomada formal, o que nunca é uma duplicação de conteúdos, mas a criação do novo (campo) a partir das formas que, desde o passado, encontram no conteúdo atual (no dado) novas possibilidades (um futuro).

Ora, para Perls, Hefferline e Goodman, a experiência clínica é um sistema *self*. Nela, vivemos a formação e destruição de campos que se sucedem. Em cada qual, somos atravessados por um fundo de generalidade jamais recoberto e identificado, a partir do qual nos individualizamos em ações e palavras, as quais, por sua vez, viabilizam a constituição e a desmontagem de valores imaginários, por cujo meio reconhecemo-nos como terapeutas ou consulentes. Descrever as clínicas da GT é descrever esse processo, o qual, entretanto, não se limita a essas modalidades imaginárias – clínica da neurose, da psicose e do sofrimento ético-político –, mas compreende cada nova sessão, cada ato clínico, seja ele desempenhado pelo clínico ou pelo consulente. A rigor, se a experiência clínica é um sistema *self*, há tantas clínicas quantas sessões houver. Mas descrever isso é algo impossível, é algo da ordem do real: trata-se do fundo permanente da reflexão que ora apresentamos.

O SENTIDO ÉTICO DA TEORIA DO SELF

Conforme vimos até aqui, não é difícil de perceber que a teoria do *self* – principal operador conceitual da GT para pensar a indivisão do homem e da natureza – está inspirada no formato transcendental da discussão fenomenológica. Afinal, os autores admitem que:

a) tal indivisão é primeira e, por conseguinte, fundante de todo e qualquer sentido (ou Gestalt); b) tal indivisão, ademais, é uma totalidade subjetiva, o que significa dizer: investida de uma unidade interna, a qual, por sua vez, não se restringe àquilo que a psicologia e a filosofia clássica denominam de psiquismo. O *self* é uma subjetividade no sentido transcendental, não tributária das "teses" naturalistas, com as quais clivamos o sujeito psíquico e o objeto como dois subsistentes independentes. O *self* é a subjetividade tal como nós a vivemos na experiência, entendendo-se por experiência menos o efeito da interação entre um sujeito psíquico e um objeto e mais a intimidade que permite que um sujeito psíquico possa se distinguir de um objeto. Tal intimidade, entretanto, não tem relação com uma espécie de imanência psíquica. Ela tem relação, sim, com o milagre da manifestação de uma inatualidade, que é o nosso fundo temporal ou histórico, o qual se acrescenta a um dado (tal como nosso corpo físico, por exemplo), de modo a habilitá-lo a transcender sua condição atual. De onde não se segue, para os fundadores da GT, que essa intimidade temporal seja uma espécie de essência transparente. Ainda que, inspirados em Husserl, os fundadores da GT compreendam o *self* como uma unidade que se atualiza num fluxo temporal, de modo diferente a cada vez; para eles tal atualização não é a expressão de uma evidência, de uma essência que se daria a conhecer a partir de si mesma. Trata-se, ao contrário, da manifestação de algo que, por vezes é "próprio", outras vezes é "estranho", como se fosse algo "outro". Razão pela qual, a fenomenologia de Perls, Hefferline e Goodman seria menos uma dupla apreensão (como ato e como correlato) de uma essência evidente; e mais a dupla acolhida (como algo inédito e como algo disfuncional) da manifestação do outro. Por outras palavras, a fenomenologia dos fundadores da GT seria uma postura ética de inclusão do estranho, manifeste-se ele como excitamento advindo do fundo de co-dados retidos (função id), manifeste-se ele como interrupção habitual desse fundo, tal como estudaremos nos capítulos a seguir, que tratam da neurose. O que explica nosso trabalho fazer menção a uma "deriva em direção à ética" do discurso fenomenológico no seio da proposta de invenção de uma clínica gestáltica.

Em verdade, é a diferença no modo de compreender o que é o transcendental que dá singularidade à fenomenologia da GT. Enquanto o transcendental para Husserl tem a ver com a evidência, para a GT, o transcendental tem a ver com aquilo que é outro. E o que é outro diz respeito tanto às manifestações espontâneas da função id, quanto à interdição dessas manifestações. Para a fenomenologia, então, o transcendental tem um sentido semântico. Para a GT, ele tem um sentido ético. Eis por que a fenomenologia é uma filosofia e a GT é uma clínica, a arte de produzir um desvio na direção do outro. O que habilita as filosofias de Merleau-Ponty e de Jacques Derrida, por exemplo, como possíveis interlocutores, dado a dedicação de seus autores em discutir o problema da alteridade. São possibilidades de diálogo a serem exploradas, em nome da deriva em direção à ética da fenomenologia.

NOTAS

1 John Dewey acredita que o progresso científico e tecnológico lançou o homem num contexto de crise ético-social. A razão para tal estaria no fato de a ciência e a tecnologia desprezarem os valores humanos que se constituem na vida cotidiana em proveito de verdades que subsistiriam nas coisas-em-si. Mas, para Dewey, a solução desse problema estaria na própria ciência. Afinal, em suas práticas crítico-experimentais, os cientistas desfrutam de experiências não-cognitivas, desde as quais e para as quais procuram antecipar conseqüências. Nesse sentido, operam também eles no campo dos valores. Por meio da ciência e da tecnologia, se ocupam de prover uma vida melhor. E toda a questão, segundo Dewey, seria se estabelecer uma reforma na teoria do conhecimento, que permitisse à própria ciência reconhecer sua natureza pragmática (Dewey, 1922).

2 A carta de Köhler à psicóloga Molly Harrower, que foi quem remeteu a prova do livro *Gestalt-terapia* a ele, está datada de 7 de dezembro de 1951 e encontra-se na Biblioteca Houghton.

Fenomenologia e Gestalt-terapia | 239

3 A carta de Goodman a Köhler é de dezembro de 1951, o original encontra-se na Biblioteca Houghton.

4 Ao empregar as expressões Eu, Tu, Isso, Perls, Hefferline e Goodman fazem explícita referência às categorias com as quais, no livro *Eu e Tu*, Buber (1923) se ocupou de caracterizar nossa experiência da transcendência. No capítulo oitavo, fazemos um breve estudo sobre a incorporação gestáltica das categorias buberianas.

5 As noções freudianas de isso (id), eu (ego) e supereu (superego) designam funções surgidas no interior do laço social estabelecido entre duas ocorrências empíricas (por exemplo, o bebê e sua mãe). Da mesma forma, as noções goldsteinianas de organismo e meio designam dimensões distintas no interior de um campo formado pela intersecção de determinados dados materiais. Por conseguinte, tanto as noções de isso, eu e supereu, como as noções de organismo e meio designam funções pertencentes às correlações e não aos elementos correlacionados.

6 Num *workshop* ministrado nos dias 26 e 27 de abril de 2007, na cidade de São Paulo, Jean-Marie Robine afirmou, ao comentar a obra de PHG (1951), que a função id não se confunde com a memória. Aliás, para ele, a função id não tem sequer memória. Nós aqui também estamos de acordo com Robine. Conforme nossa compreensão, a função id pode ser entendida a partir da noção fenomenológica de retenção. Id é o domínio dos co-dados retidos. E, tal como mencionamos no capítulo quarto deste livro, porquanto a noção de *awareness* sensorial designa, numa linguagem gestáltica, o processo fenomenológico de retenção, podemos dizer que a função id corresponde à *awareness* sensorial.

7 Referência à análise de um sonho do próprio Freud, em *A interpretação dos sonhos*, capítulo dois (1900a). O sonho diz respeito a Irma, uma paciente de Freud que, no sonho, sofre de uma doença atribuída a uma injeção (imprópria e/ou anti-higiênica) de trimetilamina, aplicada por um amigo de Freud, Otto.

8 Lacan denominava essa inexorabilidade do real, que o simbólico vem bordar, de "objeto pequeno *a*" (Lacan, 1972, p. 128).

9 É preciso, juntamente com Jean-Marie Robine (2004, p. 43-5), rejeitar o modelo individualista ou intrapsíquico que, por vezes, orientou a leitura que se fez da noção gestáltica de ego. O ego não é um indivíduo, tampouco uma faculdade ou característica de alguém. Ele é uma função do *self*, o qual não é alguém localizado no espaço e no tempo objetivos, mas o sistema de contatos.

10 Conforme tratamos no capítulo quarto, é de fundamental importância observarmos o modo especial como os autores do *Gestalt-terapia* empre-

gam a noção de consciência. Para Perls, Hefferline e Goodman (1951, p. 44; grifo dos autores) "[...] o que se denomina 'consciência' parece ser um tipo especial de *awareness*, uma função-contato em que há dificuldades e demoras de ajustamento".

11 Para Jean-Marie Robine, o pós-contato é o momento específico de formação da personalidade (conforme palestra oral ministrada em *workshop* realizado na cidade de São Paulo em 26 e 27 de abril de 2007). Estamos de acordo com essa tese. Mas tal não significa admitir que o pós-contato se restrinja à formação da personalidade. Diferentemente de Robine, acreditamos que o sistema *self* pode assimilar "formas" que não necessariamente constituam réplicas verbais do *self* (como são as formas características da função personalidade). Trata-se das formas que propriamente definem a função de id, a saber: formas desprovidas de conteúdos e que restam como sentimentos e como hábitos motores: fundo disponível às ações da função de ego na fronteira de contato (entre o passado e o futuro).

12 Somos partidários da leitura que Jean-Marie Robine faz do primado da problemática do tempo para a compreensão do *self* como um processo. Para Robine, "[...] o sistema teórico da Gestalt-terapia dá prioridade ao processo e à temporalidade [...]" (2004, p. 49). Ou, então "[p]ara mim, a questão do tempo é decisiva para compreender o conceito de *self* em Gestalt-terapia. Este se diferencia de uma representação puramente espacial, ou mesmo tópica" (2004, p. 147; tradução dos autores). Ainda assim, Robine não se serve da fenomenologia do tempo para pensar a temporalidade do sistema *self*. Nosso propósito, então, é agregar à leitura que Robine faz da temporalidade do *self* a matriz a partir da qual Goodman pode se referir à "metafísica do tempo" como o sentido profundo do *self*, precisamente, a fenomenologia husserliana.

Parte 3

Clínica gestáltica dos ajustamentos neuróticos

I

A ntes de fundar a GT, Frederick Perls atuava como psicanalista. E é da psicanálise que ele trouxe o *leitmotiv* que o acompanharia por toda a vida: a clínica. Em certo sentido, não exageraríamos se disséssemos que a clínica demarca o domínio dos fins, a teleologia na qual Perls sempre investiu e por meio da qual almejou estabelecer uma sólida contribuição para a empresa do "saber", muito embora tal contribuição não reivindicasse o *status* de saber. Afinal, a clínica deveria ser a fala do que não se sabe, do não saber, dessa ambigüidade fundamental que funda e sobeja nossas conquistas objetivas. No que justamente a clínica coincidiria com uma certa maneira de se compreender a tarefa da filosofia fenomenológica. No dizer de Merleau-Ponty,

> A fenomenologia é o estudo das essências, e todos os problemas, segundo ela, resumem-se em definir essências: a essência da percepção, a essência da consciência, por exemplo. Mas a fenomenologia é tam-

bém uma filosofia que repõe as essências na existência, e não pensa que se possa compreender o homem e o mundo de outra maneira senão a partir de sua "facticidade". (Merleau-Ponty, 1945, p. 1-2)

Tal como a fenomenologia (descrita por Merleau-Ponty), a clínica (concebida por Perls, Hefferline e Goodman) é a ocasião de uma reflexão profunda sobre aquilo que os nossos laços sociais são, antes que os tenhamos determinado, precisamente, acontecimentos. Nos acontecimentos clínicos, especificamente, testemunhamos a manifestação de algo que é "outro", de algo que gera em nós estranhamento, tal como nossos próprios excitamentos, venham eles de nosso corpo atual ou do corpo atual de nossos semelhantes. O outro a que aqui nos referimos tem relação com aquilo que os fundadores da GT denominaram de função id. No interior do sistema *self*, somos atravessados por uma generalidade que não sabemos a quem de fato pertence, mas que nos arrebata de nossa atualidade em direção à criação. Mas os acontecimentos clínicos também incluem essa outra face do "outro", a que denominamos de "patologia", a qual não é simplesmente um desvio da normalidade. Trata-se de uma forma de operar com os excitamentos, a qual desafia nossas criações atuais, como se fôssemos atravessados não simplesmente por um outro excitamento, mas por um "outro agente". No mais íntimo de nós, algo vem desbancar nossa função de ego em proveito da criação de ajustamentos disfuncionais, em que o advento da novidade é substituído por um resíduo, denominado ansiedade. Ainda assim, dar direito de cidadania a essa ansiedade e integrá-la ao funcionamento global do *self*: eis o desafio de uma clínica da manifestação disfuncional do outro.

II

Se é verdade que os comportamentos disfuncionais não são interpretados por Perls, Hefferline e Goodman como desvios da normalidade, mas como ocorrências *criativas*, por cujo meio temos a possibilidade de ampliar nossas concepções sobre saúde, também é verdade que, em tais comportamentos, pode-se presumir *algo* que não funciona ou, então, que não faz sentido, que não exprime um sentido de totalidade. Não se trata de dizer qual a causa dessa disfunção. Fazê-lo implicaria, primeiramente, mapear as infinitas variáveis envolvidas, o que, por ser impossível, poderia ensejar adesões incondicionais a explicações arbitrárias. Por isso, Perls, Hefferline e Goodman preferem apenas descrever *como* as disfunções se apresentam, de que maneira elas se exprimem como *menos de sentido*.

Para Perls, Hefferline e Goodman há pelo menos três modos fundamentais de configuração daquilo que não faz sentido. Por um lado, há as formas de ajustamento de nossa historicidade em que os dados vivenciados (na fronteira de contato entre o passado e o futuro desse mesmo sistema): a) ou não são assimilados e, nesse sentido, retidos como fundo de excitamento de novas vivências, b) ou, não obstante serem assimilados, não se deixam integrar entre si, de modo a também não se constituírem como fundo para os dados na fronteira de contato. De certa maneira, é como se as experiências de contato: 1) ou não pudessem ser "esquecidas" e, nesse sentido, inscritas como uma estrutura histórico-afetiva, 2) ou não pudessem estabelecer, depois de retidas, uma relação espontânea capaz de alavancar as novas experiências de contato. Por esse motivo, as novas experiências aconteceriam privadas de uma intencionalidade específica ou, conforme a linguagem própria da GT, desprovidas de *awareness* sensorial. Em rigor, nessa forma de ajustamento, a função id (que justamente se caracteriza pela formação e mobilização do fundo de excitamentos) não cumpriria seu papel, razão pela qual a função de ego (caracterizada pela ação motora e linguageira) estaria desprovida dos meios para lidar com o dado na fronteira de contato. O sistema *self* seria, então, acometido de uma espécie de "rigidez (fixação)" (1951, p. 34), tal como aquela que se pode observar nos comportamentos genericamente denominados de psicóticos. Psicose, aliás, é o nome que Perls, Hefferline e Goodman dão a essa primeira forma de ajustamento disfuncional do sistema *self* (1951, p. 235). Trata-se, em síntese, de um comprometimento da função id ou, o que é a mesma coisa, da incapacidade do sistema *self* para disponibilizar, de maneira organizada, um fundo de co-dados (excitamentos ou intenções). A incapacidade para disponibilizar co-dados caracterizaria uma psicose de ausência de fundo (como se pode perceber nos quadros descritos como "transtornos" da senso-percepção), ao passo que a incapacidade para organizar esses co-dados como horizonte das vivências atuais caracterizaria uma psicose de fundo desarticulado (como nos casos dos quadros descritos como "transtornos" de humor).

Além das psicoses, acreditam os autores fundadores da GT, temos aquelas formas de ajustamento de nossa historicidade em que uma limitação do meio – que assim se furta à livre ação do *self* – impede que este possa encontrar dados, na mediação dos quais consiga oferecer, ao fundo de excitamentos históricos, um horizonte de futuro que os faça valer como realidade objetiva, valor ou identidade social. Apesar de dispor de um fundo de excitamentos (função id), a falta de dados impede o sistema *self* de agir, de desempenhar a função de ego. Conseqüentemente, o sistema não pode crescer, não pode agregar ao seu fundo histórico um mundo humano, social – que é o mundo das formas objetivas com as quais o *self* pode se identificar (função personalidade). A função personalidade, portanto, não se desenvolve e o processo *self* sofre em decorrência de não poder assumir uma identidade objetiva. Perls, Hefferline e Goodman chamam essa patologia de *"misery"* (que propomos traduzir como sofrimento ético-político) (1951, p. 235). Enquanto na psicose o *self* não pode se conservar de maneira estruturada, no sofrimento ético-político o *self* não pode crescer.

No meio do caminho entre essas duas formas de interdição das funções do *self*, nós encontramos a neurose. Também esta se caracteriza por uma dificuldade de inserção de nossa história no campo organismo/meio. Mas, aqui, diferentemente das configurações anteriores, a dificuldade não tem relação com uma falha na formação do fundo histórico do *self* (função id) ou com uma privação material que impeça o crescimento na direção do mundo objetivo (função personalidade). A neurose é, sobremodo, a perda das funções de ego em favor de hábitos inibitórios, os quais, não obstante serem deliberados pelo próprio ego, tornam-se inacessíveis. Mesmo "esquecidos", esses hábitos continuam impedindo a realização de determinados excitamentos espontâneos, retidos como fundo histórico do *self*. Sempre que um dado na fronteira de contato provocar um excitamento outrora inibido (e, dessa forma, mantido como situação inacabada), o hábito inibitório toma o lugar da função de ego impedindo o avanço do excitamento em direção ao dado. O que não significa que o excitamento inibido deixa de se manifestar. Ele se faz presente como um estado ansiogênico que o próprio hábito inibitório tenta dispersar por meio de ajustamentos compensatórios e que mais não são que os sintomas neuróticos.

De qualquer modo, em todas essas disfunções, o sistema *self* não deixa de operar. Nos ajustamentos psicóticos, o *self* inventa junto aos dados na fronteira de contato a história que ele não pode reter ou espontaneamente arranjar. Quando bem-sucedida, essa invenção vem substituir os excitamentos que, diante do dado, o doente a) ou não pode espontaneamente encontrar, b) ou não pode espontaneamente organizar. O surto, a sua vez, seria apenas uma criação malograda. Nos ajustamentos em que há sofrimento ético-político, o *self* faz da ausência de dados um pedido de socorro. Dessa forma, ao mesmo tempo em que aliena seu poder de deliberação em favor do meio, dá ao meio o *status* objetivo de alteridade. Por outras palavras: o pedido de socorro faz do meio um semelhante. Nos ajustamentos neuróticos, em que uma história é habitualmente evitada, o *self* inventa a repetição, a repetição das estratégias de aniquilação da ansiedade, permitindo o nascimento de uma certa razão, de uma certa medida ou padrão, por meio da qual evita o encontro com o ameaçador. Ainda assim, a invenção delirante ou alucinatória, a submissão ao outro e a repetição aleatória não fazem sentido. O que então se passa? O que aí se cria?

Perls, Hefferline e Goodman não acreditam que essas questões possam ser esclarecidas a partir de uma suposta causa ou origem. Afinal, se mesmo os ajustamentos disfuncionais são fenômenos de campo, toda tentativa de eleger um elemento como determinante da configuração resta uma empresa arbitrária. Por isso, em vez de uma interrogação genética sobre as causas dos ajustamentos disfuncionais, Perls, Hefferline e Goodman preferem uma visão inspirada na fenomenologia, inspirada na noção de campo articulada pela fenomenologia husserliana; o que não significa uma adesão incondicional à fenomenologia husserliana. Perls, Hefferline e Goodman desconsideram a distinção fenomenológica entre a atitude transcendental e a atitude natural. Para eles, os motivos transcendentais (e que dizem respeito às condições de possibilidade) não são tratados à parte das descrições empíricas da dinâmica específica dos ajustamentos, mesmo daqueles em que não há sentido.

É essa "fenomenologia" peculiar, ademais, o que orienta a concepção de uma clínica gestáltica, cujo propósito é, precisamente, permitir se não a "repetição", ao menos a "retomada" dos ajustamentos criadores que caracterizam as ocorrências disfuncionais acima denominadas de psicose, neurose e sofrimento ético-político. Conforme acreditam os autores, é a partir dessa retomada que os consulentes acometidos de sofrimento podem se apropriar das formas de ajustamento em que estão enredados.

Nessa terceira parte de nosso trabalho, é nosso propósito apresentar, a partir de seus fundamentos filosóficos, a descrição dos ajustamentos neuróticos e as propostas de intervenção clínica pensadas por Perls, Hefferline e Goodman. Para tal, partiremos da mesma visão de inspiração fenomenológica que permitiu aos autores conceber uma teoria do *self,* e uma teoria da neurose, precisamente, a visão que reconhece, na vivência do contato, uma operatividade espontânea e temporal.

7

Ajustamentos neuróticos

No capítulo da obra *Gestalt-terapia* intitulado "A natureza humana e a antropologia da neurose" (1951, p. 115), Perls, Hefferline e Goodman referem-se aos ajustamentos neuróticos como "aquisições recentes da humanidade" (1951, p. 125). Não se trata de propriedades inatas ou respostas a estímulos previamente determinados: os comportamentos neuróticos são formas historicamente adquiridas, em que se exprime um modo peculiar de deliberação motora e linguageira, qual seja esse modo, aquele em que há inibição inconsciente dos excitamentos espontâneos. Independentemente das razões, o fato é que o homem parece ser, até o momento, o único animal "capaz" de dividir sua ação, parte em proveito do enfrentamento da novidade, parte em proveito da inibição de seus próprios excitamentos espontâneos. Como é possível ao homem operar dessa forma? Que tipo de dinâmica caracteriza esse sistema de contato ou *self*? Quais funções estão aí mobilizadas ou comprometidas?

Para Perls, Hefferline e Goodman (1951), o comportamento neurótico também é um modo de ajustamento de nossa historicidade no interior do sistema *self* (que é o campo de generalidade organismo/meio). Trata-se, assim como os demais comportamentos, de uma dinâmica temporal de retomada da preteridade segundo uma orientação de futuro ou, então, trata-se da retomada prospectiva de um determinado fundo de co-dados que se mobilizam junto ao dado material na fronteira entre o passado e o futuro. Mas esse ajustamento tem uma peculiaridade, a saber, a função de ego perde seu posto de articulador do contato em proveito de outro agente, precisamente, um hábito inibitório inacessível que, do fundo de preteridade, "atua" como obstrução inconsciente do fluxo temporal de excitamentos espontâneos. Não obstante o dado material presente na fronteira de contato abrir, para o fundo de preteridade, possibilidades futuras, algo desse mesmo fundo emerge na fronteira como interrupção presente do processo de contato entre o fundo de passado e as possibilidades futuras. Eis então a neurose, que, segundo Perls, Hefferline e Goodman (1951, p. 235-236) é:

a evitação do excitamento espontâneo e a limitação das excitações. É a persistência das atitudes sensoriais e motoras, quando a situação não as justifica ou de fato quando não existe em absoluto nenhuma situação-contato, por exemplo, uma postura incorreta que é mantida durante o sono. Esses hábitos intervêm na auto-regulação fisiológica e causam dor, exaustão, suscetibilidade e doença. Nenhuma descarga total, nenhuma satisfação final: perturbado por necessidades insatisfeitas e mantendo de forma inconsciente um domínio inflexível de si próprio, o neurótico não pode se tornar absorto em seus interesses expansivos, nem levá-los a cabo com êxito, mas sua própria personalidade se agiganta na *awareness*: desconcertado, alternadamente ressentido e culpado, fútil e inferior, impudente e acanhado, etc.

Mas o que são esses hábitos inibitórios inacessíveis? Como eles se formaram? Como se manifestam? Que contribuições poderia a experiência clínica legar aos ajustamentos dotados dessas características?

CRÍTICA À TEORIA FREUDIANA DA REPRESSÃO (RECALCAMENTO)

Diferentemente de Freud, Perls, Hefferline e Goodman não acreditam que se possa encontrar um conteúdo específico capaz de explicar, de maneira universal, o nascimento e as formas de manifestação da neurose. Não obstante reconhecerem que "uma das mais importantes observações de Freud" foi a da "dupla natureza do sintoma neurótico: o sintoma é tanto uma expressão de vitalidade quanto uma 'defesa' contra a vitalidade [...]" (1951, p. 93), Perls, Hefferline e Goodman não acreditam que essa ambivalência seja decorrência das transformações sofridas por nossos excitamentos espontâneos ou, conforme preferia Freud, por nossas pulsões. Segundo eles (1951, p. 237), mesmo se admitíssemos que nossos excitamentos espontâneos fossem conteúdos infantis que valessem como princípios fundantes do sistema psíquico – como parece ser para Freud a pulsão de morte: esse excitamento cuja nota característica é o fato de sempre querer ir mais além de suas possibilidades de realização –, seria difícil explicarmos, baseados nos conteúdos infantis exclusivamente, por que na vida adulta eles deixariam de ser atrativos para se transformar em algo repulsivo. Não obstante mencionar a ação de um ato inibitório – que fragmentaria o conteúdo pulsional, recalcando sua parte significativa à condição de representante ideativo inscrito no interior de um sistema mnemônico inconsciente –, Freud parece não dar muita importância a esse ato, como se ele não passasse de um coadjuvante na formação do sintoma neurótico (e que mais não seria senão o retorno daquele conteúdo recalcado, apenas que com um valor modificado). Ademais, Perls, Hefferline e Goodman questionam até que ponto Freud pode dizer que os conteúdos que retornam estejam recalcados: afinal, se uma defesa contra eles é requerida, é porque eles não estão esquecidos de forma alguma. De sorte que, em vez de privilegiarem a análise das múltiplas configurações possíveis dos excitamentos espontâneos (análise econômica), Perls, Hefferline e Goodman recorrem a um expediente dinâmico, que consiste na descrição da temporalidade dos processos de inibição de excitamentos espontâneos. Para eles, mais do que a pulsão e seus destinos, são as ações dos atos inibitórios sobre os excitamentos espontâneos aquilo que nos permite avançar na compreensão do que seja um comportamento neurótico. Nesse sentido, elaboram uma teoria, segundo a qual: a neurose é um tipo de ajustamento temporal onde o sistema *self* perde sua função de ego para uma "inibição reprimida" que, por meio de ajustamentos criadores, bloqueia a expansão do excitamento inibido pelas várias etapas do processo de contato.

De fato, conforme passagem citada por Perls, Hefferline e Goodman (1951, p. 237), Freud afirma que:

> Entre esses impulsos desejosos provenientes da infância, que não podem ser destruídos nem inibidos, há alguns cuja realização seria uma contradição das representações com meta [intencionais] do pensamento secundário. A realização desses desejos não geraria mais um afeto de prazer, mas sim de desprazer; e é *precisamente essa transformação do afeto que constitui a essência daquilo que chamamos de "recalque"*. (Freud, 1900b, p. 577; grifo do autor)

Perls, Hefferline e Goodman não estão de acordo com a tese – formulada por Freud em sua primeira tópica – de que os "impulsos desejosos" (ou excitamentos espontâneos, como preferem aqueles) possam ser reprimidos (no sentido em que Freud utiliza o termo *Verdrängung,* cuja melhor tradução talvez seja "recalcamento"). É verdade que Freud distingue, nesses impulsos, os conteúdos afetivos e os representantes ideativos presentes em cada qual. Os afetos, o admite Freud, não podem ser reprimidos (quer dizer recalcados ou esquecidos). Eles podem apenas ser contidos, refreados. Mas os representantes ideativos podem ser reprimidos (no sentido de recalcados) pela ação de censura desempenhada pelo sistema de nossos pensamentos conscientes. Uma vez reprimidos, aqueles representantes permaneceriam como "reservatório de lembranças infantis", as quais estariam "entregues a si próprias", subtraídas desde o princípio ao sistema de nossos pensamentos conscientes (Freud, 1900b, p. 577). Ainda assim, os representantes ideativos continuariam a buscar realização, continuariam a buscar, em objetos vários, a afetividade perdida. Para tal, procurariam modificar-se a ponto de ludibriar a censura, o que, entretanto, desencadearia, junto aos afetos, um efeito de inversão. Se, antes, o afeto era a expressão do prazer implicado no impulso desejoso, agora, esse mesmo afeto, em função de não mais reconhecer o representante ideativo ao qual foi reintegrado, tornou-se a expressão do desprazer, do nojo. Ora, questionam-se Perls, Hefferline e Goodman: se os representantes ideativos são capazes de se manifestar, seja no sonho ou nas sintomatologias, até que ponto se pode dizer que eles estejam esquecidos, reprimidos (recalcados)? Em que medida, mesmo se modificando haveriam de gerar um efeito de inversão do afeto correspondente? Nesse sentido, escrevem Perls, Hefferline e Goodman (1951, p. 236-7):

> É evidente que as excitações inibidas não estão reprimidas, mas, ao contrário, expressam-se de tal modo que devemos dizer que querem exprimir-se, manifestar-se. Em condições de relaxamento, tais como a livre associação ou o sono leve, ou ainda em condições de concentração espontânea, tais como o trabalho artístico ou a conversação animada, imediatamente tornam-se conscientes e exigem atenção todo tipo de imagens estranhas, idéias, impulsos e gestos absortos, dores e pontadas que inquietam: as excitações suprimidas que querem manifestar-se; e se por meio de uma concentração desinteressada, mas direcionada, lhes forem proporcionados meios lingüísticos e musculares, revelar-se-ão imediatamente com um alcance total. Semelhantes tendências são naturalmente o pão com queijo de toda sessão analítica; como é possível que Freud não lhes atribuísse importância como evidência do não recalcamento do id?

Mas se a neurose não está relacionada com o retorno de um "excitamento reprimido", o que é ela então? Para responder a essa questão, é preciso passar em revista a forma específica como Perls, Hefferline e Goodman empregam as noções de inibição e repressão (ou recalcamento).

TEORIA DA INIBIÇÃO REPRIMIDA: FIGURA E FUNDO DA NEUROSE

Ainda que discordassem da metapsicologia freudiana da neurose, especificamente da tese segundo a qual a neurose é o efeito advindo do retorno de um excitamento (ou pulsão) recalcado por um ato de censura, Perls, Hefferline e Goodman não descartam integralmente a teoria da repressão. Entrementes, se para Freud o reprimido (recalcado) é tão-somente um excitamento, para Perls, Hefferline e Goodman, a repressão recai sobre os atos inibitórios. Ora, o que Perls, Hefferline e Goodman entendem por inibição? O que eles entendem por repressão de um ato inibitório?

A INIBIÇÃO DELIBERADA

Conforme a apresentação fenomenológica da orientação temporal implícita ao processo de contato, há que se distinguir uma determinada "seqüência" de figuras e fundos[1] característicos dos ajustamentos criadores. São eles:

> 1) Pré-contato – no qual o corpo é o fundo, e o seu desejo ou algum estímulo ambiental é a figura [...]; 2) Processo de contato – aceito o dado e se alimentando de suas faculdades, o *self* em seguida se aproxima, avalia, manipula etc. um conjunto de possibilidades objetivas: é ativo e deliberado com relação tanto ao corpo quanto ao ambiente; essas são as funções de ego; 3) Contato final – um ponto eqüidistante das extremidades, espontâneo e desapaixonado de interesse com a figura realizada; 4) Pós-contato – o *self* diminui. (PHG, 1951, p. 232)

Esse processo, entrementes, pode ser interrompido em qualquer uma de suas orientações. No caso do qual nos ocupamos – e que tem a ver com a futura configuração de um ajustamento neurótico –, a interrupção diz respeito ao surgimento de um dado (ou estímulo) que representa "perigo" ou "frustração inevitável" para alguns dentre os excitamentos espontâneos requisitados ou envolvidos no processo de contato. Por exemplo: ao enfrentar (como dado ou estímulo) a proibição imposta por sua mãe, o menino não lida apenas com seu desejo (excitamento espontâneo 1) de jogar futebol. Ainda que ele possa deliberar desobedecer à coibição materna, ele precisa lidar com o risco de perder o afeto dessa mulher (excitamento espontâneo 2). Razão pela qual, não é de todo estranho que ele (na função de ego) se delibere "inibir" o excitamento espontâneo que aponta na direção do campo de futebol. Trata-se aqui de uma inibição funcional, decorrente de uma decisão voluntária em favor de um dentre os excitamentos espontâneos rivais envolvidos no enfrentamento da negativa da mãe. A excitação espontânea não realizada permanece no fundo (como situação inacabada)[2], até que o meio apresente um estímulo capaz de retomá-la, ainda que isso implique uma espera de anos... A excitação não realizada, entretanto, não é como para Freud o representante de uma pulsão separada de sua realização afetiva; menos ainda, aquela excitação inacabada não é um representante esquecido e que, por meio de ardilosas modificações, retornaria de maneira conflituosa, desencadeando sintomas neuróticos. Como já mencionamos acima, para os fundadores da GT, a excitação não acabada não é o elemento desencadeador da neurose. Tampouco o é a inibição tal como o menino a deliberou. Para que um quadro – que exija ajustamentos neuróticos – se estabeleça, é preciso esperar por algo a mais, precisamente, a repressão da inibição deliberada.

A PRIMEIRA ETAPA DA REPRESSÃO: A FORMAÇÃO DO HÁBITO

O que é exatamente essa repressão? Suponhamos que o menino, agora adolescente, mesmo não se vendo forçado a fazê-lo, continuasse abrindo mão de seus excitamentos espontâneos mais "emergentes" – que são aqueles em que se pode verificar muita intensidade de participação nas relações de campo[3]. Mesmo não havendo um conflito entre aqueles excitamentos e outros menos emergentes, o agora adolescente continuaria se privando de atuar em favor de suas necessidades mais importantes. A inibição, antes deliberada, tornou-se crônica. O que se passou? Qual o motivo para o retorno dessa postura da infância, já que o meio não apresentava obstáculos aos excitamentos do jovem?

Acontece que as inibições, antes deliberadas, agora foram assimiladas como formas esquecidas, o que lhes facultou atuarem anonimamente. Tal é possível porque, assim como os excitamentos espontâneos já realizados (cuja tensão material fora destruída em favor de uma nova configuração material na fronteira de contato), as inibições também podem ter suas tensões materiais destruídas. Nesse particular, é preciso distinguir os excitamentos espontâneos assimilados dos não assimilados: enquanto os primeiros perdem sua tensão material para restar no fundo como formas esquecidas, desprovidas de meta específica junto aos dados materiais na fronteira de contato; os excitamentos espontâneos não assimilados (também denominados de "situações inacabadas") conservam uma tensão material (conteúdo) e, por conseguinte, uma meta específica, por cujo meio haveriam de se descarregar[4]. Ora, as inibições, uma vez deliberadas, descarregam suas tensões materiais e restam apenas como formas sem meta na realidade material. Nesse sentido, dizem Perls, Hefferline e Goodman (1951, p. 234):

> A excitação [que permanece como situação inacabada] não pode ser esquecida, mas o controle deliberado pode ser esquecido e permanecer inconsciente. Isto ocorre simplesmente porque, sendo um padrão motor, depois de algum tempo a situação é aprendida [como hábito].

O que significa dizer: também as inibições podem ser assimiladas como formas puras, desprovidas de conteúdos (tensões materiais) que as fizessem "escolher" apenas os dados materiais que as pudessem descarregar. Dessa feita, as inibições se transformam em hábitos: fundo de formas não específicas, desprovidas de finalidade, e que assim podem se agregar a quaisquer novos dados na fronteira de contato, gerando, por conseqüência, novas inibições de excitamentos espontâneos (novas situações inacabadas). Diante dos novos dados na fronteira de contato, nosso jovem continuaria operando a partir desse hábito inibitório assimilado, como se devesse continuar inibindo algo que, entretanto, não está mais na atualidade. Em verdade, ele se mantém ocupado com um passado que, habitualmente, insiste em inibir e os novos dados não são mais que semblantes desse passado, razão pela qual também não são realizados, não são assimilados. Merleau-Ponty, ao descrever a formação do recalque, diz algo que vai ao encontro do emprego que os fundadores da GT dão à noção de hábito e sua importância para a compreensão do fenômeno da inibição reprimida. Diz Merleau-Ponty:

O tempo que passa não leva consigo os objetos impossíveis, não se fecha sobre a experiência traumática, o sujeito permanece sempre aberto ao mesmo futuro impossível, se não em seus pensamentos explícitos, pelo menos em seu ser efetivo. Um presente entre todos os presentes adquire então um valor de exceção: ele desloca os outros e os destitui de seu valor de presentes autênticos. Continuamos a ser aquele que um dia se empenhou nesse amor de adolescente, ou aquele que um dia viveu nesse universo parental. Percepções novas substituem as percepções antigas, e mesmo emoções novas substituem as de outrora, mas essa renovação só diz respeito ao conteúdo de nossa experiência e não à sua estrutura; o tempo impessoal continua a se escoar, mas o tempo pessoal está preso. Evidentemente, essa fixação não se confunde com uma recordação, ela até mesmo exclui a recordação enquanto esta expõe uma experiência antiga como um quadro diante de nós e enquanto, ao contrário, este passado que permanece nosso verdadeiro presente não se distancia de nós e esconde-se sempre atrás de nosso olhar em lugar de dispor-se diante dele. A experiência traumática não subsiste a título de representação, no modo da consciência objetiva e como um momento que tem sua data; é-lhe essencial sobreviver como um estilo de ser e em um certo grau de generalidade. (1945, p. 123-4)

Assim como para Perls, Hefferline e Goodman, para Merleau-Ponty, o recalcado não diz respeito a um conteúdo, de uma representação específica, mas a uma forma típica, a um estilo genérico de ser. Trata-se da permanência de uma forma como tantas outras aprendidas no fluxo corrente da existência. Ora, para Perls, Hefferline e Goodman, a retenção do ato inibitório como fundo habitual também é simplesmente um "processo costumeiro de aprender e esquecer como aprendemos" (1951, p. 234). De todo modo, aqueles autores localizam aqui, nessa passagem da inibição atual para o esquecimento (como hábito), a primeira etapa da constituição da repressão. Nela, "não há nada de extraordinário a respeito da transição da supressão consciente para a repressão" (1951, p. 234).

Todavia, continuam aqueles autores, as inibições habituais têm uma peculiaridade. Não obstante estarem desprovidas de tensões materiais próprias, elas continuam associadas às tensões provenientes dos excitamentos espontâneos não assimilados (situações inacabadas) que elas próprias bloquearam. Desse ponto de vista, elas continuam sofrendo com a pressão exercida pelo excitamento espontâneo não realizado. Perls, Hefferline e Goodman denominam tal pressão de ansiedade. Aliás, para os fundadores da GT, "[a] ansiedade é a interrupção do excitamento criativo" (1951, p. 249). Ela é a própria "impossibilidade" de expansão do excitamento espontâneo que resta no fundo como situação inacabada. Nesse sentido, a ansiedade é aquele excitamento, mas enquanto ele se apresenta como algo "inibido". Trata-se de um "menos" de energia (entendendo-se por energia o grau de participação de um co-dado nas relações de campo abertas pelo dado na fronteira de contato). Ou, então, trata-se de uma energia "espetacularmente disruptiva [sic]", descrita pelos autores nos seguintes termos:

> [...] suponha que o excitamento foi interrompido. Prestemos atenção à respiração mais intensa que é um fator em todos os excitamentos: o excitamento é interrompido, a respiração está contida. Isto é a ansiedade [...]. A ansiedade, o excitamento que foi de modo repentino represado muscularmente, continua a vibrar por muito tempo, até que possamos respirar livremente de novo. (PHG, 1951, p. 214)

Merleau-Ponty, a sua vez, refere-se à energia específica do recalque denominando-a de angústia:

> Eu alieno meu poder perpétuo de me dar "mundos" em benefício de um deles, e por isso mesmo esse mundo privilegiado perde sua substância e termina por ser apenas *uma certa angústia*. (1945, p. 124)

De toda sorte, é por conta da presença dessa energia (que é a ansiedade ou excitamento inibido) que os autores podem descrever os hábitos inibitórios simultaneamente como: a) formas esquecidas (sem tensão material própria, o que explica o fato de poderem se repetir junto aos novos dados na fronteira de contato); e b) formas acometidas de um estado de tensão, de ansiedade, que é a presença do excitamento que elas mesmas inibem.

Enquanto formas investidas de ansiedade, os hábitos inibitórios são descritos como "estados corporais tensos", desligados das funções de ego. Trata-se de um conjunto de posturas musculares desempenhadas involuntariamente, em que se pode perceber uma extrema rigidez, como se o corpo estivesse de prontidão para lutar. Por outras palavras, o corpo manifesta formas de defesa como se estivesse vivendo um "estado de emergência" que, entretanto, não está acontecendo. Trata-se de comportamentos "cronificados" numa postura defensiva, não raro produzindo distorções perceptivas. Por um lado, é como se eles devessem ocultar algo (a situação inacabada), por outro, é como se não quisessem enfrentar nada de novo, de onde decorre uma hiperatividade sem finalidade específica. Por conta disso, o *self* perde o contato com seu fundo de passado, neutralizando a função id e os excitamentos que a partir dela poderiam figurar na fronteira de contato.

A SEGUNDA ETAPA DA REPRESSÃO: A FORMAÇÃO REATIVA

Suponhamos, agora, que algum dado na fronteira de contato ofereça, se não ao excitamento originalmente inibido, ao menos para algum outro que sofreu a intervenção do hábito inibitório, a ocasião de realização. Tal possibilidade, caso viesse a se concretizar, implicaria a diluição de uma tensão, a destruição de pelo menos uma situação inacabada na vida do jovem. Mas, para que isso acontecesse, o excitamento inibido deveria trespassar o hábito inibitório. Teria de atravessá-lo. E eis que, para se livrar desse estado ansiogênico amplificado (que é a própria intensificação do excitamento inibido), a inibição reagiria, não contra o excitamento ele próprio, mas contra o sistema *self*, especificamente contra seu novo dado na fronteira de contato (porquanto é ele quem potencializa o excitamento inibido). Alcançamos aqui a etapa ulterior da formação da repressão, a transformação do hábito inibitório em uma força de reação, à qual Perls, Hefferline e Goodman denominaram de "formação reativa" (ao dado na fronteira de contato).

> A formação reativa é a evitação da ansiedade prenunciada pela interrupção da repressão (pelo aumento da excitação inibida ou do relaxamento da inibição) por meio de tentativas ulteriores de aniquilar a excitação ou os impulsos que levam a ela, e pelo fortalecimento da inibição. (PHG, 1951, p. 246)

Quando o dado implica o incremento da *awareness* sobre o excitamento inibido (e conseqüente aumento da ansiedade), as formações reativas estabelecem: "a evitação, o nojo, a provocação, o esnobismo, a condenação moral" (PHG, 1951, p. 246). Mas se o dado ameaça diretamente a inibição, verificamos formações como: "honradez, teimosia, estupidez obstinada, orgulho" (PHG, 1951, p. 246). De um modo geral, enfim, "a formação reativa é a resposta-emergência à ameaça contra o corpo: é a categoria de respostas do tipo fingir de morto, o estado de choque, a fuga em pânico etc." (PHG, 1951, p. 251, nota 2). Por meio dessa resposta-emergência, a inibição reprimida atenua o estado de ansiedade intolerável em que foi jogada. Não apenas isso, por meio daquela, a inibição habitual continua reprimida, o que quer dizer, esquecida.

DEFINIÇÃO DE REPRESSÃO

Para Perls, Hefferline e Goodman, enfim, a repressão consiste no processo de transformação de um hábito esquecido em uma força de reação. Trata-se, nesse sentido, do processo de constituição de uma função "inconsciente"[5], de uma "fisiologia secundária", que acontece à revelia das ações que o ego pode operativamente deliberar a partir dos hábitos e excitamentos espontâneos disponíveis. "As faculdades motoras e perceptivas comprometidas na inibição deixam de ser funções de ego e tornam-se simplesmente estados corporais tensos" (1951, p. 234). De onde se segue, finalmente, uma definição de repressão, que os autores apresentam nos seguintes termos:

> [e]stamos, desse modo, elaborando a seguinte teoria da repressão: a repressão é o processo de esquecimento da inibição deliberada que se tornou habitual. O hábito esquecido deixa de ser acessível devido a formações reativas adicionais voltadas contra o *self.* (PHG, 1951, p. 235)

Percebamos mais uma vez que, diferentemente de Freud, para Perls, Hefferline e Goodman, é o hábito inibitório e não o excitamento inibido aquilo que está reprimido de forma constante, aquilo que está efetivamente recalcado. Se um desejo antigo assume uma feição desagradável, isso não é decorrência de uma modificação no próprio desejo, mas da presença recalcitrante de uma inibição que se estabelece à revelia do ego. Nas palavras de Perls, Hefferline e Goodman (1951, p. 237): "[o] desejo é doloroso por causa do esforço de inibi-lo [...]". O acesso a esse esforço, a sua vez, não se dá a partir da lembrança da cena inibitória. Ao contrário, para Perls, Hefferline e Goodman, é a partir da vivência do excitamento interrompido (ou ansiedade) que a cena inibitória pode reaparecer e, assim, liberar o desejo (a situação inacabada) para a realização.

A conexão essencial aparente com pensamentos esquecidos específicos, evidente quando a repressão dos pensamentos é suspensa, deve-se, argumentamos, ao fato de que foi numa determinada situação que restringimos deliberadamente a excitação e a suprimimos – e essa atitude logo se tornou habitual e foi esquecida; portanto, o primeiro desenvolvimento livre da excitação para a liberação da inibição estimula uma lembrança anterior antiga como sendo sua técnica disponível. Não é a lembrança que libera essencialmente o impulso, mas a manifestação do impulso que estimula a lembrança. (1951, p. 238)

Dizendo por outras palavras: não é a lembrança da cena inibitória que libera o excitamento inibido, mas é a manifestação ansiogênica do excitamento que libera a repressão. O que talvez explique por que razão, em se tratando da metodologia de intervenção clínica, Perls, Hefferline e Goodman acreditem que: importa mais ao clínico a concentração na manifestação afetiva de um impulso da parte do consulente do que a proposição de algum tipo de rememoração, de especulação relativamente à biografia do próprio consulente.

A NEUROSE COMO PERDA DAS FUNÇÕES DE EGO
(PARA A FISIOLOGIA SECUNDÁRIA)[6]

Conforme vimos, nas experiências de fronteira em que estiver co-presente uma inibição reprimida, sempre há o risco de não realização do processo de contato. Afinal, pode acontecer de o excitamento mobilizado pelo dado na fronteira de contato coincidir justamente com aquele que a inibição reprimida esteja a inibir. Nesses casos, a inibição reprimida reagirá expulsando o dado, de modo a impedir o avanço do excitamento inibido e, conseqüentemente, o contato desse excitamento com as possibilidades de futuro que aquele dado poderia abrir. Se, por um lado, a inibição reprimida evita assim sua própria aniquilação, por outro, ela impossibilita o sistema *self* de realizar a passagem do passado ao futuro. Ela impossibilita o sistema *self* de exercer sua função de ego.

De fato, para os autores, se a repressão é uma sorte de reação inconsciente promovida por nossas inibições habituais face à ansiedade insuportável provocada pela presença de um dado capaz de realizar o excitamento inibido; a neurose é o comprometimento da função de ego em decorrência daquela ação. Porquanto não pode dispor do dado que a inibição reprimida tratou de afastar, menos ainda do excitamento inibido que este dado mobilizou e que a inibição reprimida continua a inibir, a função de ego perde funcionalidade no campo. A partir de então, tudo se passa como se o comportamento desempenhado na fronteira de contato não respondesse aos estímulos do meio, como se o "autor" desse comportamento – a posteriori denominado de neurótico – não os percebesse, ou os percebesse de modo distorcido. Em vez de criações funcionais (operadas a partir dos hábitos), o "neurótico" cria respostas incompatíveis com as possibilidades abertas pelo dado no meio. Tudo se passa como se seu comportamento fosse atravessado por um estranho que, por conta própria, atuasse em favor de uma cena diferente daquela que efetivamente se estabelece na fronteira de contato. Mais do que isso, o "autor" desses comportamentos parece sofrer com isso; ou, então, seus comportamentos exprimem sofrimento. Conforme passagem já citada, mas que tornamos a repetir dada a sua importância:

> [...] a neurose é a evitação do excitamento espontâneo e a limitação das excitações. É a persistência das atitudes sensoriais e motoras, quando a situação não as justifica ou de fato quando não existe em absoluto nenhuma situação-contato, por exemplo, uma postura incorreta que é mantida durante o sono. Esses hábitos intervêm na auto-regulação fisiológica e causam dor, exaustão, suscetibilidade e doença. Nenhuma descarga total, nenhuma satisfação final: perturbado por necessidades insatisfeitas e mantendo de forma inconsciente um domínio inflexível de si próprio, o neurótico não pode se tornar absorto em seus interesses expansivos, nem levá-los a cabo com êxito [...]. (PHG, 1951, p. 235-6)

Para Perls, Hefferline e Goodman, enfim, "[o]s comportamentos neuróticos são ajustamentos criadores de um campo onde há repressão" (1951, p. 248). Não obstante dispor de um fundo de excitamentos (a partir dos quais pode se ocupar dos dados na fronteira de contato), nos comportamentos neuróticos, o *self* é refém de uma "fisiologia secundária" que, inconscientemente, trabalha no sentido de afastar o dado e evitar a expansão dos excitamentos que ela mesma inibe. Por conseguinte, o contato do *self* com os dados na fronteira de contato é constantemente interditado pelas forças reativas desencadeadas a partir da inibição reprimida. A função de ego não pode ser desempenhada. Eis então a neurose, a qual consiste na "perda das funções de ego para a fisiologia secundária sob a forma de hábitos inacessíveis" (PHG, 1951, p. 235).

Ainda assim, o *self* experimenta, na fronteira de contato, a pressão exercida pelo excitamento inibido, a tensão ansiogênica provocada por tal excitamento. Como lidar com ela se a função de ego está interditada? É nesse momento que a inibição reprimida passa a fazer as vezes do ego, não para estabelecer o contato entre o excitamento inibido e as possibilidades abertas pelo dado na fronteira de contato, mas, ao contrário, para impedir esse contato. Eis então os ajustamentos neuróticos (que, como tal, não se confundem com a formação reativa, porque não estão dirigidos contra os dados na fronteira de contato, mas contra os próprios excitamentos inibidos)[7].

DESCRIÇÃO DOS AJUSTAMENTOS NEURÓTICOS

As várias tentativas de interrupção da ansiedade (ou excitamento interrompido) constituem a base daquilo que Perls, Hefferline e Goodman denominam de "ajustamentos neuróticos". Tais ajustamentos são diferentes entre si, dependendo de qual momento do processo de contato é atingido pelo excitamento interrompido e respectivo efeito ansiogênico[8], e quais estratégias compensatórias são engendradas pelo hábito inibitório. Conforme Perls, Hefferline e Goodman (1951, p. 249),

[q]ueremos expor agora a idéia de que os diferentes mecanismos e "caracteres" do comportamento neurótico podem ser observados como sendo as etapas do ajustamento criativo nas quais o excitamento é interrompido.

Não se trata, entretanto, de estabelecer uma tipologia de pessoas neuróticas ou de quadros patológicos estabilizados. Para Perls, Hefferline e Goodman, a descrição dos ajustamentos neuróticos é, em verdade, a descrição das ações possíveis que a fisiologia secundária do *self* estabelece para interromper a expansão dos excitamentos por ela mesma (fisiologia secundária) inibidos. Essas ações possíveis, a sua vez, não estão regidas por um agente externo ou por um imperativo que determinasse uma seqüência de ajustamentos. Ao contrário, as formas – segundo as quais a fisiologia secundária tenta interromper a expansão do excitamento que ela mesma inibe – têm relação com o modo dinâmico (temporal) segundo o qual o *self* se auto-regula na experiência de contato.

Conforme vimos na discussão anterior sobre a fenomenologia do *self*, em seu funcionamento espontâneo, o sistema *self* desencadeia, de maneira simultânea, várias orientações: a) por um lado, o sistema *self* se ocupa de oferecer, para os dados na fronteira de contato, o fundo de excitamentos espontâneos exigido por esses dados (oferecimento esse que caracteriza o pré-contato); b) por outro, se ocupa de operar, nas possibilidades de futuro abertas por esses dados, com aquele fundo de excitamento espontâneo, o qual, assim, ganha o *status* de ação (a que Perls, Hefferline e Goodman denominam de "contatando"); c) em decorrência dessa ação, o *self* acaba por transcender suas próprias possibilidades em direção à novidade (caracterizando, assim, o contato final); d) e ao mesmo tempo em que se transcende, o sistema *self* assimila, ao fundo de excitamentos já retidos, as ações e experiências de contato final operadas nesse movimento de passagem (assimilação essa que Perls, Hefferline e Goodman denominam de pós-contato).

Ora, em se tratando dos ajustamentos neuróticos, a diferença reside em que o sistema *self* (na função de ego) não pode mais operar com determinados excitamentos espontâneos que estejam sendo exigidos, ao menos em sua forma fluida. Eles foram inibidos e se mantêm assim por conta de uma ação inibitória, a qual, a sua vez, permanece reprimida. Se surgir algum dado na fronteira de contato capaz de mobilizar tais excitamentos, haverá mais tensão no fundo, uma sobrecarga de ansiedade, obrigando a inibição reprimida a reagir contra tal dado (formação reativa, conforme vimos no item anterior). Mas o que a inibição reprimida não pode evitar é a expansão daqueles excitamentos ansiogênicos pelas várias etapas do processo de contato. Razão pela qual, nas diversas orientações, veremos a inibição reprimida tentando interromper tal ansiedade, tentando interromper a manifestação dos excitamentos inibidos, apresentem-se eles: no pré-contato, no contatando, no contato final ou no pós-contato.

Na inibição neurótica [...]: o fundo está ocupado por uma repressão, um processo de inibição crônico que foi esquecido e é mantido esquecido. [...] A interrupção presente (a perda das funções de ego) ocorre diante desse fundo. A diferença de tipos consiste em se a interrupção ocorre: 1) Antes da nova excitação primária. Confluência; 2) Durante a excitação. Introjeção; 3) Confrontando o ambiente. Projeção; 4) Durante o conflito e o processo de destruição. Retroflexão; 5) No contato final. Egotismo. (PHG, 1951, p. 251-2)

Dependendo de qual orientação se tem em conta quando se olha para o trabalho de interrupção estabelecido pela inibição reprimida, percebemos um tipo específico de ajustamento neurótico. No "précontato", Perls, Hefferline e Goodman descrevem ações de interrupção do excitamento denominadas de introjeção. No "contatando", eles reconhecem outras estratégias de interrupção do excitamento ansiogênico, as quais denominam de projeção e retroflexão. No "contato final" temos uma estratégia de interrupção denominada de egotismo. E a tentativa de aniquilação da ansiedade (ou excitamento inibido) no momento do pós-contato é denominada, por Perls, Hefferline e Goodman, de ajustamento confluente. Tal como na experiência do contato, não há, entre essas tentativas de interrupção, uma seqüência objetiva. Elas acontecem quase simultaneamente. Se nos ocupamos de uma, as outras continuam operando como fundo. Razão pela qual, Perls, Hefferline e Goodman vão definir os ajustamentos neuróticos como um "comportamento único" (1951, p. 259).

No diagrama a seguir — que é uma continuação dos diagramas apresentados no capítulo anterior, acrescidos da representação dos ajustamentos neuróticos — procuramos descrever, na série dos eventos de fronteira, as diversas formas de interrupção da expansão do excitamento inibido e as figuras parciais que essas formas constituem: precisamente, figuras "ausentes" no caso da confluência, "estranhas" no caso da introjeção, "do semelhante" no caso da projeção, "impossíveis" no caso da retroflexão e "irrelevantes" no caso do egotismo.

São essas figuras (as quais podemos também chamar de sintomas observáveis) que exprimem, de modo material, o esforço da inibição reprimida para bloquear os excitamentos inibidos que vislumbraram, na fronteira de contato, um dado capaz de realizá-los. Tal esforço de interrupção do excitamento, a sua vez, pode aparecer como uma agressão em relação ao organismo "O" (entendendo-se por organismo o universo de "co-dados" — hábitos, pensamentos, imagens e afetos — que, espontaneamente, surgem na fronteira de contato acompanhando a ansiedade). Mas também pode aparecer como uma agressão em relação ao ambiente "M" (entendido como o conjunto de dados suplementares por cujo meio a ansiedade se exprime ou se evade, conjunto esse que não se distingue de nossos laços sociais). Nos dois casos, a tentativa de interrupção sempre caracteriza uma criação comportamental, que é a satisfação possível "S" proporcionada pela função de ego ao sistema *self* (PHG, 1951, p. 58).

O diagrama da página a seguir tem a virtude de representar, como um processo único, os vários ajustamentos observáveis na fronteira de contato (círculos maiores), sinalizando (por meio das setas em linha cheia) os momentos, no fluxo da vivência de contato, em que o excitamento inibido tenta se expandir e os momentos em que ele é interrompido (linhas pontilhadas). Evidentemente, trata-se de uma representação didática, afinal, o pré-contato, o contatando, o contato final e o pós-contato são orientações temporais e, nesse sentido, inobserváveis. Aquilo apenas que se pode observar são os efeitos materiais das estratégias de interrupção operadas pela inibição reprimida em cada uma dessas orientações, efeitos esses que sempre aparecem na fronteira como: uma agressão ao organismo co-dado ("O"), uma agressão ao meio dado ("M"), e uma paixão ou satisfação possível expressa ("S") junto aos diversos comportamentos. O diagrama, ademais, tem o defeito de ignorar, entre os eventos disfuncionais, a possibilidade de haver eventos outros em que se estabeleçam ajustamentos saudáveis, o que significa dizer: ajustamentos em que os dados presentes não estejam a requisitar excitamentos espontâneos que,

Fenomenologia e Gestalt-terapia | 267

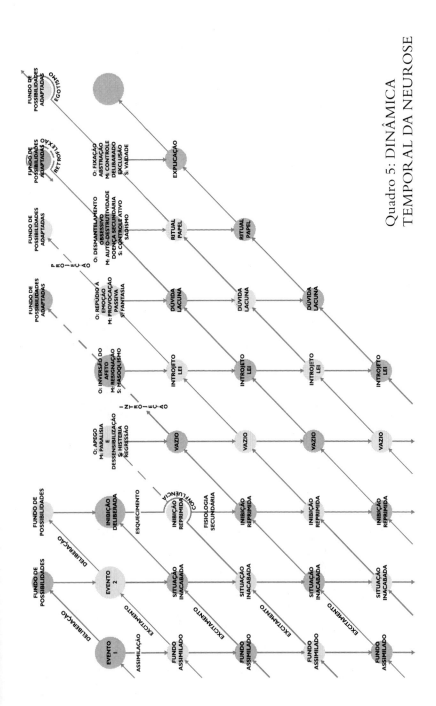

Quadro 5: DINÂMICA TEMPORAL DA NEUROSE

em decorrência da ação de uma inibição inconsciente, restem como necessidades abertas e, conseqüentemente, como fonte de ansiedade. Mas como o propósito é tão-somente identificar como a ação temporal de interrupção desempenhada pela inibição reprimida aparece na fronteira de contato, representamos um quadro neurótico hipotético, em que: uma vez estabelecida uma inibição reprimida, ela faria uma "seqüência" de ajustamentos neuróticos com o objetivo de interromper o excitamento inibido.

Conforme o diagrama, em decorrência de não se haver estabelecido a passagem do excitamento mobilizado no "evento 2" para um evento terceiro (porquanto este terceiro evento é uma inibição deliberada), a experiência malograda de passagem (que caracterizou o "evento 2") não foi assimilada como fundo (pós-contato), por exemplo, do próprio evento terceiro (denominado "inibição deliberada"). O "evento 2" restou como excitamento espontâneo não assimilado ou, o que é a mesma coisa, situação inacabada. E tudo estaria resolvido caso tal situação, devidamente modificada, pudesse encontrar no evento quarto a ocasião do contato final. Mas o fato é que aquela inibição deliberada (no evento terceiro) também ficou retida. Pior do que isso, ela continuou exercendo função, continuou bloqueando a realização da situação inacabada. Conseqüentemente, ao primeiro sinal de mobilização dessa situação, a inibição se anteciparã à função de ego, privando este da possibilidade de estabelecer o contato entre a situação inacabada e as possibilidades abertas pelo evento quarto. Alcançamos aqui, em carne e osso, a presença da inibição reprimida agindo como impedimento da emergência da situação inacabada e, conseqüentemente, da ação do ego. Ainda assim, a inibição reprimida sofreu um aumento de tensão, ou, o que é a mesma coisa, o excitamento inibido avolumou-se. Para interromper esse estado de ansiedade, a inibição reprimida assume as funções de ego. Eis então o início dos ajustamentos neuróticos[9].

O "primeiro"[10] ajustamento neurótico, a primeira criação que a inibição reprimida estabelecerá na fronteira de contato, tal como representado no diagrama, é a "confluência". No ajustamento confluente, a inibição reprimida atua bloqueando toda e qualquer assimilação do excitamento inibido, que assim não fica disponível para o evento quarto. Ao contrário, para o evento quarto, o fundo está ausente (interrupção do pós-contato). Conseqüentemente, o sistema *self*, na fronteira de contato, fica dessensibilizado, uma vez que não há fundo de preteridade que pudesse ser emprestado ao dado. Para realizar esse bloqueio, a inibição reprimida atua em duas direções. Do ponto de vista do organismo ("O"), ela se apega aos hábitos, pensamentos e afetos mais arcaicos, como aqueles que aconteceram muito antes da situação inacabada que está sendo efetivamente requisitada na fronteira de contato. Por outras palavras, ela se apega, no caso em tela, aos excitamentos espontâneos assimilados antes do "evento 2". Mais do que isso, por meio desse apego, ela tenta evitar que nada de novo aconteça.

> Neuroticamente, a atitude presente – não reconhecer em absoluto a nova tarefa – é um apegamento à inconsciência, como se estivéssemos nos apegando a um comportamento consumado para obter satisfação, e como se a nova excitação fosse roubá-lo; mas naturalmente, já que esse outro comportamento foi consumado e é costumeiro, não há nenhuma satisfação consciente nele, mas somente uma sensação de segurança. O paciente cuida para que nada novo aconteça, mas não há nenhum interesse ou discernimento no que é antigo. Os exemplos arquetípicos são o aleitamento ou o apegamento ao calor e ao contato corporal inconscientes, que não são sentidos, mas cuja falta nos paralisa. (PHG, 1951, p. 252)

Do ponto de vista da interação com os dados na fronteira (meio "M"): porquanto o objetivo é impedir que eles sejam alimentados por qualquer excitamento que advenha do fundo, especialmente pelo excitamento inibido, a inibição reprimida desenvolve uma atitude de paralisia muscular, por cujo meio rejeita que os hábitos antigos (aos quais se apega) sejam preenchidos por novos núcleos significativos (novas tensões materiais).

Com relação ao ambiente, a atitude é impedir que o comportamento consumado seja roubado (pelo desmame). O maxilar está fixo na mordida persistente da criança de peito com dentes, que poderia passar para outros alimentos mas se recusa a fazê-lo; ou temos um abraço de urso na copulação; ou mantemos um controle ferrenho nas relações interpessoais. Essa paralisia muscular impede qualquer sensação. (PHG, 1951, p. 252-3)

Ao *self* resta se deixar alienar por possibilidades que não são "suas", são dos semelhantes (entendendo-se por semelhante uma imagem, um significante ou uma ação em que a função de *self* denominada "personalidade" reconhece um duplo de si mesma). O que, ao menos, implica uma satisfação parcial, uma liberação parcial, senão da ansiedade, ao menos dos excitamentos antigos. Perls, Hefferline e Goodman denominam essa satisfação possível de "histeria", querendo designar por isso: uma espontaneidade aleatória, sem controle da função de ego, em que o *self* conflui, "flui com" os semelhantes, com qualquer um (1951, p. 253). Dessa experiência, o *self* não pode assimilar mais do que um sentimento de vazio, porquanto as possibilidades encontradas não são sentidas como suas.

No ajustamento introjetivo, o *self* já não pode ignorar, em torno do novo dado que se apresenta (como evento quinto no diagrama supra), a co-presença de um fundo de ansiedade, a co-presença do excitamento inibido (representado por uma linha oblíqua cheia que avança na região do pré-contato). Por conta disso, a inibição reprimida passa a atuar no meio natural e no laço social que compreendem o *self* naquele momento de modo a interromper o avanço de tal excitamento. Trata-se de uma obstrução do pré-contato no momento em que o *self* retomaria seu próprio fundo de co-dados. A estratégia da inibição reprimida, dessa vez, é a substituição desse excitamento ansioso por uma lei simbólica estabelecida no meio social, e na qual o *self* possa identificar, além de uma forma vigorosa de coerção, algum afeto tolerável. Tal significa, primeiramente, dirigir contra o excitamento ansioso uma regra social (um padrão de comportamento, de vestuário, de uso da linguagem...) que o possa coagir. Em segundo lugar, tal significa assumir o valor imaginário promulgado por essa regra, o que sempre exige da inibição reprimida a inversão do próprio afeto oriundo da situação inacabada remanescente. Nas palavras de Perls, Hefferline e Goodman (1951, p. 253-4):

[n]euroticamente o introjetor chega a um acordo com seu próprio apetite frustrado, invertendo o afeto deste antes que possa reconhecê-lo. Essa inversão é obtida pelo próprio processo de inibição. O que queremos é sentido como imaturo, repugnante, etc. Ou, ao contrário, se for um impulso de rejeitar algo que está inibido (uma oposição à alimentação forçada) o paciente se persuade de que o indesejado é bom para ele, é realmente o que quer, etc. Mas morde a coisa sem degustá-la ou mastigá-la.

De onde se segue, em relação ao meio social, uma atitude resignada, de aceitação do padrão "oficial" e ostentação de demandas "infantis" e "condescendentes" (PHG, 1951, p. 254). A satisfação possível alcançada nesses ajustamentos é o "masoquismo", entendendo-se por isso "a possibilidade de ajustar, de modo criativo, o ambiente numa estrutura em que infligimos dor a nós próprios com a aprovação de nossas identificações falsas" (1951, p. 254). O que, desse ajustamento, o *self* pode assimilar é uma lei ou introjeto, um expediente social com o qual se identificou e que doravante fará parte de sua personalidade (entendida como a função de constituição de uma identidade objetiva).

Se a inibição reprimida afrouxar o controle, permitindo ao excitamento inibido o vislumbre de um novo dado na fronteira de contato, os ajustamentos introjetivos não serão suficientes para evitar o contato do *self* com a ansiedade. As leis sociais já não se mostrarão competentes para conter a emergência do excitamento ansiogênico, o que exigirá da inibição reprimida uma outra forma de ajustamento criador, precisamente, a projeção. Esta consiste no esforço da inibição reprimida para evitar o "confronto com as possibilidades" que o dado material abriu para aquele excitamento e respectiva ansiedade. Noutras palavras, no ajustamento projetivo, a inibição reprimida se desincumbe das ações que caracterizam o momento do "contatando", e as atribui àquilo que, no laço social, caracteriza o "semelhante". Conforme a ilustração de Perls, Hefferline e Goodman (1951, p. 255):

> [o] exemplo típico de projeção neurótica é que A tem planos com relação a B (eróticos ou hostis), mas A inibe sua aproximação; dessa forma, sente que B tem planos com relação a ele. Evita a frustração da emoção negando que esta seja sua.

Sua postura global no laço social caracteriza-se por uma atitude de provocação inconfundível. "O que ele deseja intensamente é a aproximação e o contato e, já que não consegue dar o passo, tenta fazer com que o outro o dê" (PHG, 1951, p. 255). Com esse tipo de ajustamento, a inibição reprimida assegura ao *self* uma satisfação possível que consiste na fantasia. Tal fantasia mais não é do que "a representação, como que num sonho, da cena dramática temida. Ele rumina do princípio ao fim, e esse remoer está repleto de pensamentos muito falseados" (1951, p. 255). A inibição reprimida fantasia o confronto com as situações ansiogênicas, mas na "pele" do semelhante, como se ela própria fosse esse outro. De todo modo, tal como no sonho, há algo que não faz sentido, há uma lacuna que não se deixa preencher de sentido. Essa lacuna, a sua vez, é o que acaba prevalecendo como fundo assimilado.

Mas suponhamos, conforme nos propõem Perls, Hefferline e Goodman, "que as energias expansivas, de orientação e de manipulação" estejam "totalmente comprometidas com a situação ambiental" (1951, p. 255) e que o *self* já não possa mais considerá-las estrangeiras. A ansiedade (advinda da situação inacabada) e a impressão (deixada pela inibição reprimida) de que tal excitamento não poderá ser satisfeito já não podem ser ignoradas. A projeção já não evita mais o confronto com a ansiedade. O "conflito entre o excitamento represado e a inibição reprimida (esquecida)" está sendo revivido intensamente. A alternativa da inibição reprimida, dessa vez, é desmantelar os termos desse conflito, o que significa desmantelar o próprio *self*, estabelecer sua própria destruição. Eis aqui o ajustamento retroflexivo:

> [n]ormalmente, a retroflexão é o processo de auto-reformar-se; por exemplo, corrigindo a abordagem não prática, ou reconsiderando as possibilidades da emoção, fazendo um reajustamento, como sendo fundamento para ações ulteriores. (PHG, 1951, p. 256)

Tal é o que podemos observar nos processos de remorso e tristeza. Neles, as pessoas, por um lado, se lamentam pelas escolhas que fizeram. Por outro, mantêm-se ocupadas reconsiderando uma possibilidade na qual, entrementes, nunca apostaram, ou deixaram para trás. O discurso é freqüentemente articulado no futuro do pretérito: primeiro, eu não deveria, eu não poderia, segundo, eu deveria, eu poderia... O dado atual é identificado a um objeto perdido, inatingível ou que não pode mais ser realizado. O que significa que, se estiverem envolvidas num empreendimento, por exemplo, tais pessoas trabalharão...

> [...] de maneira inconsciente para o fracasso deste. Esse processo é conduzido muitas vezes engenhosamente para produzir resultados secundários que realizam a intenção inibida original: por exemplo, para não machucar sua família e amigos, ele se volta contra si próprio e produz enfermidades e fracassos que envolvem sua família e seus amigos. Mas ele não obtém satisfação disso, apenas mais remorso. (PHG, 1951, p. 256)

A satisfação possível que alcançam aqui é uma espécie de sadismo ativo, porquanto geram no meio a comoção geral por seu infortúnio e ocupação exacerbada.

> A satisfação direta do retrofletor é seu sentimento de controle ativo e de estar ocupado com assuntos plenos de interesse – porque ele está ocupado de modo obsessivo e sente o impacto na pele. Suas [do retrofletor] idéias e planos são muitas vezes bem informados, bem ponderados, e sentidos com uma seriedade extraordinária – mas [nós, que não estamos retrofletindo] ficamos ainda mais desconcertados e finalmente desenganados pela timidez e hesitação com que se interrompem antes de serem postos em ação. (PHG, 1951, p. 256)

O que é assimilado dessa experiência é um ritual, um papel, em que os "retrofletores" se apresentam como heróis trágicos, conformados à própria má sorte.

Os dados na fronteira de contato, entrementes, não param de surgir. As possibilidades de realização do excitamento inibido também. Razão pela qual, se uma dessas possibilidades se mostrar adequada ao contato final, o ajustamento retroflexivo ficará muito ameaçado. A inibição reprimida não conseguirá deter-se nas possibilidades remotas. Já não se trata de evitar uma ansiedade surgida no momento do contatando (como no caso da projeção e da retroflexão): a inibição reprimida está efetivamente lidando com as possibilidades de contato. O que ainda se pode interromper é o contato final. Coisa que a inibição reprimida fará por meio de um expediente de evitação que Perls, Hefferline e Goodman denominaram de egotismo: a inibição reprimida fica confluída numa função de deliberação, como se fosse um ego. Dessa forma, ela adia o contato final substituindo-o por uma nova possibilidade e assim sucessivamente.

> Neuroticamente, o egotismo é um tipo de confluência com a *awareness* deliberada, é uma tentativa de aniquilação do incontrolável e

do surpreendente. O mecanismo de evitar a frustração é a fixação, a abstração do comportamento controlado a partir do processo em andamento. O exemplo típico é a tentativa de manter a ereção e impedir o desenvolvimento espontâneo do orgasmo. Por esse meio, ele demonstra sua potência, demonstra que "consegue", e obtém uma satisfação da vaidade. Mas o que está evitando é a confusão, ser abandonado. (PHG, 1951, p. 257)

Do ponto de vista das relações sociais, a inibição reprimida:

[...] evita surpresas do ambiente (medo de competição) tentando isolar-se como sendo a única realidade: isto ele faz "assumindo o comando" do ambiente e o tornando seu. Seu problema deixa de ser um problema de contatar algum Tu no qual esteja interessado, e passa ser um problema de acumular ciências e relações pessoais, incluir uma parte cada vez maior do ambiente no seu campo de ação e sob seu domínio, para que ele próprio seja irrefutável. (PHG, 1951, p. 257)

A satisfação possível que assim a inibição reprimida logra é o domínio verbal sobre a espontaneidade do *self*. Tal espontaneidade resta compartimentada em frações previsíveis, sobre as quais a inibição reprimida exerce um controle deliberado. A inibição reprimida se sente vaidosa por sua capacidade de gerência e se julga desejada por isso, como se fosse um ego muito potente. Para Perls, Hefferline e Goodman (1951, p. 258), o ajustamento egotista é característico do psicanalisado:

o paciente compreende seu caráter perfeitamente e acha seus "problemas" mais absorventes do que qualquer outra coisa – [...] sem a espontaneidade e o risco do desconhecido, não assimilará a análise assim como nenhuma coisa.

Não raro nos deparamos na clínica com essa forma de ajustamento, principalmente no início do processo terapêutico ou nos primeiros minutos da sessão, quando observamos nosso consulente se perder em abstrações infindáveis, que tudo explicam acerca de si e que asseguram a ele um perfeito controle deliberado. Não obstante ele sofrer por não se livrar da ansiedade que o persegue todas as vezes que tem a possibilidade de ir até o fim nas relações que esteja vivendo, ele se envaidece com o fato de ao menos "saber" disso, e se sente muito seguro de si. Reproduz na relação com o clínico essa estratégia, e evita com a linguagem todo tipo de trabalho que o faça enfrentar seus próprios sentimentos e ações.

Perls, Hefferline e Goodman (1951, p. 259) acreditam que essa descrição dos ajustamentos estabelecidos pela fisiologia secundária frente à ameaça de expansão dos excitamentos inibidos não deveria ser tomada como definitiva. Enquanto função criativa, a inibição reprimida pode estabelecer inúmeras outras, bem como combinar essas formas de ajustamento entre si. Eis por que então afirmam que: "[o] esquema pode ser multiplicado indefinidamente por meio de combinações das categorias uma com a outra, como por exemplo: 'confluência de introjetos', 'projeção de retrofletos'". Nesse sentido, os autores ensaiam algumas combinações em torno do ajustamento introjetivo, que, segundo eles, dá conta daquilo que a psicanálise freudiana chama de "superego" (PHG, 1951, p. 259). Tais combinações fundamentalmente seriam as seguintes:

> 1) a confluência com nossos introjetos é o sentimento de culpa, 2) a projeção dos introjetos é a pecaminosidade, 3) a retroflexão dos introjetos é a rebeldia, 4) o egotismo dos introjetos é o conceito de ego, 5) a expressão espontânea dos introjetos é o ideal de ego. (PHG, 1951, p. 259)

A verdade é que as discussões em torno dessas combinações nunca foram aprofundadas na literatura de comentadores da GT. Exceção seja feita para a obra de Jean-Marie Robine (1997), que diligentemente se ocupou de pensar a manifestação dessas estruturas no ambiente clínico. De todo modo, a articulação entre essas estruturas e os conceitos psicanalíticos que elas deveriam repensar nunca foi estabelecida. O que abre uma nova frente de interlocução entre a clínica gestáltica, a psicanálise pós-freudiana e as psicoterapias contemporâneas.

NOTAS

1 Conforme vimos no primeiro capítulo, é a partir do diagrama de Husserl que Edgar Rubin (1915), fenomenólogo discípulo de Husserl, introduziu as categorias figura e fundo para designar, respectivamente: a) os dados materiais percebidos e b) os horizontes de futuro e passado co-presentes a partir dos quais aqueles dados são percebidos. Rubin se propunha estudar a percepção espacial dos objetos e reconheceu, na dinâmica temporal descrita por Husserl, a Gestalt ou modo específico de formação do campo visual. Perls, Hefferline e Goodman, a sua vez, empregam os termos em sentido mais amplo, designando com eles a forma como Husserl pensava a dinâmica do *a priori* de correlação.

2 A noção de situação inacabada guarda uma equivalência com aquilo que Freud chamava de situação pré-consciente. Não é um traço mnemônico inacessível e que resta como pulsão constante (pulsão de morte), tampouco algo recalcado, esquecido e, por conseguinte, persistente como um inconsciente sistemático, um sujeito inconsciente. Para essas duas formulações freudianas, os fundadores da GT propõem, respectivamente, as noções de função id (fundo de co-dados retidos) e inibição reprimida (que caracterizaremos logo a seguir).

3 "Intensidade de participação nas relações de campo" é a maneira como Perls, Hefferline e Goodman redefinem a noção freudiana de libido.

4 Situações inacabadas são aquelas em que nem os conteúdos foram destruídos nem as formas foram assimiladas. Por conseguinte, trata-se de vivências que permanecem indisponíveis para a função de ego na atualidade da fronteira.

5 Perls, Hefferline e Goodman empregam a noção de inconsciente num sentido topologicamente compatível com a noção freudiana de inconsciente (porquanto, para ambos, está-se a designar algo inacessível), mas econômica e dinamicamente distinta (uma vez que, para Perls, Hefferline e Goodman, o inconsciente não é formado por excitamentos esquecidos, mas por hábitos inibitórios esquecidos, os quais, a sua vez, não demandam um agente recalcador).

6 Jean-Marie Robine discorda do uso da expressão "perda" para designar o que acontece com a função de ego nos ajustamentos neuróticos. O ego, segundo ele, não fica "perdido", apenas suspenso em proveito das formas de ajustamento neurótico. Nós somos simpáticos a essa interpretação, embora prefiramos continuar utilizando o mote "perda das funções de ego". Acreditamos que quando dizemos "perda das funções de ego para a fisiologia secundária", não estamos nos referindo à supressão ou aniquilação de uma função; apenas à sua suspensão em proveito de outra, que é a inibição reprimida.

7 Além da formação reativa e do ajustamento neurótico, Perls, Hefferline e Goodman admitem mais uma função desempenhada pela inibição reprimida, a saber, a "sublimação". Todavia, diferentemente de Freud, para quem a sublimação é um desvio na trajetória da pulsão (o abandono de um objeto sexual em proveito de um objeto de descarga substitutivo, com aceitação social); para os fundadores da GT, "o que é denominado 'sublimação' é uma satisfação direta mas imperfeita da mesma necessidade [ou excitamento, seja ele espontâneo ou inibido, sexual ou não]" (1951, p. 245). Tal satisfação é imperfeita porque "a perda de funções de ego no processo inconsciente de inibição impede o ajustamento criativo eficiente; porque a própria excitação está matizada de dor, dificuldade e masoquismo; e estes matizam o interesse a ser satisfeito; porque as limitações que estão operando tornam o interesse sempre um tanto abstrato e desvinculado da necessidade, e porque a inabilidade de se tornar espontâneo impede uma liberação plena. Portanto, a sublimação é compulsivamente repetitiva, o organismo não atinge um equilíbrio pleno, e a necessidade retorna com demasiada freqüência. A masturbação ilustra com freqüência essas propriedades da sublimação. Não obstante, é evidente que a sublimação não é um substituto, mas uma satisfação direta" (1951, p. 245).

8 É importante lembrar que, para os autores, conforme passagem já citada, a ansiedade é "a interrupção do excitamento criativo" (1951, p. 249). Ou, ainda, "[a] ansiedade [é] o excitamento que foi de modo repentino represado muscularmente [...]" (1951, p. 214). Por conseguinte, dizer que os ajustamentos neuróticos são a) tentativas de interromper a "ansiedade" ou b) interromper o "excitamento inibido" constitui a mesma afirmação.

9 Mais uma vez concordamos com Jean-Marie Robine quando este afirma que, em rigor, a confluência, a introjeção, a projeção, a retroflexão e o egotismo não são comportamentos patológicos. Eles são ajustamentos funcionais que só se tornam patológicos quando exercidos não pela função de ego, mas pela inibição reprimida.

10 Conforme veremos no capítulo nono, a inibição reprimida é capaz de reverter a orientação temporal da seqüência dos ajustamentos. Por isso,

poderemos observar tanto a tentativa de interrupção da assimilação do excitamento – o que implica uma seqüência de interrupções que vai da confluência em direção ao egotismo (que descrevemos logo a seguir). Ou, então, poderemos observar a interrupção da abertura de novos campos de presença para o excitamento inibido – o que implica uma seqüência de interrupções que vai do egotismo à confluência.

8
Ética da intervenção clínica nos ajustamentos neuróticos

O termo "ética" vem dos gregos, que o empregavam de duas formas distintas: *êthos* (com a letra *eta* inicial, que em grego se escreve: ήθωζ) e *éthos* (com *épsilon* inicial e cuja grafia em grego é: έθωζ). Na forma mais antiga, ética (com *eta*) era utilizado para significar "morada, abrigo, refúgio", lugar onde somos "autênticos e despidos" de defesas, estamos protegidos, abrigados, e podemos receber o outro. Posteriormente, ética (com *épsilon*) passa a merecer um uso mais abstrato, ligado à filosofia prática. Na tradição aristotélica, por exemplo, ética (com *épsilon*) expressa um modo de ser, uma "atitude" diante de si, do outro e do mundo. Indica a postura do homem diante da vida objetiva. O uso cotidiano, na maioria das vezes, ignora essa diferença, como se o segundo emprego do termo contemplasse o primeiro. A prática clínica da GT vai na contramão dessa tendência, em favor de algo que o primeiro emprego quer assegurar, precisamente, o acolhimento ao "outro".

De fato, nos dias de hoje, quando falamos em "ética", quase só empregamos o termo no sentido aristotélico (*éthos*, com *épsilon*). Ética significa para nós uma atitude ampla e universalizável, formada de comportamentos que foram legitimados por representações coletivas, como é o caso das regras prudenciais, das convenções sociais, dos contratos e regras jurídicas instituídos no âmbito de nossas comunidades. Por meio dessas representações, zelamos por certa identidade social que é a nossa identidade atitudinal. Ou, então, por meio delas garantimos e favorecemos a emancipação social de cada pessoa. Não apenas isso, também nos protegemos dos comportamentos que poderiam ameaçar nossa unidade objetiva ou, como dizemos em GT, nossa personalidade, gerando sofrimento social, político, moral, racial, afetivo, dentre outros. Nesse sentido, falamos de uma atitude ética, entendendo por isso um comportamento balizado por representações publicamente sancionadas.

Essas representações, entretanto, não abrangem a totalidade dos fenômenos que se exprimem em nossos comportamentos e que, malgrado o formato não objetivo, ainda assim integram nossa unidade atitudinal, por exemplo, nossos sentimentos, afetos, esquecimentos, hábitos etc. Por outras palavras, em nossos comportamentos, há um excesso de sentido – para não dizer uma falta – que não se deixa apreender pelo formato objetivo de nossas representações coletivas, de nossos códigos, de nossas normas. Trata-se – sem dúvida – de algo intimamente vinculado às nossas formas de interação social, mas que as ultrapassa, como se fosse, se não um efeito inapreensível dessas formas, ao menos uma reação promovida por algo que essas formas ignoram. A partir da fenomenologia, a GT chama esse excesso de função id. Nela, ademais, reconhece a existência de um domínio inacessível, que é o domínio das inibições reprimidas. Ainda que "invisível", a função id está sempre co-presente, como aquilo que quer se repetir, se realizar. Razão por que, às vezes, sentimos necessidade de nos despir de nossas identificações objetivas, para que essa identidade ignorada, essa experiência irrefletida de nós mesmos possa emergir. De alguma forma, sentimos necessidade de uma morada segura, de um ambiente protegido, em que nosso silêncio possa se exprimir enquanto silêncio, sem ser confundido com uma forma objetiva. Sentimos necessidade de um *éthos* (com *eta*), de uma morada, que pode ser muitos lugares, mas, também e eminentemente, um ambiente clínico, seja ele grupal ou individual. E eis que a prática clínica gestáltica reencontra e recupera o sentido primitivo da ética e institui, para a clínica (entendida como aquilo que faz derivar), a tarefa de lidar com isso que é outro, com isso que para ele mesmo é "outro".

Os ajustamentos neuróticos, conforme os fundadores da GT, são formas possíveis – mas não exclusivas – de manifestação disso que é "outro". Tecnicamente falando, trata-se de soluções criativas encontradas pelo sistema *self* para lidar com os excitamentos acompanhados de ansiedade (decorrente da co-presença de uma inibição reprimida). Ainda assim, porquanto implicam a interrupção daquele fluxo de excitamentos, tais ajustamentos inviabilizam a ação da função de ego, a quem caberia estabelecer o "contato" entre tal fluxo e as possibilidades abertas pelos dados na fronteira. O *self* não pode crescer, não pode encontrar, para seu fundo de excitamentos, novas possibilidades de realização (ou, o que é a mesma coisa, de repetição criativa). E é para viabilizar ao sistema *self* novas possibilidades de ajustamento que a GT propõe formas de intervenção clínica baseadas, por um lado, na descrição fenomenológica dos ajustamentos neuróticos e, por outro, na descrição fenomenológica da experiência de percepção da alteridade. Como vimos, tais descrições não almejam tabular características ou predicados de egos psicofísicos acometidos de alguma anomalia. As descrições fenomenológicas não visam a características empíricas, comportamentais. Elas visam, sim, a atingir algo transcendental, precisamente, a repetição de uma forma (Gestalt) junto às novas possibilidades abertas pelos dados na fronteira de contato. O que também significa que o transcendental, em questão, não está descolado do mundo empírico. Ele é antes a manifestação do transcendental no empírico. Razão pela qual, para a GT, o transcendental não é a apresentação semântica daquilo que se mostra de modo transparente (precisamente, as essências, como quer Husserl), mas é uma visão ética sobre a manifestação desse "outro", desse outro lado de nossa inserção empírica no mundo da vida, a saber, os excitamentos que compõem nossa função id, estejam eles ou não inibidos. A partir dessa visão ética, a GT entende a experiência clínica como uma prática que dá direito de expressão àquilo que, mesmo nos ajustamentos neuróticos, quer se repetir, precisamente, o excitamento inibido e seu correlato inibitório. Mas, também, é o enfrentamento desse correlato inibitório em proveito da ampliação das formas de ajustamento do sistema *self*. Trata-se dos dois lados de uma só ética, entendendo-se por ética não a observância dos contratos, mas a disponibilidade para com aquilo que se manifesta espontaneamente a partir de si, tal qual fenomenologia encarnada, precisamente, o "outro".

PSICOTERAPIA COMO "ANÁLISE GESTÁLTICA"[1]

A proposta de intervenção clínica da GT não visa à suspensão dos ajustamentos neuróticos, tampouco advoga em favor do seu fortalecimento. Ela não é uma proposta clínica catártica – interessada na liberação dos excitamentos inibidos, por exemplo, por meio da ab-reação emocional ou, então, por meio da dissolução das inibições reprimidas entendidas como couraças (tal como as propunha Reich). Mas, também, não é ela uma psicologia que visa ao incremento dos ajustamentos neuróticos definidos, a sua vez, menos como operações inconscientes e mais como mecanismos de defesa de uma instância psíquica chamada "consciência" – conforme advogam os teóricos da "psicologia do ego", inspirados na teoria dos mecanismos de defesa de Anna Freud (1946)[2]. Contra essas formas de intervenção, Perls, Hefferline e Goodman (1951, p. 192; grifo nosso) propõem uma clínica cuja finalidade é permitir ao consulente concentrar-se em:

> *como* suas figuras estão incompletas, distorcidas, inábeis, débeis, obscuras; e que as deixe se desenvolver até atingirem um maior completamento, não evitando a tendência sintética [ou de criação], mas mobilizando-a mais; nesse processo é despertada a ansiedade e os

conflitos emergem, e, ao mesmo tempo, o paciente está cada vez mais em condições de enfrentar a ansiedade, de modo que se torne novamente um excitamento vivo.

Tal não é mais que fortalecer não as inibições reprimidas ou os mecanismos de defesa, e, sim, a função de ego por meio de situações emergenciais seguras, em que, paulatinamente, ela possa tomar a frente da inibição reprimida na administração do excitamento inibido.

A proposta de intervenção catártica nos quadros neuróticos baseia-se na tese de que é possível a suspensão do efeito da inibição reprimida sobre o excitamento inibido. Por meio da hipnose, por exemplo, o paciente poderia encontrar a cena traumática e, assim, resolver a situação que ficou incompleta desde então. Os fundadores da GT, por seu turno, acreditam que isso seja impossível, uma vez que a ninguém é facultado apagar as marcas na "camada de carvão" desse "bloco mágico" que é nossa história de generalidade. Por outras palavras, ninguém consegue aniquilar o que ficou retido em cada vivência de contato como fundo de co-dados para as novas vivências. Tanto é verdade que, mesmo em estado hipnótico, os pacientes podem mentir. Dependendo do quão próximo eles ficam dos excitamentos realmente inibidos, muitos deles fazem formações reativas. O que significa dizer que: em sua tentativa de estabelecer um retorno à cena inibida, a hipnose não deixa de levar consigo as marcas do trabalho inibitório. De onde se segue que, no campo da neurose, não há trabalho com o excitamento que dispense a análise do "modo como" a inibição inconsciente atua. A hipnose, lamentavelmente, não faria mais que acentuar a debilidade da função de ego para lidar com a resistência da inibição reprimida.

A liberação do excitamento por meio da dissolução da inibição entendida como couraça do caráter, a sua vez, baseia-se na expectativa reichiana de que o "paciente" possa se tornar consciente dos modos pelos quais suprime seu excitamento inibido. E, ainda que os fundadores da GT confessem terem "uma dívida profunda com Reich por ele ter tornado concreta a noção de Freud, um tanto abstrata, de repressão"; ainda que professem ser "a idéia da couraça muscular de Reich [...] a contribuição mais importante para a medicina psicossomática desde Freud" (1951, p. 35); eles acreditam haver "[...] uma inconsistência espantosa quando tentamos fazer com que o paciente se torne *consciente* dos 'meios pelos quais' ele suprime". Afinal, mesmo quando o analista diz a seu paciente "relaxe e não censure", faz-se necessário observar que é precisamente isso o que o paciente não consegue fazer. Ele não consegue relaxar e não censurar. Afinal, "[e]le 'esqueceu' a maneira como ele se inibe. A inibição tornou-se rotina, um comportamento padronizado, da mesma maneira que, ao lermos, esquecemos a grafia de cada palavra em separado" (PHG, 1951, p. 35).

Por sua vez, o fortalecimento das estratégias de defesa (sejam elas inconscientes ou deliberadamente instituídas, conforme prefere a "psicologia do ego") comprometeria ainda mais a função de ego (entendida como função operativa e não enquanto instância psíquica). Afinal, porquanto impedissem a emergência dos excitamentos inibidos, as estratégias de defesa privariam a função de ego dos elementos a partir dos quais ela própria poderia estabelecer a síntese de passagem que define a vivência do contato constitutiva do sistema *self*. Tal comprometimento acabaria por estabelecer a "ociosidade" do sistema *self*. Nesse particular, cabe mencionar o comentário que Perls, Hefferline e Goodman (1951, p. 191-2) fazem sobre "as insuficiências dessas teorias da consciência (que são geralmente propostas sob a forma de Teoria do Ego)". Conforme aqueles autores (1951, p. 190),

[a]s dificuldades das teorias ortodoxas começam quando diferenciam entre a consciência sadia e a consciência doente; porque a consciência sadia é considerada *ociosa* – dinamicamente ociosa na teoria e portanto praticamente ociosa na terapia – ela não faz nada.

É somente a consciência doente que é efetiva, e é somente a esta que se presta atenção com o objetivo de tirá-la do caminho.

Nesse aspecto, para os fundadores da GT, "a função *self* é tratada mais adequadamente pelo próprio Freud, só que, devido a uma teoria falha da repressão, ele atribui o trabalho criativo dessa função, na sua maior parte, ao inconsciente" tomado como um conjunto de representações recalcadas (1951, p. 192).

Eis por que razão, apoiados na trajetória clínica de Perls e nas descobertas experimentais de Goldstein, os fundadores da GT proporão uma forma de intervenção nos ajustamentos neuróticos que: a) por um lado, "atua" provocando a "emergência segura" de situações ansiogênicas, às quais o consulente responde por meio de ajustamentos neuróticos, até que uma formação reativa desnude a vigência de uma inibição reprimida e de um excitamento inibido; b) por outro, "atua" estabelecendo novos fundos de experiência que permitam à função de ego criar outras formas de ajustamento, lidar com seu fundo habitual "mais além" do que, neste, é imaginário ou reprimido. No primeiro caso, trata-se de promover situações em que a inibição reprimida tenha de trabalhar. No segundo caso, trata-se de promover situações em que a função de ego possa reassumir o comando da experiência de contato. O que não significa, de forma alguma, assumir uma verdade, uma lei ou a concepção científica do clínico. Trata-se, ao contrário, de experimentar isso que, de alguma maneira, a função personalidade, por um lado, e a inibição reprimida, por outro, mascaram, precisamente: que em se tratando de contato, não há nada de consistente a se esperar, ou a se evitar, só a criar... Nesse sentido, escrevem Perls, Hefferline e Goodman (1951, p. 235):

A terapia da neurose [...] é o processo deliberado de contatar esses hábitos (fisiologia secundária) por meio de exercícios graduados, de maneira a tornar a ansiedade tolerável.

Uma vez em contato com essa ansiedade, o processo de terapia consiste em:

> mudar as condições e proporcionar outros fundos de experiência até que o *self* descubra-e-invente a figura: "Eu estou evitando delibera-damente este excitamento e exercendo esta agressão". Poderá então prosseguir de novo em direção a um ajustamento criativo espontâ-neo. (PHG, 1951, p. 236)

De onde se segue uma definição geral de intervenção formulada nos seguintes termos (PHG, 1951, p. 49):

> nosso método terapêutico é o seguinte: treinar o ego, as diferentes identificações e alienações, por meio de experimentos com uma *awareness* deliberada das nossas variadas funções, até que se reviva espontaneamente a sensação de que "Sou eu que estou pensando, percebendo, sentindo e fazendo isso". Nessa altura, o paciente pode assumir, por conta própria, o controle.

Ao estabelecerem como meta da clínica que a função de ego pos-sa reviver a "sensação" de que é ela quem está no controle da expe-riência, Perls, Hefferline e Goodman não advogam em favor da tese de que seja possível, por exemplo, uma sorte de controle judicativo sobre o curso das ações. Como vimos anteriormente, a função de ego não é uma coleção de juízos. No trecho supra, Perls, Hefferline e Goodman falam sobre a vivência espontânea de uma "sensação", o que significa que o "eu" a que se referem não deve ser entendi-do como uma instância psíquica, mas como uma função operativa impessoal e, nesse sentido, anterior às representações judicativas. O "treinamento" do ego, nesse sentido, não é senão um investimento na autonomia dessa função.

O que se espera alcançar por meio desse tipo de intervenção clí-nica é a criação de novas alternativas para se lidar com o sofrimento gerado pela presença de uma inibição reprimida. Ou, então, o que se espera é que o sistema *self* possa desempenhar sua função de ego, não obstante o fundo de ansiedade que a acompanha. Trata-se, portanto, de uma tentativa de "ampliação" dos agentes promotores de ajustamentos criadores.

É preciso muita atenção aqui, entrementes. O treinamento da função de ego no consulente não é, para o clínico, a ocasião de aplicação de um saber ou concepção científica previamente estabelecida. A clínica gestáltica da neurose não é – para o clínico – uma busca pelo saber. Trata-se, ao contrário, de uma "postura ética" de comprometimento com aquilo que surge clinicamente como desvio, como manifestação se não da criatividade, ao menos da inibição do consulente no sistema *self*. O que conduz o clínico não à consistência das formulações imaginárias de seu consulente, mas à "forma" de manifestação daquilo que se repete, seja isso uma inibição reprimida, seja isso um hábito espontâneo.

A prática do clínico não se pauta pelos valores, ideais e fantasias produzidos na relação terapêutica pela função personalidade. O que significa dizer, o clínico não se orienta pelos conteúdos, de ordem semântica, elaborados no falatório do consulente, ou pelos cerimoniais sociais articulados na gestualidade estereotipada que o consulente desempenha na sessão ou fora dela. Prender-se às histórias, ou corresponder aos expedientes de reciprocidade sancionados pela conduta social significa fazer vista grossa para a "forma" ou "Gestalt" de evitação que, habitualmente, o consulente articula por meio de seu discurso e de seu comportamento social. Razão pela qual o que se espera do clínico é que ele possa se deixar capturar pelas palavras e pelos gestos do consulente à medida que eles caracterizem, no aqui/agora, a presença ou a ausência de uma inibição reprimida, ou de um ego criador. Dessa feita, dizem Perls, Hefferline e Goodman (1951, p. 46), a GT é a analítica de uma "estrutura" de comportamento, de um "modo" de relação social, de um "estilo" de criação ou evitação, pelo qual os consulentes possam se responsabilizar.

[...] Terapia como análise gestáltica

A terapia consiste, assim, em analisar a estrutura interna da experiência concreta, qualquer que seja o grau de contato desta; não tanto *o que* está sendo experienciado, relembrado, feito, dito, etc., mas a maneira *como* o que está sendo relembrado é relembrado, ou como o que é dito é dito, com que expressão facial, tom de voz, sintaxe, postura, afeto, omissão, consideração ou falta de consideração pela outra pessoa etc.

A análise do "como", entrementes, não pode estar a serviço de uma tentativa de "dar sentido" ou "encontrar a razão" que dê "consistência" ao que está sendo explicitado pelo consulente no âmbito da relação terapêutica. Ou, então, a pontuação do "como" não se faz em benefício da solução da "dúvida do clínico". O atendimento a essas expectativas não faria mais que sedimentar um conhecimento, não faria mais que "caracterizar" uma personalidade, com a qual, talvez, o clínico pudesse atenuar sua própria ansiedade. Ao contrário, a pontuação do "como", que é no aqui/agora da sessão terapêutica, destina-se a mostrar isso que surge como fissura, como ruptura na consistência do relato ou da ação do consulente. Pontua-se o "como" tal como se pontua um inesperado, tal como se pontua um desvio, uma deriva. Aliás, "deriva" é uma forma de traduzir o termo "clínica", o qual não se restringe àquilo que está designado pelo adjetivo grego *klinikós* − que é aquilo que se exerce junto ao leito. Clínica também vem da expressão *clinamen*, tal como empregada na física epicurista para designar o desvio espontâneo que sofrem os átomos e que lhes propicia o encontro e a aglomeração, conforme vimos na introdução do presente livro. Enquanto intervenção "clínica" desempenhada nos termos de um dito, de um gesto ou de um ato, a pontuação terapêutica do "como" é: a demarcação daquilo que, no discurso ou na ação estabelecidos pelo consulente, revela-se como deriva ora em direção à ansiedade característica da ação da inibição reprimida sobre um excitamento inibido, ora em direção à angústia da criação. Por outras palavras, a pontuação terapêutica do "como" é a demarcação daquilo que surge na sessão psicoterapêutica como outrem, como alteridade radical aos valores do consulente e às próprias concepções científicas do clínico.

PSICOTERAPIA COMO EXPERIÊNCIA DE CAMPO E A PERCEPÇÃO DO "OUTRO"

As pontuações terapêuticas do "como uma função de ego cria(?)", ou do "como uma inibição reprimida interrompe um excitamento(?)" pressupõem existir, entre o clínico e o consulente, uma sorte de comunidade operativa, a partir da qual aquelas possam ser estabelecidas. O clínico trabalha a partir da perspectiva de que, entre ele e o consulente, exista um só sistema *self*, uma só configuração de campo, relativamente à qual cada ato (seja do clínico ou do consulente) constitui uma individuação, uma manifestação da função de ego (ou, no caso dos ajustamentos neuróticos e das formações reativas, da inibição reprimida). O que significa dizer que, para o olhar clínico, o gestalt-terapeuta e o consulente não são dois, mas, nem por isso, constituem uma unidade. Em verdade, a situação clínica é a vivência de uma situação de contato, de um *a priori* de correlação, em que verificamos uma mútua "contaminação", a constituição de uma "estranha" indivisão, de uma indivisão "ambígua", porquanto não diz respeito nem a um nem a dois. Ela não se confunde com a comunhão imaginária que podemos estabelecer em torno de um objeto, de um valor ou norma. Ela não é produto da função personalidade. Não se trata, por conseguinte, de uma relação de "transferência" do consulente em relação ao clínico, ou de "contratransferência" deste em relação àquele. As relações transferenciais pressupõem a existência de um "segundo termo", de um analista "exterior", que tanto pode confirmar (na contratransferência) como frustrar (por meio da interpretação) a demanda imaginária, personalista, que vem do consulente. A GT não sustenta esse lugar "exterior"[3]. O que se espera do clínico é que ele possa imergir na situação clínica, se deixar por ela "contaminar", poder por ela ser descentrado, para – a partir desse "não-lugar" – dar vez ao que surgir como inesperado. Ora, mas o que é tal situação? O que é essa indivisão "estranha", "ambígua" a partir da qual se estabelece a intervenção clínica? Para responder a essas questões, recorremos mais uma vez à filosofia merleau-pontyana, especialmente à sua teoria da intersubjetividade. Para tanto, tecemos breves comentários sobre o modelo ontológico a partir do qual Merleau-Ponty pensa aquela teoria.

CAMPO COMO SER DE INDIVISÃO: UMA LEITURA MERLEAU-PONTYANA

Há, na filosofia de Merleau-Ponty, um movimento que vai do projeto de restituição do mundo da percepção – descrito na *Fenomenologia da percepção* (1945) – aos temas da verdade e da comunicação com outrem – os quais se tornaram "figura" nos textos escritos a partir de 1945. E é o próprio Merleau-Ponty quem nos alerta para isso. Em 1947, no texto intitulado "Le métaphysique dans l'Homme" (publicado na obra *Sens et non-sens*, 1966), ele diz que "seria oportuno [...] descrever com precisão a passagem da fé perceptiva à verdade explícita tal como a encontramos ao nível da linguagem, do conceito e do mundo cultural". O que implicaria, segundo ele, "um trabalho consagrado à Origem da Verdade" (1966, p. 115). Da mesma forma, em 1952, no texto de candidatura ao Collège de France (publicado na *Revue de métaphysique et de morale*, 1962), Merleau-Ponty esclarece que: em seus "dois primeiros trabalhos", ele procurou "restituir o mundo da percepção", ao passo que, dali em diante, tratar-se-ia de mostrar "como a comunicação com outrem e o pensamento retomam e ultrapassam a percepção que nos iniciou na verdade" (1962, p. 402). Mas esse movimento, conforme acreditamos, é menos o indício de um abandono das primeiras teses e mais a indicação de uma radicalização daquilo que, nelas, já estava em obra, precisamente: a elaboração de uma nova ontologia que viesse sobrepujar o relativismo e o solipsismo resultantes, respectivamente, das incomensuráveis tentativas de objetivação da vida perceptiva, por parte das ciências, e das audaciosas tentativas de redução da vida perceptiva às representações do sujeito, por parte da filosofia. Nesse sentido, é como se, nos textos posteriores, Merleau-Ponty tivesse compreendido que, para além da descrição fenomenológica de um mundo não apenas primeiro, mas, também, fundante da verdade tardiamente capturada pela ciência e pela reflexão, fosse preciso mostrar a maneira pela qual esse mundo dar-se-ia a conhecer como origem daquela verdade. Eis então que Merleau-Ponty propõe uma descrição da dinâmica específica não do mundo da percepção ou do corpo perceptivo, mas, sim, da "experiência" tomada como "ser de indivisão" ou "carne".

Ao descrever a noção de carne como ser de indivisão, Merleau-Ponty não está dissertando sobre uma coisa, sobre um ente: o ser de indivisão não é um subsistente e não subsume, como categorias ou predicados seus, as noções de eu e de semelhante, por exemplo. O ser de indivisão designa, sim, a generalização daquela constatação advinda, primeiramente, da experiência perceptiva, mas não exclusivamente dela, e segundo a qual: não posso perceber senão aquilo "onde", em certa medida, eu mesmo já esteja situado: o que faz de mim um sensível como o mundo e como os outros, mas também um estranho, porquanto, onde estou situado, não posso me sentir sentindo, assim como não posso sentir o que os semelhantes sentem de mim.

Para Merleau-Ponty, de fato, se é verdade que "meu corpo como coisa visível está contido no grande espetáculo", se é verdade, da mesma forma, que há um "corpo vidente" que "subtende esse corpo visível e todos os visíveis", havendo "recíproca inserção e entrelaçamento de um no outro", a ponto de podermos dizer que os dois são como "dois círculos, ou dois turbilhões, ou duas esferas concêntricas quando vivo ingenuamente e, desde que me interrogue, levemente descentrados um em relação ao outro" (1964a, p. 182), também é verdade, por outro lado, que essa recíproca inserção e entrelaçamento configuram uma sorte de "reversibilidade sempre iminente e nunca realizada de fato" (1964a, p. 194). Ao mesmo tempo em que participo do mundo visível, sou dotado de uma invisibilidade que me impede de ser coincidência comigo mesmo e com o mundo. Não obstante minha generalidade sensível subsiste uma impossibilidade de fato, uma alteridade radical, que é a forma como Merleau-Ponty fala do estranho: invisibilidade de mim e do próximo como videntes, invisibilidade do mundo como origem.

É preciso compreender bem essa noção merleau-pontyana de "invisibilidade". Na *Fenomenologia da percepção*, Merleau-Ponty já falava dela, embora a denominasse de outra forma: corpo habitual (razão pela qual, conforme pensamos, a noção de invisibilidade pode ser relacionada com a noção gestáltica de função id, que é o domínio daquilo que está retido tal qual hábito). Por meio da noção de invisibilidade, Merleau-Ponty agora amplia a noção de corpo habitual e a emprega para designar o modo de ser de toda e qualquer experiência (e não apenas a espacialidade do corpo engajado no mundo). Não se trata de algo que, em algum momento, foi visto e deixou de ser. Não se trata, portanto, de uma invisibilidade objetiva, de uma visibilidade provisória ofuscada por outra imagem visível. "Princípio: não considerar o invisível como *outro visível* 'possível', ou um 'possível' visível para outro" (1964a, p. 282). Conforme Merleau-Ponty (1964a, p. 300):

> Quando digo que todo visível é invisível, que a percepção é impercepção, que a consciência tem um "*punctum caecum*", que ver é sempre ver mais do que se vê – é preciso não compreender isso no sentido de contradição: É preciso não imaginar que ajunto ao visível perfeitamente definido como em-Si um não-visível (que seria apenas ausência objetiva) isto é, presença objetiva *alhures,* num *alhures* em si) – É preciso compreender que é a visibilidade mesma quem comporta uma não-visibilidade.

As coisas visíveis, assim como minha própria existência visível estão impregnadas de uma não visibilidade que, a sua vez:

não ocorre porque eu seja espírito, uma "consciência", uma espiritualidade *positivas*, existência como consciência (isto é, como puro *aparecer-se*), mas porque sou aquele que 1) tem um mundo visível, i. e., um corpo dimensional e participável, 2) i. e., um corpo visível para si próprio, 3) e portanto, finalmente, uma presença a si que é ausência de si. (1964a, p. 303)

Vivo, na minha intimidade, "uma transcendência sem máscara ôntica" (1964a, p. 282-3), um distanciamento sem medida objetiva, que faz de mim um estranho para mim, uma ausência que conta. Tal ausência jamais se sobrepõe à visibilidade de meu corpo, e vice-versa; o que me torna comparável ao mundo e aos outros homens, em quem sempre reencontro essa comunidade ambígua, sempre prometida, mas jamais realizada objetivamente, entre o visível e o invisível. As coisas e muito especialmente os outros homens exprimem essa mesma ambigüidade, de modo que eu me sinta, como eles, um ser ao mesmo tempo visível e invisível, o que, por fim, impede qualquer forma de síntese ou identidade.

Não há coincidência entre o vidente e o visível. Mas um empresta do outro, toma ou invade o outro, cruza-se com ele, está em quiasma com o outro. (1964a, p. 314)

O que significa apenas dizer "que toda percepção é forrada por uma contrapercepção [...], é ato de duas faces, não mais se sabe quem fala e quem escuta" (1964a, p. 318). Eis por que razão, para Merleau-Ponty, o ser se comunica, paradoxalmente, com o nada. "O sensível, o visível deve ser para mim a ocasião de dizer o que é o nada – O nada não é nada mais (nem nada menos) que o invisível" (1964a, p. 311), essa forma de apresentação da alteridade que não faz concessões aos modelos objetivos, que está mais além deles, porquanto não toma o outro a partir de uma fórmula natural ou antropológica.

No coração do ser carnal, encontramos uma ambigüidade que consiste no fato de a percepção ser, ao mesmo tempo, familiaridade e estranhamento, identificação e diferença. Tal permite compreender qual é, enfim, a indivisão de que fala Merleau-Ponty, precisamente: a indivisão entre o idêntico e o diferente, entre o sensível e não sensível, entre o presente e o ausente, enfim, entre o "visível" e o "invisível". Há entre eles múltiplas "possibilidades" de quiasma, uma sorte de implicação formal (*Gestalthaft*), mas, jamais, coincidência.

> Em que sentido esses múltiplos quiasmas não fazem mais do que um só: não no sentido da síntese, da unidade originariamente sintética, mas sempre no sentido de *Uebertragung* [transposição], da imbricação, da irradiação do ser [...]: mesmo não no sentido da idealidade nem da identidade real. O mesmo no sentido estrutural: mesma membrura, mesma *Gestalthaft,* o mesmo no sentido de abertura de outra dimensão do "mesmo" ser [...]: daí no total um mundo que não é nem *um* nem 2 no sentido objetivo – que é pré-individual, generalidade. (1964a, p. 314-5)

É importante frisar que, em momento algum, com a noção de carne como ser de indivisão, Merleau-Ponty propõe a coincidência entre o "visível" e o "invisível", entre o corpo visível de meu próximo e o poder vidente que habita o meu. Trata-se apenas de mostrar como, na extremidade de meu corpo, se pode haver alguém assim como um outro vidente, é porque a visibilidade do próximo também é a minha, a de meu corpo; assim como sua invisibilidade, ela acomete também a mim, que não posso me ver vendo. No coração da comunidade formada por mim, pelo mundo e pelo próximo, há que se admitir uma alteridade radical, a vigência de um outro não objetivo: que é a invisibilidade de nós mesmos como videntes, a invisibilidade de um olhar outro que me atinge sem que eu tenha condições de dizer de onde tenha partido, a ponto de certos pintores, conforme a citação que Merleau-Ponty toma emprestada a André Marchand, sentirem repetidas vezes, no interior de uma floresta, "que não era eu quem a olhava, senti, certos dias, que eram as árvores que me olhavam, que me falavam" (Marchand *apud* Merleau-Ponty, 2004, p. 22).

Carne como ser de indivisão não designa um valor imaginário, uma produção da função personalidade, para usarmos uma terminologia gestáltica. Ao descrever a carnalidade, Merleau-Ponty não quer caracterizar a substância ou a operação a partir da qual se pode compreender a emergência do eu e do semelhante. Ele quer assinalar a impossibilidade dessa gênese e assumir, como elementos constitutivos da definição do eu e do próximo, essa cumplicidade no indeterminado. Há, nesse sentido, uma estranheza fundamental na origem de minha existência, estranheza essa a qual meu próximo vem sempre retomar, porquanto exprime algo que me é próprio, uma presença a qual sou capaz de perceber, mas que ainda assim não se reduz a mim. O hábito, tal como Merleau-Ponty o descrevia na *Fenomenologia da percepção*, é apenas uma faceta dessa estranheza íntima e compartilhada. Analogamente, a função id – acrescentamos nós – é a dimensão invisível dessa carnalidade que é o sistema *self*. E é do ponto de vista da função id (como invisibilidade) que se torna possível, na experiência clínica, a percepção do outro, do outro que somos nós, do outro que vem até nós partindo do corpo de nosso semelhante.

A PERCEPÇÃO DE OUTREM

Conforme Merleau-Ponty, a percepção do próximo é muito mais do que o ato de desvelar, num corpo que está diante de mim, a presença de um homem, a presença de um valor positivo em meu universo antropológico. O próximo assim visado é apenas um "objeto", um "lugar" que "meu olhar esmaga e esvazia de todo 'interior'" (Merleau-Ponty, 1969, p. 186). Numa linguagem gestáltica, tratar-se-ia apenas de uma "personalidade". Sem dúvida, o corpo dele está diante de mim, "mas, quanto a ele, leva uma singular existência: *entre* mim que penso e esse corpo, ou melhor, junto a mim, a meu lado, ele é como uma réplica de mim mesmo, um duplo errante, ele antes freqüenta meus arredores do que neles aparece [...]" (Merleau-Ponty, 1969, p. 186). Se eu tento fixá-lo, ele desaparece, escoa para um lugar ignorado, sem cessar de existir para mim. Por isso, meu próximo não é simplesmente alguém; para além de sua eventual pessoalidade, ele é uma presença impessoal, que participa de meu mundo, sem que eu possa dizer que ele seja meu. Há nele uma alteridade radical, que faz dele, mais do que minha réplica, "outrem".

A apresentação do invisível como "outrem" constitui o capítulo mais importante da filosofia da intersubjetividade proposta por Merleau-Ponty a partir dos anos 1950. Por meio dela, Merleau-Ponty tenta esclarecer em que sentido o próximo pode coexistir comigo sem se reduzir a uma formulação minha. Enquanto outrem, o próximo é diferente de mim, é invisível para mim, e sempre o será. Mas essa alteridade radical só é alteridade porquanto ela se manifesta em um visível como eu, em um corpo habitante de um mesmo mundo sensível. Eis em que sentido, dirá Merleau-Ponty, não devemos entender "outrem" como uma consciência, mas como o "habitante de um corpo, e através dele, do mundo" (1964a, p. 263). Ora, se pergunta Merleau-Ponty, "onde está o outro neste corpo que vejo?" (1964a, p. 263). Ao que responde:

> Ele é (como o sentido da frase) imanente ao corpo (não se pode destacá-lo para pô-lo à parte) e, contudo, é mais do que a soma dos signos ou significações por ela veiculados. É aquilo de que as significações são sempre imagem parcial e não exaustiva – e que contudo atesta estar presente por inteiro em cada uma delas. Encarnação inacabada sempre em curso. (1964a, 263)

Enquanto horizonte invisível desse corpo que percebo, outrem não é uma ocorrência objetiva, mas uma Gestalt. O que significa dizer que ele é um "princípio de distribuição, o pivô de um sistema de equivalências", o "fundo falso do vivido", por cujo meio me transporto para outras possibilidades, sem jamais atingi-lo (1964a a p. 258-9). Nesse particular, Merleau-Ponty ilustra a experiência de "outrem" com a experiência da comunicação linguageira. Mesmo na *Fenomenologia da percepção* (1945), a linguagem nunca foi para Merleau-Ponty uma vivência de coincidência. Ao contrário, ela é a própria ambivalência do processo de diferenciação estabelecido por cada gesto. Se os gestos funcionam como meio de comunicação, tal não se deve a que estabilizem a presença do interlocutor: se deve antes a que possam marcar uma diferença, um "outro" que não pode ser alcançado, mas que estabelece a ocasião do próximo gesto, da próxima tentativa, da próxima interrogação. Há, nesse sentido, uma espontaneidade no campo linguageiro, a qual consiste: na abertura que cada tentativa de fechamento exprime, na ausência que cada gesto atualiza, na possibilidade que cada ato inaugura.

No texto "A percepção do outro e o diálogo", incluído na publicação póstuma *A prosa do mundo* (1969), Merleau-Ponty se esforça para mostrar que essa espontaneidade que não vem de mim já está preparada para mim desde que eu comecei a existir, no campo amplo de minha percepção. Trata-se de uma reversibilidade que é muito mais (ou muito menos) que o consórcio entre irmãos. Trata-se da paradoxal vivência de um negativo, de uma ausência, de um duplo errante. Não posso localizar esse negativo em lugar algum, nem dentro, nem fora, nem à frente ou atrás. Ainda assim, posso experimentá-lo como uma sorte de descentramento decaída do meu ser em um domínio de generalidade onde não há mais centro. Se Merleau-Ponty ainda fala aqui de uma familiaridade, trata-se de uma familiaridade estranha, em que estou destituído de minha posição central. E já não se trata aqui apenas do lugar da visão. Não há, de fato, harmonia ou desarmonia de princípio. Se Merleau-Ponty fala de uma significação transferível, de uma situação comum, não se trata de uma consideração objetiva acerca de si, do próximo ou do mundo. Ao contrário, o que se transfere é justamente a vivência de estranhamento, o paradoxo de um mundo que não é só meu, mas que nem por isso me torna outro.

A formulação de Merleau-Ponty é: "eu e o outro somos como dois círculos quase concêntricos, e que se distinguem por uma leve e misteriosa diferença" (1969, p. 186). Esse parentesco – note-se bem, parentesco investido de uma leve diferença – "é o que nos permitirá compreender a relação com o outro, que de outra forma é inconcebível se procuro abordar o outro de frente e por seu lado escarpado" (1969, p. 187-8). Ora, o outro a que Merleau-Ponty se refere não é o outro imaginário, objetivado, personificado. É, antes, o outro que "não está em parte alguma no ser" (1969, p. 190). Mais do que isso, é o outro eu-mesmo, e que, nesse sentido, exprime um eu que é outro: um eu que é generalizado e que encontro toda vez que me ocupo de meu corpo ou presto atenção nos meus próprios paradoxos. Trata-se, novamente aqui, do invisível, agora apresentado como "outrem": "quando digo que vejo o outro, acontece sobretudo que objetivo meu corpo, outrem é o horizonte ou o outro lado dessa experiência – é assim que se fala ao 'outro', embora só se tenha relação consigo" (1964a, p. 278).

Com esse tipo de proposição, Merleau-Ponty não está querendo fazer a apologia do solipsismo. Aliás, ele sequer está tratando do problema da solidão da autoconsciência. Se eu percebo, junto ao meu próximo, uma intenção que me atinge, então já não se pode mais falar de solidão. Razão pela qual, com a proposição da noção de outrem, Merleau-Ponty visa, sim, a uma "transformação do problema" da vivência da alteridade. Merleau-Ponty se propõe deslocar essa discussão de um plano antropológico para um plano ontológico. Por isso, vai dizer, é preciso compreender que:

> outrem não é tanto uma liberdade vista de *fora* como destino e fatalidade, um sujeito rival de outro sujeito, mas um prisioneiro no circuito que o liga ao mundo, como nós próprios, e assim também no circuito que nos liga a nós. (Merleau-Ponty, 1964a, p. 322)

Tão verdadeiro quanto o fato de o próximo revelar a existência de outrem com o qual não posso coincidir é o fato de que essa alteridade radical é alteridade em meu mundo, em meu campo de possibilidades existenciais. Razão pela qual a noção de outrem nos faz perceber a existência de um "mundo que nos é comum", que é "intermundo". Nesse sentido, frente ao próximo e às coisas, compreendo que "há transitivismo por generalidade – e mesmo a liberdade tem sua generalidade" (1964a, p. 323). Eis por que Merleau-Ponty pode dizer, numa passagem em que estabelece uma espécie de inventário de sua filosofia da intersubjetividade: "o que trago de novo ao problema do mesmo e do outro? Isso: que o mesmo seja o outro do outro, e a identidade diferença da diferença" (1964a, p. 318). Em Merleau-Ponty, a intersubjetividade é uma dialética sem síntese.

Outrem como Tu

Na obra *Gestalt-terapia*, quando seus autores se referem àquilo que poderia ser considerado uma "teoria da intersubjetividade" aplicável à clínica, é à obra *Eu e Tu,* de Martin Buber (1923), que eles se reportam. Eles não estabelecem, em momento algum, um estudo aprofundado sobre a "dialógica" nos termos da qual Buber formula, mais que uma ontologia da relação, uma "antropologia do inter-humano", conforme o dizer de Von Zuben (1977, p. XL). Ainda assim, se referem às noções de EU, TU, ISSO para caracterizar as propriedades do sistema *self* [4]. Mais precisamente, Perls, Hefferline e Goodman lêem as noções de EU, TU, ISSO como se elas pudessem designar, de um ponto de vista antropológico: o modo temporal segundo o qual, na fronteira de contato e junto a um dado material, a função de ego (EU) retoma um fundo de passado (TU) em proveito das criações futuras e da sedimentação das identidades objetivas (ISSO). Por conseguinte, é como se os fundadores da GT reconhecessem, nas noções buberianas, o formato temporal do sistema *self* entendido como um evento intersubjetivo. Esse reconhecimento, evidentemente, não pode ser sustentado a partir do texto do próprio Buber – ao me-

Fenomenologia e Gestalt-terapia ‖ 301

nos explicitamente. Mas não é de todo impensável. Afinal, conforme afirma Von Zuben, em sua introdução à tradução brasileira da obra *Eu e Tu*, de Martin Buber (1923):

> [a] presença do TU – subjacente no fluxo constante da relação EU-TU e no relacionamento EU-ISSO, e mesmo durante o relacionamento EU-ISSO – evoca-nos a idéia de "campo de presença" a que se refere Merleau-Ponty na *Fenomenologia da percepção*. (Von Zuben, 1977, p. LXV)

E talvez seja essa leitura merleau-pontyana e, por conseguinte, "temporalizante", o que nos ajudará a compreender em que sentido, para Perls, Hefferline e Goodman: diferentemente do ISSO (que "é a sensação dos materiais, dos anseios e do fundo"), diferentemente do EU (que "é tomar as providências e fazer as identificações e as alienações progressivas"), o TU "é o caráter direcionado do interesse" (PHG, 1951, p. 183). Ora, o que é o caráter direcionado do interesse? O que isso tem a ver com o tempo?

A noção de "campo de presença", conforme vimos em capítulos anteriores, diz respeito ao modo temporal segundo o qual, em torno de uma tensão material compreendida como dado atual, arma-se um duplo horizonte de co-presenças que exercem função naquele dado. Por um lado, enquanto horizonte de passado, a) nós temos a co-presença de campos de presença que já não são mais atuais e que permaneceram retidos como fundo de passado. Esse fundo, evidentemente, não se confunde com uma sorte de representação daquilo que deixou de ser atual. Trata-se, ao contrário, de uma espontaneidade, de uma "forma" viva que se "repete" na atualidade do dado como orientação vinda do passado. Ou, então, no caso de um fundo de passado reprimido, trata-se de uma forma inibitória que, apesar de anônima, retorna para interromper a expansão de uma tensão material não realizada (situação inacabada). Por outro lado, enquanto horizonte de futuro, b) nós temos a co-presença de "possibilidades de transformação" da história que repetimos desde o passado. Tais possibilidades, entrementes, não vêm do próprio passado que estamos a repetir, mas de algo que se cria junto ao próprio dado atual. De sorte que, junto ao dado, temos também um duplo horizonte de diferenciação ou estranhamento, que é o passado e o futuro. Eles são manifestações de algo que não podemos dominar completamente, mas por cujo meio, ao mesmo tempo em que nos conservamos (como repetição), nos ampliamos (como criação). Por outras palavras, futuro e passado são uma espécie de alteridade de nós mesmos, produzida a cada vivência como o duplo horizonte presuntivo para onde nossa existência se transcende, apresente-se tal horizonte como origem ou como expectativa.

Ora, também em Buber nós encontramos a descrição da co-presença de uma alteridade irredutível. Trata-se da noção de TU. Em sua obra *Eu e Tu*, Buber (1923, p. 31) descreve o TU como a presença nostálgica de um vínculo originário – de onde eu mesmo provim – e que permanece no horizonte de minhas formas de inserção mundanas. Trata-se de algo que, mesmo tendo sido estabelecido no passado, não me incita a retornar, mas, sim, a prospectar.

A vida pré-natal das crianças é um puro vínculo natural, um afluxo de um para outro, uma inter-ação corporal na qual o horizonte vital do ente em devir parece estar inscrito de um modo singular no horizonte do ente que o carrega, e entretanto, parece também não estar aí inscrito, pois não é somente no seio de sua mãe humana que ele repousa. Este vínculo é tão cósmico que se tem a impressão de estar diante de uma interpretação imperfeita de uma inscrição primitiva, quando se lê numa linguagem mítica judaica que o homem conheceu o universo no seio materno, mas que ao nascer tudo caiu no esquecimento. E este vínculo permanece nele como uma imagem secreta de seu desejo. Não como se sua nostalgia significasse um anseio de volta, como prescrevem aqueles que vêem no espírito, por eles confundido com o intelecto, um simples parasita da natureza. Ao contrário, é a nostalgia da procura do vínculo cósmico do ser que se desabrocha ao espírito com seu TU verdadeiro. (Buber, 1923, p. 28)

Para Buber, o TU não é alguém, mas uma nostalgia que procura preencher-se, um acontecimento originário que retorna do passado ao presente como aquilo que me lança ao futuro. Ainda conforme Buber (1923, p. 14): o TU é a "presença" permanente da "relação" constitutiva de meu ser, "relação" essa que é meu verdadeiro *a priori*: "[n]o começo é a relação" (1923, p. 20). Eis por que Buber vai se referir ao TU primeiramente nos termos de uma "palavra-princípio", de uma *Grundwort* que funda minha existência inter-humana, precisamente, a palavra-princípio EU-TU. Enquanto palavra-princípio EU-TU, o TU não é algo diferente de mim, tampouco alguém idêntico. Trata-se da indistinção de nossos seres como princípio, indistinção essa que permanece como horizonte desejado mesmo depois de haver se estabelecido nossa separação, nossa instituição como objetividades no campo da palavra-princípio EU-ISSO[5].

O TU, por conseguinte, não se confunde com a apresentação empírica que posso testemunhar relativamente aos semelhantes. O TU, enquanto tal, não é algo ou alguém experienciável.

[a]quele que diz TU não tem coisa alguma por objeto. [...] Na medida em que se profere o TU, coisa alguma existe. O TU não se confina a nada. Quem diz TU não possui coisa alguma, não possui nada. Ele permanece em relação. (1923, p. 5)

Ou, ainda:

Que experiência pode-se então ter do TU? Nenhuma, pois não se pode experienciá-lo. O que se sabe então a respeito do TU? Somente tudo, pois, não se sabe, a seu respeito, nada de parcial. Eu não experiencio o homem a quem digo TU. Eu entro em relação com ele no santuário da palavra-princípio. Somente quando saio daí posso experienciá-lo novamente. A experiência é distanciamento do TU. (1923, p.10)

O TU é aquele a quem só posso "encontrar" em regime de "relação". Só posso "encontrá-lo" no face-a-face da palavra princípio, onde, paradoxalmente, não estou mais investido do poder objetivante, por cujo meio poderia reconhecer nele uma coisa, uma qualidade, um modo de ser... Ou, então:

> [o] homem não é uma coisa entre coisas ou formado por coisas quando, estando eu presente diante dele, que já é meu TU, endereço-lhe a palavra-princípio. Ele não é um simples ELE ou ELA limitado por outros ELES ou ELAS, um ponto inscrito na rede do universo de espaço e tempo. Ele não é uma qualidade, um modo de ser, experienciável, descritível, um feixe flácido de qualidades definidas [...]. Posso extrair a cor de seus cabelos, o matiz de suas palavras ou de sua bondade; devo fazer isso sem cessar, porém ele já não é mais meu TU. (Buber, 1923, p. 10-11)

Tal como a noção merleau-pontyana de outrem, aparentemente, o TU descrito por Buber é a co-presença de um passado que continuamos a visar como horizonte possível de nossas existências. O TU buberiano é esse "invisível" que buscamos repetir no futuro como origem, como hábito, como nosso estilo de ser.

Ora, os fundadores da GT percebem que as noções buberianas, muito especialmente a noção de TU, não têm em vista caracterizar uma transcendência empírica, um dado material estrangeiro. Elas têm em vista, sim, pontuar a co-presença de uma relação passada a qual podemos retomar. Trata-se de uma alteridade que, não obstante haver se dissipado enquanto atualidade material, continua disponível como um fundo de passado e um horizonte de expectativas. No interior do sistema *self*, a sua vez, essa alteridade não é mais que o momento do "contato final". Nele, a função de ego é "descentrada" (nos termos de uma "síntese de transição") em proveito da abertura de um novo campo, junto ao qual o campo anterior poderá ser satisfeito ou evitado (em se tratando de um ajustamento neurótico):

> [...] Contato final: em contraste com um fundo de ambiente e corpo desprovidos de interesse, o objetivo vívido é a figura e está em contato. Relaxa-se toda deliberação e há uma ação espontânea unitária da percepção, do movimento e do sentimento. A *awareness* está no seu ponto mais radiante, na figura do Tu. (PHG, 1951, p. 208)

Eis aqui o "caráter direcionado do interesse", a direção de transcendência do sistema *awareness*, o descentramento do *self* em proveito de um novo campo de presença, de um campo de presença "outro", enfim, que seja para minha atualidade um TU.

A noção de "TU", por conseguinte, não designa – para Perls, Hefferline e Goodman – o semelhante, mas aquilo que se produz em torno deste, precisamente, o escoamento da ação e do pensamento em direção ao inesperado. Ou, então, o TU é esse invisível sempre mais além do que está dado (como ISSO) e para onde a função de ego (como EU) se transcende. Ora, como esse outrem como TU pode ser percebido no contexto da experiência clínica?

O OUTRO NA EXPERIÊNCIA CLÍNICA

Também a experiência clínica é uma sorte de "ser de indivisão" entre aquilo que clínico e consulente anunciam como "território comum". Em parte, clínico e consulente compartilham objetos, valores, rituais, enfim, representações "visíveis" daquilo que haveria de dar unidade e consistência a cada qual (função personalidade). Ainda assim, eles nunca constituem uma unidade de fato, a consumação de suas vidas numa coincidência plena, sem diferenças. Ao contrário disso, eles são freqüentemente "descentrados" pelos efeitos produzidos pelo discurso e pela ação que eles próprios estabelecem no contexto da sessão, quais sejam aqueles efeitos: as manifestações comportamentais desses "invisíveis" que são a inibição reprimida e as funções de id e de ego. A meta da experiência clínica – dessa proposta ética de comprometimento com aquilo que faz derivar – é viabilizar a manifestação desses invisíveis. O que exige, tanto do clínico quanto do consulente, uma postura de disponibilidade, para não dizer passividade ao modo "como": a) a inibição reprimida opera com a ansiedade (situação inacabada) e b) a função de ego cria a partir da angústia (função id disponível). Por outras palavras, clínico e consulente são convocados à experiência de percepção disso que, para cada qual, é "outro", precisamente, suas próprias inibições, os hábitos disponíveis e as ações inesperadas, criativas.

A disponibilidade ao "outro" não é, para o clínico, uma postura de cumplicidade em relação aos valores, objetos e rituais produzidos pelo consulente. Assumir tal postura não seria mais que corroborar a "personalidade" com a qual o consulente se identifica. A função personalidade, entrementes, não é o tema da clínica gestáltica dos ajustamentos neuróticos. Razão pela qual, para o clínico, o primeiro desafio a ser enfrentado é a "suspensão" dos vínculos personalistas, em nome dos quais, na maioria das vezes, o consulente "atua" – quando não o próprio clínico. Estabelecer essa suspensão significa para o clínico abrir mão da pretensão de "compreender", "descobrir" e "explicar" o que se apresenta na ação e no discurso do consulente. Mais do que isso, fazê-lo implica abrir mão da pretensão de "cuidar", "ajudar" ou "proteger" o consulente. O clínico só pode compreender, descobrir e explicar aquilo que ele mesmo formula relativamente ao seu consulente. Ele só pode ajudar e proteger aquilo que ele mesmo atribui a quem o consulta. Em se tratando da ação e do discurso expressos pelo consulente, enfim, a escuta, o olhar, a atenção do clínico destina-se àquilo que, ao próprio clínico, parece "estranho", "ameaçador", ansiogênico ou angustiante. Tal significa que, para o clínico, a percepção do outro (junto aos comportamentos desempenhados pelo consulente) paradoxalmente requer a percepção daquilo que é outro em si próprio. Afinal, tanto quanto os valores imaginários compartilhados enquanto função personalidade, a alteridade radical é um fenômeno de campo, é uma generalidade, apenas que indeterminada, mas, ainda assim, transferível. O clínico tanto pode testemunhá-la no semelhante quanto em si próprio. E é o advento dessa alteridade a confirmação de que, finalmente, se está em terapia.

Isso não significa, entretanto, que o clínico possa coincidir com o outro, com aquilo que nele mesmo é outro. Afinal, se estamos falando de algo que é outro, tal implica a impossibilidade de coincidência. Nesse sentido, para o clínico, a percepção do outro é, simultaneamente, um deixar-se arrebatar por aquilo que, a partir do consulente, retorna a si como perdição. Essa perdição, entretanto, não é a ocasião do fracasso da experiência clínica gestáltica. Ao contrário, é sua condição. Afinal, é somente à medida que algo indeterminado se manifesta que o esforço de criação pode estabelecer um deslocamento no estado de coisas, uma transformação naquilo que se revelou, seja para o consulente seja para o clínico. Por outras palavras, é somente à medida que o estranho se exprime nos comportamentos do clínico e do consulente que funções de ego podem ser desempenhadas. Para o clínico, tal retomada da função de ego pode ser, por exemplo, a formulação de uma pergunta naquele momento em que, por conta de algo que estivesse sendo dito ou feito na sessão, ele próprio preferiria calar-se. Ou, então, pode ser o silenciar, no momento em que as palavras poderiam aplacar a ansiedade que o invadira subitamente depois que um inesperado se revelou no consulente. Ou, então, ela pode ser a pontuação de uma postura corporal, o pedido para que o consulente repita uma frase, não obstante o próprio clínico estar interessado no desfecho da história que aquele esteja a relatar. À medida que o clínico assume o estranho que se manifesta nele, sua ação criativa surte no consulente um efeito "outro", descentra o consulente em suas garantias personalistas, convidando-o a criar. Por conseqüência, tanto para o clínico quanto para o consulente, deixar-se descentrar pelo "outro manifestado na sessão" é simultaneamente despertar a capacidade de criação, de crescimento, mais além do que está assegurado, assimilado como personalidade, ou, freqüentemente, reprimido como inibição.

O outro – que surge nas entrelinhas dos discursos e das ações desempenhados pelo clínico e pelo consulente – não é um pensamento, uma ação ou um objeto empírico que possamos rapidamente identificar. De um modo geral, o outro tem relação com algo que não se deixa identificar nem mesmo pelas categorias clínicas as quais o clínico emprega usualmente nas sessões de supervisão clínica. Trata-se antes da presença de hábitos, de estilos de agir e de pensar, que atravessam a visibilidade dos comportamentos, exprimindo a co-presença de um fundo invisível, ora em benefício de uma criação, ora em proveito da inibição de situações inacabadas. O outro, nesse sentido, é, simultaneamente, inédito e repetido. Inédito enquanto efeito produzido pelo comportamento atual, no qual se inscreve como bruma misteriosa, anônima. Repetido porquanto seu anonimato é tributário de algo que se perdeu, que não se mostra na atualidade do comportamento, mas que se exprime como horizonte de passado, origem presumível, orientação herdada. Por outras palavras: os consulentes produzem na sessão respostas nunca dantes vistas pelo clínico; mas, ao mesmo tempo, são respostas que desenham relações inatuais, como se estivessem a omitir ou requisitar outros gestos, outras palavras, outros significantes que, por conseguinte, são "intuídos" como faltantes, co-presentes, vindos de um lugar anônimo. O inédito e o repetido são aqui apenas dois perfis desse outro irredutível e inesperado, ao qual Jacques Derrida (2004, p. 331-2) denominou de iterabilidade:

> [...] não há incompatibilidade entre a repetição e a novidade do que difere. [...] uma diferença sempre faz com que a repetição se desvie. Chamo isso de iterabilidade, o surgimento do outro *(itara)* na reiteração. O singular sempre inaugura, ele chega mesmo, de

modo imprevisível, como o chegante mesmo, por meio da repetição. Recentemente me apaixonei pela expressão francesa "*une fois pour toutes*" [de uma vez por todas]. Ela expressa com bastante economia o acontecimento singular e irreversível d[o] que só acontece uma vez e, portanto, não se repete mais. Mas, ao mesmo tempo, ela abre para todas as substituições metonímicas que a levarão para outro lugar. O inédito surge, quer se queira, quer não, na multiplicidade das repetições. Eis o que suspende a oposição ingênua entre tradição e renovação, memória e porvir, reforma e revolução. A lógica da iterabilidade arruína de antemão as garantias de tantos discursos, filosofias, ideologias...

Como o clínico pode perceber o outro? É por meio de seu corpo – ou melhor, dos paradoxos de seu próprio corpo – que o clínico reconhece a vigência de uma alteridade no seio da experiência clínica. Mas corpo aqui não é um conjunto de dispositivos anatômicos separados do mundo, ou, simplesmente, o receptáculo de um poder espiritual. O corpo tem relação com a capacidade de eu me fazer coisa entre as coisas, semelhante entre os semelhantes, mas, também, de me "perceber" vidente, sujeito da percepção, tal qual outrem. O corpo, por conseguinte, é minha ligação visível com o tecido do mundo, com cada região e momento da sessão terapêutica. Mas, também, é a vivência de um estranho, de um ponto de fuga por onde a paisagem se escoa, apresente-se essa vivência como região inalcançável de minha própria visibilidade, apresente-se ela como invisibilidade do olhar que me atinge vindo do consulente. Na sessão terapêutica, especificamente, o corpo é o movimento de descentramento em que o clínico é tragado toda vez que uma fala ou um gesto do consulente desempenham, alguns metros à frente desse lugar invisível e silencioso que é o lugar do olhar e da escuta terapêuticos, visíveis e invisíveis, sons e silêncios que o próprio clínico pode retomar por si, abrindo dessa maneira uma nova perspectiva sobre sua própria existência que, dessa forma, já não será a mesma, será outra, a própria percepção do outro. É como se, em função da capacidade para retomar em si mesmo paradoxos alheios, o clínico visse nascer, em si mesmo, uma presença outra, tal como, todos os dias, antes de dormir e em função de nossa capacidade para imitar no leito nosso próprio sono, acabamos dominados pelo adormecimento. Evidentemente, não se trata de dizer que o clínico possa viver algo tal qual o semelhante viveu. Trata-se apenas de dizer que o clínico é capaz de "perceber", em si, algo que é vivido por outro e, nesse sentido, como algo outro. Ademais, essa percepção do outro em si não dá ao clínico uma espécie de poder sobre o que ele próprio esteja a perceber. Assim como no sono cada qual perde o controle sobre si, na sessão terapêutica, quando retoma o que se apresenta no semelhante, despertando dessa forma a presença do outro em si, o clínico perde suas certezas, suas garantias. Ele se apercebe envolvido numa série de dúvidas, sentimentos estranhos, reações que não planejara, enfim, vivências que "não" vão ao encontro de seus registros biográficos, de suas lembranças. Se o clínico, nesse momento, tentasse evocar registros ou lembranças, ou por eles fosse atravessado, ele não faria mais que interromper (volitiva ou inconscientemente) o contato com essa coisa "outra", com essa coisa "estranha" que advém a ele vinda do consulente. Se essa coisa for uma ansiedade, é possível que o clínico esteja a perceber, a partir do que retomou do consulente, um excitamento inibido. Obviamente, o clínico não saberá qual é esse excitamento (porquanto nunca se sabe nada a respeito do que é outro). De todo modo, tal manifestação abre possibilidades para que o clínico possa estabelecer a analítica do "como" se dá a inibição, a analítica da inibição reprimida.

Eis o momento de o clínico enfim fazer a intervenção, que não consiste noutra coisa senão delegar ao consulente a tarefa de esclarecer, se apoderar, destruir ou refazer os efeitos que, a partir desse mesmo consulente, o clínico pôde perceber e tão-somente perceber. Sendo esse efeito uma ansiedade, a intervenção consiste na "frustração habilidosa" (Perls, 1973, p. 105) do consulente, para que este crie novas formas de operação com tal ansiedade; até que, com o passar

Fenomenologia e Gestalt-terapia | 311

das sessões: a) a inibição reprimida finalmente reaja, não para pulverizar a ansiedade, mas para atacar a provocação, atacar o laço social estabelecido entre o consulente e o clínico e b) a função de ego no consulente possa ultrapassar a própria inibição em proveito de novos ajustamentos criadores.

NOTAS

1 Perls, Hefferline e Goodman (1951, p. 46).

2 Para Perls, Hefferline e Goodman, há que se distinguir: a) a função de ego definida como o agente do contato, o sistema *awareness* em operação e b) o sistema de representações deliberadas denominado de ego ou consciência. A psicologia do ego não compreende a vigência daquela função, restringindo-se a descrever as representações inibitórias desenvolvidas por essa suposta instância psíquica chamada ego ou consciência (vide Perls, Hefferline e Goodman, 1951, p. 192).

3 Podemos admitir que, do ponto de vista dos efeitos, a transferência na psicanálise visa a consolidar um campo entre o analista e o analisando. Freud até falou de uma comunicação de "inconsciente para inconsciente". Mas, quando se trata de descrever essa "comunicação", os psicanalistas clássicos apresentam-na como se ela fosse uma relação entre duas pessoas, onde uma delas se furtaria ao ofício de corresponder. Não apenas isso, eles a descrevem como se, entre essas duas pessoas, estivesse se caracterizando o retorno de uma cena primitiva, de uma relação parental arcaica: neurose de transferência. Para os fundadores da GT, não é impossível, ao contrário, é até freqüente que relações parentais figurem nas relações de campo que constituem uma sessão terapêutica. Mas não é a cena que vincula analista e analisante. Aliás, quando se estabelece o vínculo, não se pode mais dizer ao certo quem é quem. Seria preciso dizer que aquilo que constitui o vínculo – aquilo que efetivamente se "transfere" – tem relação com a despersonalização de ambos, porquanto nem a inibição reprimida nem a função id (os quais, na linguagem psicanalítica poderiam não sem equívocos serem comparados ao inconsciente e à pulsão) são pessoais. E é desse lugar, onde não há nem um nem dois, que uma "comunicação" se estabelece, duas funções de ego passam a trocar de papel, até que a função de ego no consulente possa criar sozinha. Aliás, criação é o nome da comunicação que se estabelece em regime de terapia gestáltica. Tal criação pode usar como matéria-prima tanto as cenas parentais evocadas pelo consulente, como o

barulho do vento sacudindo as persianas da janela do consultório. O importante é que sejam a ocasião para que as funções de ego implicadas possam ir além de suas próprias inibições reprimidas – e não necessariamente contra elas.

4 Não é nosso propósito fazer o comentário das noções buberianas de EU, TU e ISSO, ou das palavras-princípio no interior das quais estão articuladas como expressão propriamente humana de nosso ser no mundo. Para tanto, recomendamos os diferentes pontos de vista que podemos ler no artigo de Levinas sobre Buber e Gabriel Marcel (1978), na introdução à tradução brasileira da obra *EU e TU* (Buber, 1923) estabelecida por Von Zuben (1977), ou, ainda, nos trabalhos de Sidekum (1979) e Holanda (1998).

5 Conforme Buber, "O EU surge da decomposição das vivências primordiais, provém das palavras originais vitais, o EU-*atuando*-TU e TU-*atuando*-EU, após a substantivação e a hipóstase do particípio. [...] Assim se manifesta, na história intelectual do primitivo, a diferença fundamental entre as duas palavras-princípio. Já no evento primordial da relação, ele profere a palavra-princípio EU-TU de um modo natural, anterior a qualquer forma, sem ter-se conhecido como EU, enquanto a palavra-princípio EU-ISSO torna-se possível, através desse conhecimento, através da separação do EU. [...] A primeira palavra-princípio EU-TU decompõe-se de fato, em um EU e em um TU, mas não proveio de sua justaposição, é anterior ao EU. A segunda, o EU-ISSO, surgiu da justaposição do EU e ISSO, é posterior ao EU"(Buber, 1923, p. 25). Um pouco adiante, acrescenta Buber: "A verdadeira compreensão destes fenômenos [...] só pode ser atingida na medida em que, quando observados e examinados, for levada em consideração sua origem cósmica e meta-cósmica, a saber, a saída do mundo primordial indiviso, não formado ainda, de onde o indivíduo físico já se desligou pelo nascimento, mas não ainda o indivíduo corporal, integral, atualizado que só pode realizar esta passagem gradualmente, à medida que entra nas relações" (1923, p. 32).

9

Estilo gestáltico de intervenção clínica nos ajustamentos neuróticos

Não são poucos, mesmo entre os próprios praticantes da GT, aqueles que consideram tal abordagem clínica uma coleção de técnicas úteis à prática psicoterapêutica concebida, entrementes, a partir de um outro referencial teórico, dado que a GT estaria desprovida de um. E não se trata aqui de fazer a refutação desse equívoco – uma vez que não se pode argumentar contra aquilo que não faz sentido[1]. Trata-se, antes, de mostrar o quanto os recursos clínicos adotados pelos gestalt-terapeutas – que levam em conta o sentido ético dessa prática clínica e, portanto, o primado daquilo que nela gera uma deriva, precisamente, o "outro" – estão articulados com as reflexões que, já na fundação da abordagem, se faziam presentes: a teoria do *self*, a teoria da inibição reprimida, a teoria da neurose como perda das funções de ego para a fisiologia secundária, as quais, dentre outras, são tão-somente leituras possíveis daquilo que se estabelece espontaneamente na sessão terapêutica. Ademais, é preciso acrescentar não haver, na história da GT, qualquer sorte de recomendação sobre quais técnicas usar ou evitar. Afinal, sendo a vivência clínica uma experiência de campo em que se constitui um sistema *self* e sendo a espontaneidade a principal propriedade desse sistema, é de se supor que as formas de "pontuação do como" estabelecidas pelos clínicos sejam fundamentalmente intervenções criativas e exclusivas a cada ajustamento vivido. Ainda assim, podemos encontrar no livro de fundação da abordagem uma reflexão sobre o sentido ético de algumas formas de ajustamento e de intervenção estabelecidos em regime clínico – e que podem pautar aquelas inventadas por nós mesmos a cada nova sessão.

Contato inicial e configuração do campo clínico

A chegada dos consulentes é uma ocorrência de extrema relevância para o clínico. Afinal, já nesse "contato inicial" o clínico pode perceber – em função do lugar que é ou não convidado a ocupar – a presença das funções de *self* ou o comprometimento de alguma delas.

Evidentemente, essas funções e respectivos comprometimentos não são ocorrências "visíveis". O que se mostra de modo visível são alguns cerimoniais, alguns comportamentos socialmente sancionados, especialmente pela "cultura" psicoterapêutica, como por exemplo: as posturas sedutoras ("ouvi dizer que o doutor é..." ou "não acredito em psicoterapia..."), as posturas desafiadoras ("o que o doutor sabe sobre isso?"), posturas exibicionistas ("já fiz seis anos de análise..." ou "tenho algo horrível para lhe dizer..."), as autovitimizações ("não sei se posso pagar o valor de sua sessão..."), dentre outros infinitos expedientes, os quais sempre carregam, como sua dimensão invisível, um "apelo" a nossa participação. Ou, então, somos surpreendidos pela total ausência de apelos, como se o consulente não tivesse consulta a fazer, como se não tivéssemos nada a lhe oferecer. Nossa presença para ele é tão contingente quanto a do quadro artístico pendurado na parede. Ou, ainda, deparamo-nos com consulentes, sobretudo usuários da rede pública ou dos serviços substitutivos de saúde, os quais, não obstante tentarem apelar por nossa intervenção, comportam-se como se não soubessem fazê-lo, como se lhes faltassem aqueles expedientes socialmente sancionados.

De toda sorte, essas formas "visíveis" de apresentação geram um "efeito invisível" em nós mesmos (como clínicos). Somos convocados a ocupar um lugar em um "campo" pelo qual não deliberamos. E quanto mais cedo nos deixamos conduzir a esse lugar, mais rapidamente vislumbramos, como a um "outro" com quem, ainda assim, não podemos coincidir: a) tentativas criativas de aniquilação ou disfarce de excitamentos ansiogênicos, b) tentativas de preenchimento ou articulação de excitamentos que não são sentidos como se fossem próprios, c) buscas desesperadas por dados que não estão disponíveis. Quanto mais cedo nos deixamos conduzir a esses lugares para os quais estamos sendo convocados, mais rapidamente percebemos o tipo de ajustamento que os consulentes estão tentando estabelecer e, por conseqüência, qual função do *self* em cada qual está comprometida. Por outras palavras: a percepção das funções comprometidas, dos ajustamentos estabelecidos, da satisfação possível alcançada por cada consulente, tudo isso passa pela capacidade que nós, terapeutas, devemos ter de nos deixar descentrar. Ou, ainda, a percepção desses "invisíveis" tem relação, para nós, clínicos, com nossa passividade ao campo.

No caso dos consulentes em quem testemunhamos buscas desesperadas por dados que não estão disponíveis, se os dados realmente não estiverem disponíveis (por exemplo, um pouco de alimento que pudesse ser oferecido a um desempregado subnutrido, em crise de hipoglicemia, encaminhado ao psicólogo de um posto de saúde), a função de ego neles não poderá ser desenvolvida. Conseqüentemente, o contato não poderá acontecer e nada poderá ser assimilado, nem mesmo uma identidade objetiva, base constitutiva da função personalidade. É provável que estejamos diante de um ajustamento aflitivo. Não é nosso objetivo, por ora, dissertar sobre os ajustamentos aflitivos e sobre as formas de intervenção gestáltica nesses casos. Mas desde já alertamos para a importância dessa clínica e a urgência em desenvolvê-la junto à nossa comunidade.

Se pudermos, entretanto, observar junto aos consulentes uma função de ego desempenhando uma ação qualquer, é preciso atentar para qual lugar essa ação nos reserva (enquanto terapeutas). Ou essa ação acontece à revelia de nossa presença no campo; o que não significa que, em alguns momentos, não possamos ser convocados a atuar como "figurantes", meros colaboradores dos reais protagonistas da ação, precisamente: as funções de ego que estejam fazendo um ajustamento psicótico (como no caso daqueles consulentes que tentam preencher ou articular excitamentos que eles próprios não demonstram sentir como seus). Ou, então, essa ação nos implica diretamente como agentes "co-adjuvantes", como se a função de ego nesse campo dependesse de nossa participação efetiva – caso em que, provavelmente estaremos envolvidos em um ajustamento neurótico. Esse é o caso daqueles consulentes que, para aplacar a ansiedade decorrente de um excitamento que eles próprios estejam a inibir de maneira habitual, "apelam" por nossa intervenção direta, "apelam" para que assumamos uma determinada função em favor da aniquilação da ansiedade por eles sentida: "modelos" a quem eles possam imitar na esperança de preencherem o vazio ansiogênico que os afeta; "mestres" que os ensinem a suportar uma ansiedade que não pode ser mais ignorada; "réus" em quem reconheçam a causa da ansiedade que os atinge; "cuidadores" de quem esperam um linimento que, enfim, abrande a ansiedade que os torna vítimas; "admiradores" em quem encontram confirmação para continuar adiando a realização do excitamento ansiogênico.

No caso dos ajustamentos neuróticos, os únicos que nos interessam por ora, os apelos dirigidos ao clínico estão freqüentemente relacionados às diversas formas de interrupção da expansão da ansiedade pelas etapas do processo de contato. O apelo é ele mesmo a ação da inibição reprimida, que assim tenta pulverizar a ansiedade decorrente das ameaças de deflagração do excitamento inibido desencadeadas pela situação clínica. Ou, então, o apelo é a própria realização social da inibição reprimida em regime clínico. Não se trata, ao menos nas primeiras sessões, de um ataque ao clínico, mas de uma tentativa de inclusão deste. O clínico é requisitado a participar dos ajustamentos neuróticos desempenhados pelo consulente.

Ele é convidado a ajudar o consulente no trabalho de produção de um sintoma, o qual mais não é que a própria interrupção do excitamento ansiogênico nas diversas etapas do processo de contato. Quando o consulente dirige ao clínico o apelo "seja meu mestre", é a presença da ansiedade no momento do "pré-contato" que se trata de aplacar. Caso exercesse a função de mestre, o clínico estaria corroborando um ajustamento introjetivo. Quando dirige ao clínico o apelo "seja meu réu", é a presença da ansiedade no momento do "contatando" que o consulente tenta dissipar. O clínico que assumisse essa função estaria ratificando um ajustamento projetivo. Também o apelo "seja meu cuidador" diz respeito ao momento do "contatando". Mas, agora, o clínico é convocado a validar a retroflexão que o consulente imputa a si mesmo, também com o propósito de aniquilar a ansiedade. No caso de o apelo ao clínico ser "seja meu fã", o consulente está tentando implicar o clínico em um ajustamento egotista. Caso validasse as múltiplas formas de controle que o consulente tenta exercer sobre sua própria vida, o clínico pouparia o consulente de ter de enfrentar a ansiedade implicada no "contato final". O apelo "seja meu modelo", a sua vez, é uma tentativa do consulente de empenhar o clínico no trabalho de dissolução da ansiedade advinda do fato de não haver, para o próprio consulente, um excitamento disponível; haja vista a inibição reprimida ter interrompido a assimilação do excitamento no momento do "pós-contato". O consulente tenta preencher esse vazio incorporando algo que ele solicita do próprio clínico. Caso fornecesse esse modelo, o clínico estaria ratificando um ajustamento confluente.

Mas, uma vez atingido pelo apelo que se configura no campo, uma vez descentrado no ajustamento que é para ele algo inopinado, o gestalt-terapeuta começa a perceber um modo de funcionamento na maioria das vezes ignorado pelo consulente. Se esse descentramento se produzir mais de uma vez, o gestalt-terapeuta terá então atingido, mais além do "assunto", da "queixa", enfim, das "personalidades" promulgadas pelo consulente, a vigência de uma ansiedade, de um excitamento inibido, o qual se presume associado a uma forma específica de inibição. O gestalt-terapeuta terá atingido a vigência de algo "outro". Trata-se de algo "outro" não apenas para o clínico, mas, também, para o próprio consulente. Razão pela qual não cabe ao clínico gestáltico identificar o excitamento inibido, ou a origem da inibição apresentada, tampouco exigir que o consulente o faça. Ao clínico gestáltico somente interessa pontuar, no curso da própria sessão, o momento exato em que esse "estranho" esteja se repetindo, o momento preciso em que ele torne a se produzir. Tal pontuação concorrerá para uma eventual implicação do consulente em seu próprio ajustamento. O campo clínico estará configurado. Uma figura "estranha", "outra", estará sinalizada. O que dará início à clínica gestáltica, ao trabalho não do clínico, mas do consulente.

O CONTRATO CLÍNICO

A pontuação estabelecida pelo clínico relativamente ao momento em que ele mesmo é surpreendido pela repetição de um inesperado, no aqui/agora da sessão, é a pedra fundamental de todo e qualquer processo de intervenção gestáltica nos ajustamentos neuróticos. Essa pontuação pode acontecer em qualquer momento da primeira sessão, ou depois de transcorridas muitas sessões. O importante é que o clínico se deixe afetar por tal inesperado, no momento em que ele estiver se repetindo, porquanto ele é o "objeto" específico a partir do qual poderá propor, ao consulente, um contrato terapêutico.

No caso da clínica dos ajustamentos neuróticos, não interessa ao clínico dar conta dos assuntos ou problemas formulados pelo consulente em termos de queixa; ainda que, no início, antes do estabelecimento do contrato, o consulente possa esperar soluções para os problemas corriqueiros que esteja a formular. Mas tão logo o consulente estabeleça na sessão um ajustamento de evitação ou de criação em que ele próprio se surpreenda, o clínico tem a ocasião ética de esclarecer, enfim, qual é o "objeto" da clínica gestáltica dos ajustamentos neuróticos, precisamente: a pontuação das "formas" (*Gestalten*) de evitação, ou de criação, nas quais, por obra do próprio consulente, o clínico foi envolvido. Evidentemente, o clínico vai se servir dos próprios elementos discursivos e comportamentais fornecidos pelo consulente para pontuar a eventual manifestação de uma forma de evitação. Ainda assim, deixará claro que a questão clínica pela qual o consulente pagará não diz respeito às representações objetivas produzidas por este; diz respeito sim à manifestação de algo espontâneo, surpreendente, que foge ao controle das representações deliberadas estabelecidas seja pelo clínico seja pelo consulente.

Mais do que isso, o clínico esforçar-se-á para mostrar que tais formas não existem em um lugar prévio ou iminente, como se fossem conteúdos a serem descobertos ou buscados. Ao contrário, ao clínico cabe esclarecer que o objeto da terapia gestáltica (apareça ele como um ajustamento neurótico, como uma formação reativa ou como uma retomada da criatividade) é uma ocorrência atual, imanente ao aqui/agora da sessão, o que não significa que não inclua vivências passadas e expectativas futuras. Afinal, o aqui/agora é para o clínico um campo de presença; e os horizontes de futuro e de passado são desse campo dimensões co-participantes. Rigorosamente falando, o aqui/agora é a maneira pela qual se dá o "contato" entre nossos horizontes de passado e futuro. É a própria realização desse contato, que não é senão uma síntese de passagem apoiada em um dado material atual. A sessão terapêutica é esse dado, uma oportunidade para o consulente se apropriar do modo como ele vive essa passagem entre um passado imutável e novas possibilidades futuras. E o objeto da experiência clínica, a própria vivência atual da inibição ou da realização daquela passagem, daquele fluxo de contato temporal na atualidade da sessão.

A noção de aqui/agora como campo de presença fundamenta, ademais, uma leitura gestáltica do que seja o tempo da sessão. Do ponto de vista da experiência de contato, o tempo da sessão não diz respeito ao relógio, ao cronômetro, mas à configuração de uma síntese de passagem por cujo meio se revele uma Gestalt; seja esta uma forma habitual de inibição dos próprios excitamentos, uma formação reativa desencadeada pela inibição reprimida ou uma criação inédita a partir de um fundo de angústia. O tempo de uma sessão é, portanto, o tempo de revelação de uma Gestalt em que há manifestação de uma inibição reprimida, ou a superação dela. Tal pode levar segundos, como pode não acontecer por meses a fio. Isso não significa que o clínico tenha de abandonar o relógio. A forma de trabalho de Perls (1973, p. 106), nesse particular, ajuda-nos a elaborar uma compreensão sobre a forma de utilização do tempo cronológico em benefício da manifestação do tempo do contato (tempo vivido). Em seus trabalhos de demonstração (*workshops*) – os quais mais não eram que "terapias individuais em contextos de grupo" –, Perls (1973, p. 105) não cronometrava os atendimentos. Quando muito, atinha-se a um limite máximo, que variava de grupo para grupo e também em função do número de participantes em cada grupo. Mas tão logo uma forma de ajustamento evitativo fosse flagrada e dela o participante se apercebesse, ou um ajustamento criador fosse estabelecido para a surpresa do próprio consulente, o atendimento era encerrado. Às vezes isso levava minutos ou menos do que isso. Razão pela qual é freqüente os clínicos contratarem, com seus consulentes, sessões que tenham um teto cronológico máximo, o qual pode ser muito variado. Mas o estabelecimento desse teto não implica que ele deva ser cumprido. Implica apenas que, a cada sessão, clínico e consulente disponham de até "X" minutos para pontuarem o surgimento de um inesperado, a configuração de um ajustamento evitativo, de uma formação reativa ou de uma criação a partir de um estado de angústia. Qualquer um dos dois pode fazer essa pontuação. E quando ela estiver estabelecida, é hora de fechar a sessão, mesmo que o teto cronológico não tenha sido atingido. A continuidade da sessão não agregaria mais do que um falatório irrelevante, não raro devotado a solapar as conquistas da sessão até aquele momento.

Essa forma de entender o tempo da sessão também tem efeito sobre os temas da assiduidade e do atraso. Resguardado o acordo que possibilite, ao consulente e ao clínico, um tempo confortável de antecedência para cancelamento das sessões, as faltas não comunicadas constituem sessões realizadas, pelas quais o consulente irá pagar. Afinal, enquanto uma alta não for solicitada (pelo consulente) ou comunicada (pelo clínico), os "horários" de sessão contratados continuam surtindo efeito no clínico. E é dever ético do clínico "devolver" ao consulente esses efeitos para que este os elabore, sobretudo, por meio do pagamento. O mesmo vale para os atrasos, que devem ser religiosamente descontados do tempo contratado para cada sessão. Em rigor, um consulente nunca está atrasado para a sessão. Ele simplesmente "deliberou" usar o tempo da sessão de outra forma; o que, ainda assim, surte um efeito no clínico, ainda assim o faz aguardar... A recíproca, entrementes, não é verdadeira. O retardo do clínico deve ser ressarcido, uma vez que, durante o período em que estava atrasado, o clínico não se ocupava do consulente. Portanto, não é ético que o clínico considere terapêuticos os atrasos que ele próprio provocou. A decisão de como ocupar o tempo da sessão é prerrogativa exclusiva do consulente – a menos que, antes do fim da sessão, o clínico possa pontuar, no consulente, a manifestação de um ajustamento de evitação, o qual, vale lembrar, é o objeto da terapia, o "fim" da sessão (na dupla acepção do termo fim: término e finalidade). Da mesma forma, o intervalo entre as sessões, assim como o tempo do tratamento não são itens que possam ser, do ponto de vista do tempo vivido, acordados previamente. A necessidade das sessões, assim como a compreensão do momento da alta – da conquista da autonomia em relação ao clínico – são fenômenos de campo, sobre os quais o consulente deve deliberar. Exceção para o período de férias ou para a eventualidade de o clínico não se sentir mais disponível para acompanhar o consulente. Afora esses casos, cabe ao consulente, portanto, aumentar ou espaçar a distância entre as sessões ou decidir pelo fim do processo terapêutico.

Outro aspecto de suma importância e que diz respeito ao contrato terapêutico é o valor que o consulente vai pagar por cada sessão. Se o objeto da sessão terapêutica é a manifestação de uma inibição reprimida (via ajustamento neurótico ou formação reativa), ou o retorno da função de ego ao comando do processo de contato; e se esses acontecimentos têm antes relação com a configuração de um campo no qual o consulente é o principal protagonista; o pagamento não deve ser relacionado, exclusivamente e em primeiro lugar, com os honorários do profissional, mas com a importância que o consulente dá a seu próprio sintoma, ou ao seu próprio ajustamento criador. Por outras palavras, o pagamento não deve valorar o clínico, mas o quanto de importância o consulente dá a isso que ele ignorava de si, mas que na sessão veio à tona, precisamente: que ele é acometido de uma fisiologia secundária que interfere em sua regulação organísmica e social, mas, ainda assim, é capaz de ultrapassá-la. Por conseguinte, é muito importante que: no fechamento do contrato, o clínico vincule o objeto da experiência clínica – precisamente, as formas de evitação que o consulente imputa a si ou a revelação de uma capacidade criativa que o próprio consulente ignorava em si – e o valor que essas formas possam assumir na vida oficial desse mesmo consulente. Tal vinculação vem ao encontro de algo que, tão logo o "objeto" do tratamento tenha sido pontuado e contratado, o consulente passa a admitir de si mesmo, a saber: que é ele próprio quem estabelece tal "objeto", que é ele mesmo quem interrompe seus próprios excitamentos, ou que os elabora criativamente. Tal significa dizer que o consulente "sabe" que o que vai ser tratado na experiência clínica tem relação consigo – e não com o clínico. É isso, ademais, o que torna o tratamento algo interessante para o consulente. É isso que gera vínculo. Se ignorasse esse "saber", o clínico estaria correndo o risco de ambicionar maior importância que aquela que o consulente dá a si próprio.

Isso posto, abre-se para nós a possibilidade de comentar algo sobre o famoso "vínculo" terapêutico. Em rigor, este não é mais que

Fenomenologia e Gestalt-terapia || 323

o encantamento do consulente por suas próprias *Gestalten*, por seus próprios modos de interrupção do processo de contato e, mais ainda, por suas próprias repetições disponíveis e inibidas, que são os excitamentos que constituem a função id. Engana-se aquele que pensa que o retorno do consulente à sessão tem relação com um suposto saber atribuído ao clínico. O consulente "sabe" que o clinicamente interessante, pelo qual ele vai pagar, vem dele mesmo, embora freqüentemente formule o contrário, numa tentativa de manipulação neurótica. Nesse sentido, o consulente não faz vínculo com o clínico. Ele faz vínculo consigo, com isso que é outro para si. Acontece que esse outro só pode surgir numa relação de campo, onde as defesas do consulente contra isso que ele mesmo deseja sejam desafiadas. É aí que entra o clínico.

Evidentemente, para que o consulente possa se apropriar dos próprios ajustamentos neuróticos, ou de sua capacidade de recriação, ele necessita contar com a disponibilidade do clínico, necessita contar com a capacidade do clínico para se deixar arrebatar, descentrar. O clínico, em algum sentido, precisa abrir mão de suas próprias teorias, curiosidades, vaidades, enfim, personalidades, em proveito das formulações criativas e autônomas desempenhadas pelo consulente. E é por esse desprendimento que o clínico "cobra". Do ponto de vista do clínico, o valor da sessão em verdade paga o quanto o profissional "deixa" o consulente trabalhar. Gestalt-terapeutas que têm dificuldade para valorar e cobrar seu próprio trabalho (seja para mais ou para menos) não apenas depreciam ou supervalorizam seu ofício. Eles também conspiram contra a orientação ética do tratamento. Afinal, se o pagamento remunera o "quanto de autonomia" os clínicos asseguram aos seus consulentes, a falta de cobrança ou a cobrança de um valor menor (ou, em alguns casos, maior) demarca a resistência desses clínicos em favorecer a "alforria" de seus acompanhados. Ou, ainda, a falta de cobrança ou a cobrança freqüente de um valor menor demarca o apego dos clínicos ao lugar de poder a que foram conduzidos pelo "apelo" dos consulentes. Nesse sentido, é preciso ressaltar que os clínicos não são representantes oficiais dos consulentes, não são prestadores de serviço, não foram investidos no lugar de gestalt-terapeutas pela força dos contratos civis, dos preceitos morais ou dos códigos de defesa do consumidor. Por conseguinte, não podem cobrar por isso, não podem cobrar em nome dos contratos estabelecidos no campo da função personalidade. É fato que os gestalt-terapeutas dão recibos, declaram seus rendimentos ao fisco, prestam informações não sigilosas para sua categoria profissional ou para as autoridades civis de sua comunidade. Entretanto, essas delegações não são ofícios do clínico, mas de um profissional, de uma personalidade com a qual o clínico se identifica, e com a qual precisa se identificar para poder atuar numa determinada comunidade objetiva. Mas não é algo com que o clínico deva operar quando efetivamente se ocupa do consulente. Dar recibos, preencher formulários, prontuários etc... isso não é prática clínica. É exercício de uma personalidade, de uma função personalidade, a qual não é objeto da visão ética da clínica gestáltica dos ajustamentos neuróticos. A ética dessa clínica diz respeito ao que se mostra como "estranho", como "outro", diz respeito àquilo que está fora do alcance do clínico. Conseqüentemente, o clínico não tem nada a fazer por esse estranho, tampouco a cobrar. Ele só pode cobrar por sua diligência em não atender aos apelos desse estranho, depois de tê-los ouvido e não obstante continuar a ouvi-los. Da mesma forma, o consulente não é um "cliente", que paga por um serviço. Menos ainda um "paciente", assujeitado a um saber médico, psicológico, jurídico, filosófico... O consulente é quem consulta, consulta a si mesmo em um campo onde o interlocutor, assim denominado "clínico", permite àquele aperceber-se, tomar posse de seu próprio fluxo de *awareness*, ou do modo como o interrompe. Até que ele saia da condição de consulente e seja para si mesmo um clínico, um desviante ou, para introduzirmos um neologismo: um "clinicante".

DIAGNOSE E INTERVENÇÃO CLÍNICA

DIAGNOSE COMO EXPERIÊNCIA DE CAMPO

Para Perls, Hefferline e Goodman, "[a] diagnose e a terapia são o mesmo processo" (1951, p. 250). Afinal, se é a partir do lugar que somos (ou não) convidados a ocupar no "apelo" do consulente que identificamos ajustamentos aflitivos, psicóticos ou neuróticos, porquanto ocupar (ou não) aquele lugar é um ato "clínico" (um descentrar-se ante o que faz derivar), toda identificação diagnóstica implica intervenção terapêutica. Mas no que exatamente intervimos? Quais lugares, precisamente, passamos (ou não) a ocupar?

Do fato de distinguirmos entre três gêneros fundamentais de ajustamento disfuncional não se segue que acreditemos que eles sejam estruturas totalmente incomunicáveis. É verdade que cada ajustamento descreve o comprometimento de uma determinada função do *self*. Mas, assim como as funções são sempre funções num só campo, denominado sistema *self*, os comprometimentos estão, a sua vez, articulados entre si, de modo a constituírem um sistema único. O que significa dizer ser possível observarmos, num mesmo consulente, em momentos diferentes de uma mesma sessão, os três tipos de ajustamentos disfuncionais de que se ocupa a GT. Um consulente pode, numa mesma sessão: chegar aflito (carente de um dado); fazer uma formação reativa tão logo esse dado lhe seja oferecido (haja vista o fato de esse dado ameaçar uma inibição reprimida); e, depois da intervenção do clínico, responder de modo delirante aos excitamentos desarticulados que ele mesmo carrega em seu fundo e que porventura tivessem sido despertados por aquela intervenção. Ainda assim, os três ajustamentos serão diferentes entre si e, por conseguinte, requererão intervenções diferentes. Por outras palavras, eles são comprometimentos de funções diferentes, o que implica lugares diferentes a serem ocupados pelo clínico para efeito de intervenção e diagnose (entendidos como um só ato).

Conforme já anunciado, no presente capítulo, nós estamos dissertando sobre os ajustamentos neuróticos, exclusivamente. Estamos investigando os diferentes modos pelos quais, nas diversas etapas do processo de contato, a inibição reprimida interrompe o avanço do excitamento, estabelecendo laços sociais, cujo propósito é dispersar a ansiedade decorrente daquela interrupção. Do ponto de vista clínico, cada um desses laços constitui uma forma de apelo ao clínico: "seja meu modelo" (confluência), "seja meu mestre" (introjeção), "seja meu réu" (projeção), "seja meu cuidador" (retroflexão), "seja meu fã" (egotismo)... E nunca é demais lembrar que, assim como os três gêneros de ajustamento acima mencionados (aflição, psicose e neurose) constituem um só sistema, os vários tipos de "apelos" – que correspondem às diferentes formas de interrupção que caracterizam o ajustamento neurótico – constituem também eles um comportamento único. Segundo Perls, Hefferline e Goodman, a "tipologia" em que se apresentam os vários momentos de ação da inibição reprimida (com o propósito de interromper o avanço do excitamento inibido nas várias etapas do processo de contato) "não é uma tipologia de pessoas neuróticas" (1951, p. 259). Ou, ainda, "o esquema": por cujo meio se descrevem as interrupções na progressão do excitamento inibido seja no pós-contato (confluência), no pré-contato (introjeção), no contatando (projeção e retroflexão) ou no contato final (egotismo): tal esquema "não é uma classificação de pessoas neuróticas, mas um método único de decifrar a estrutura de um comportamento neurótico único" (PHG, 1951, p. 259).

De um ponto de vista clínico, essa "decifração" da estrutura de um comportamento único não se presta a determinar características, ou a explicar os motivos (conteúdos) implicados em cada etapa de um ajustamento neurótico. Ao contrário, trata-se apenas de uma descrição do modo de funcionamento da inibição reprimida na fronteira de contato. Ou, então, trata-se da descrição dos tipos de "laço social" produzidos pela inibição reprimida nas sessões terapêuticas; e por cujo meio ela própria demandaria ao clínico uma colaboração no trabalho de aniquilação da ansiedade decorrente da pressão exercida por um excitamento que, a sua vez, deveria permanecer inibido, mas que acabou sendo mobilizado por algum dado na fronteira de contato.

O propósito dessa descrição é orientar o clínico sobre "como" ele está sendo requisitado e sobre o que ele poderia "esperar" caso se deixasse arrebatar por tal requisição. Afinal, se o ajustamento neurótico é um comportamento único, os vários tipos de laço social produzidos pela inibição reprimida na sessão estão articulados entre si. Essa orientação, obviamente, não tem em vista capacitar o clínico para que, dessa forma, ele possa corresponder aos apelos estabelecidos pela inibição reprimida no interior de cada ajustamento. Trata-se, ao contrário, de oferecer ao clínico um panorama amplo sobre os possíveis modos de conexão dos ajustamentos entre si, o qual favoreça o trabalho de "frustração habilidosa" de cada qual.

O MÉTODO REVERSIVO DA INIBIÇÃO REPRIMIDA

Ora, mas de que modo os vários tipos de apelo estão articulados entre si? A articulação dos diferentes tipos de apelo entre si não é diferente da articulação dos diferentes momentos do processo de contato (dos quais, aliás, aqueles são manifestações interrompidas).

Conforme vimos em capítulos anteriores, especialmente no sexto e no sétimo, podemos verificar entre as diferentes etapas do contato uma relação de mútua implicação seqüencial, a qual, entretanto, é ambígua e passageira, porquanto se faz como passagem de uma fase para outra, em benefício de um só fluxo de escoamento. Tendo como base excitamentos assimilados, o *self* – na função de ego – visa na fronteira de contato o dado com o qual operará (pré-contato). Tal dado, a sua vez, oferece ao *self* possibilidades por cujo meio aqueles excitamentos poderão ser retomados num contexto de objetivação – ou unificação – presuntiva (contatando). A consumação dessa unificação, todavia, só pode ser estabelecida por um ato de transcendência em direção a um dado novo (contato final). Assim que esse novo dado é contatado, aquela unificação presuntiva – em torno do dado antigo – é prontamente assimilada como fundo (pós-contato). Ocorre, entrementes, que, no mesmo instante em que realiza o fechamento de um fluxo de contato, o novo dado é visado a partir do fundo de passado (o que caracteriza um novo pré-contato). Isso quer dizer que, ao mesmo tempo em que encerra um fluxo de contato que se iniciou num dado anterior, o mesmo novo dado inaugura um segundo fluxo. Numa referência ao diagrama husserliano: no mesmo instante que fecha o campo de presença que se abriu em A, o evento B abre um novo campo que só vai se fechar em C. Os eventos na fronteira de contato, por conseguinte, revelam-se investidos de uma ambigüidade: por um lado, eles correspondem ao momento de realização de um fluxo de contato, por outro, eles equivalem à inauguração de um novo fluxo.

Mas não são apenas os eventos de fronteira aqueles em que se pode reconhecer ambigüidade. O "próprio fluxo" do contato é ambíguo, eminentemente ambíguo, porquanto sempre envolve pelo menos "dois eventos de fronteira": um primeiro evento, onde um fluxo se abre (pré-contato e contatando); e um segundo, onde o fluxo se fecha (contato final). Mais do que isso: tão logo o excitamento proveniente do primeiro evento se transcende para o segundo, retrospectivamente, o primeiro evento é "destruído", é "assimilado" (pós-contato) como fundo para o novo fluxo que está se abrindo junto ao segundo evento. De onde se segue que o fluxo de contato envolve sempre duas orientações temporais: uma orientação prospectiva (formação e destruição de uma Gestalt na passagem do evento um para o evento dois) e uma orientação retrospectiva (assimilação do primeiro evento como fundo para a formação de uma nova Gestalt). Crescimento – tal como o definia Goldstein – é o nome que os clínicos dão à primeira orientação. Conservação – também no sentido de Goldstein – é o nome que dão à segunda orientação.

Ora, as mesmas ambigüidades que podemos verificar num fluxo de contato espontâneo, nós as podemos perceber também nos ajustamentos em que há ação de uma inibição reprimida e, portanto, interrupção do fluxo. Nestes, uma inibição reprimida, ao mesmo tempo em que procura sabotar a orientação prospectiva do fluxo de contato (abertura e fechamento de uma Gestalt), por outro lado, se ocupa de impedir a orientação retrospectiva nesse mesmo fluxo (assimilação de seu evento base). Assim, a inibição reprimida não só impede o trânsito do excitamento pelo fluxo atual, quanto impede que ele possa ser assimilado como base para um novo fluxo. Por outras palavras, a inibição reprimida tanto impede o crescimento como a conservação do sistema *self*.

E é com apoio na constatação da "ambigüidade fundamental" do próprio ajustamento neurótico que Perls, Hefferline e Goodman (1951, p. 260) irão identificar o "expediente" ou "ardil" fundamental que permite à inibição reprimida desencadear seqüências "típicas" de interrupção da expansão do excitamento, qual seja aquele ardil: a "reversão", uma na outra, das orientações temporais implicadas no excitamento inibido. Dessa forma, a inibição reprimida consegue "sustentar" o distanciamento entre o excitamento (que ela tem de inibir) e os dados na fronteira de contato, sem precisar atacar esses dados (o que caracterizaria uma formação reativa). Nesse sentido, se – numa orientação prospectiva ou de crescimento – o excitamento está prestes a lograr – no evento de fronteira seguinte – o contato final, a inibição o "reverte" na direção daquilo que deveria ser assimilado (na direção retrospectiva). Conseqüentemente, tal excitamento não alcança o contato final, ele chega ao novo evento preso no momento do contatando. Ainda assim, o excitamento ansiogênico – originalmente dirigido ao contato final – quer avançar. Razão por que a inibição continuará seu trabalho de inversão na orientação temporal do excitamento ansiogênico, de modo que, no evento seguinte, o próprio contatando seja interrompido e o excitamento fique preso numa fase anterior (pré-contato). Até que, enfim, a inibição possa "diluí-lo" numa fase de inconsciência, no pós-contato: confluência.

Em contrapartida, se – numa orientação retrospectiva ou conservativa – o excitamento está prestes a lograr – junto ao evento base do fluxo – a assimilação (pós-contato), a inibição o reverte na direção prospectiva, como se ele devesse avançar em direção ao contato final. Conseqüentemente, em vez de ser assimilado, ele é imediatamente lançado no novo fluxo, como se devesse realizar o pré-contato. Ainda assim, o excitamento ansiogênico – originalmente dirigido ao pós-contato – quer relaxar. Razão por que a inibição continuará seu trabalho de inversão da orientação temporal, de modo a evitar que, no evento de fronteira seguinte, o excitamento possa retornar. Dessa vez, então, a inibição reprimida interromperá o próprio pré-contato, empurrando o excitamento à frente, para uma fase posterior (contatando). Até que, enfim, a inibição possa "confiná-lo" em uma fase de extremo controle, que é o contato final.

E eis então que podemos observar – por obra e graça da inibição reprimida – dois fluxos típicos de interrupção dos excitamentos. Por um lado, há aquele em que, de um ajustamento egotista (evitação do contato final), migro para um ajustamento retroflexivo, depois para um projetivo, para um introjetivo e, por fim, para um ajustamento confluente, onde estarei tão dessensibilizado que não terei condições de fazer o contato final, como se almejava de princípio. Por outro lado, há aquele fluxo em que, de um ajustamento confluente (evitação do excitamento), migro para um ajustamento introjetivo, depois para um ajustamento projetivo, para um ajustamento retroflexivo e, por fim, para um ajustamento egotista, onde as formas de controle sobre o excitamento são tão rigorosas que a assimilação do excitamento (de onde se partiu) é absolutamente impossível. Eis por que Perls, Hefferline e Goodman podem dizer que (1951, p. 259):

> [t]odo mecanismo neurótico é uma fixação [egotismo], e todo mecanismo contém uma confluência, algo inconsciente. Igualmente, todo comportamento resigna-se a alguma identificação falsa, nega uma emoção, volta a agressão contra o *self* e é presunçoso! O que o

esquema pretende mostrar é a ordem na qual, diante de um fundo de uma repressão pressagiada, a fixação se difunde por todo o processo de contato, e a inconsciência [confluência] vem ao seu encontro da outra direção.

Ora, "método reversivo" é o nome que Perls, Hefferline e Goodman dão a essa estratégia adotada pela inibição – e que consiste na reversão da orientação temporal do excitamento inibido. O que, num determinado fluxo, se encaminhava para o contato final ou crescimento passa a valer como confluência. O que, nesse mesmo fluxo, se encaminhava para o pós-contato ou conservação passa a valer como controle egotista. É preciso atenção aqui. As duas orientações forjadas pela inibição reprimida não constituem vivências diferentes, excitamentos diferentes: são dois caminhos para evitar o encontro de um só excitamento inibido com os diferentes dados e, conseqüentemente, o crescimento e a conservação do *self*.

São esses caminhos, a sua vez, que constituem o "objeto" da intervenção clínica. É neles que os clínicos almejam intervir. Num caminho, segundo os autores, podemos observar a difusão do controle em direção à dessensibilização. Trata-se aqui de uma seqüência de interrupções derivada do processo de reversão do crescimento do sistema *self*. Primeiramente, o consulente se apresenta "fixado" em expedientes de controle, com os quais se defende do medo da frustração (que poderia advir da realização do contato final): egotismo. Mas, logo a seguir, em função das insistentes perguntas do clínico para que ele possa contar isso de modo concreto, o consulente impulsivamente reconhece seus equívocos e se deixa abater pela mágoa: retroflexão. Como nenhum consolo veio da parte do clínico, o consulente começa a fantasiar que "tipo de impressão essas confissões provocaram(?)", "quão ridículo o clínico não deve me achar(?)": projeção. Mas essas fantasias não se sustentam, o clínico parece não se abalar; então o consulente fica envergonhado; "eu *preciso* fazer algo para mudar isso(!)": introjeção. Mas tampouco recebe do clínico uma dica; é então acometido de uma frustração crônica, que se manifesta histrionicamente como tontura, paralisia, enfim: confluência.

Noutro caminho, podemos observar a difusão da dessensibilização rumo ao controle. Trata-se de uma seqüência de interrupções desencadeada a partir da reversão da assimilação ou, o que é a mesma coisa, da reversão do movimento de conservação. Primeiramente, o consulente se apresenta num estado de inconsciência, sem saber o que quer, o que sente...: confluência. Mas o clínico não lhe dá "soluções". O consulente então se resigna em uma identidade de "coitadinho", "pobre abandonado", ou, talvez, passa a manifestar seu desgosto por estar ali, por estar ali contra sua vontade: introjeção. O clínico pode convidá-lo a se retirar, o que pode gerar no consulente muita raiva. Mas este não a admite – prefere acreditar que essa raiva é o clínico quem a sente: projeção. Mas a tensão muscular é visível e, no momento em que vai dizer uma palavra, o consulente morde sua própria língua: retroflexão. Só lhe resta a ironia, a ironia contra si mesmo: egotismo.

No quadro a seguir, representamos a dupla orientação assumida pela inibição reprimida em seu intento de evitar, simultaneamente, na passagem de cada campo de presença a outro, a assimilação de um excitamento inibido e o contato desse excitamento com um novo dado na fronteira de contato. Na polaridade da assimilação, a inibição reprimida usa todas as suas forças para evitar que o dado na fronteira de contato seja a ocasião para que o excitamento inibido possa ser integrado ao fundo. Na polaridade da inovação, a inibição reprimida procura boicotar toda possibilidade que pudesse facilitar a retomada criativa do excitamento inibido rumo ao contato final. Por conta disso, os ajustamentos confluentes sempre tenderão a se difundir na direção do egotismo; e os egotistas, na direção da confluência.

Quadro 6: FLUXOGRAMA DO MÉTODO REVERSIVO DA INIBIÇÃO REPRIMIDA

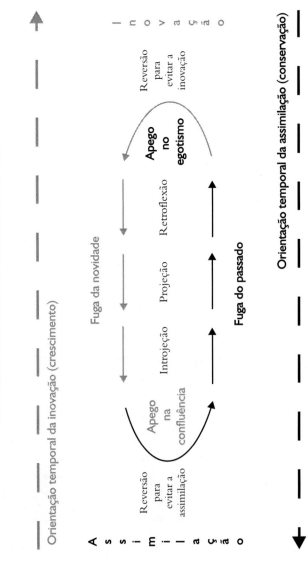

Um exemplo de reversão

Tais reversões dos ajustamentos neuróticos são facilmente observáveis no processo terapêutico. Descrevemos a seguir um exemplo vivido na prática clínica, que se repetiu inúmeras vezes ao longo de um ano de tratamento, por meio das mais diversas temáticas.

Bento, estudante de medicina, chega ao consultório se dizendo deprimido. Ele relata estar realizando estágio de doutoramento no pronto-socorro de um hospital escola. Algumas semanas antes, ele teve de assistir a uma intervenção cirúrgica em um paciente baleado. Passou mal e teve de ser retirado da sala de cirurgia. Depois dessa experiência, ficou muito abalado e não conseguia mais voltar ao hospital. Por conta própria, decidiu tomar antidepressivos. Explica sua doença com autoridade médica, ocupando-se demasiadamente em encontrar causas biológicas para seus sintomas (ajustamento egotista). Com suas explicações, Bento controla a sessão, fixando-se em temas sobre os quais tem segurança, sobretudo em mirabolantes conjecturas sobre sua futura carreira médica. É como se estivesse a adiar o contato com algo de novo que lhe pudesse suceder a qualquer momento, na própria sessão. Decido então provocá-lo de modo que ele possa entrar em contato com aquilo que acontece consigo enquanto me relata suas abstrações. Para frustrar o egotismo, pergunto a Bento se as informações todas que ele possui ajudaram em alguma medida no desaparecimento dos sintomas. Constrangido, admite não estar obtendo êxito. Começa a falar concretamente dos sintomas: relata estar acometido de uma alergia nas pálpebras por esfregá-las durante a noite enquanto dorme. Também não consegue sair para se divertir com os amigos, se acha obeso (apesar de não sê-lo), está muito triste e sozinho (ajustamentos retroflexivos). Para frustrar essa retroflexão, esse pedido de cuidado, pergunto-lhe: "O fato de você me dizer que está triste e sozinho muda alguma coisa na hipótese de você realmente estar triste e sozinho(?)". Ele então demonstra certa irritação e diz que minha interpelação lembra-lhe a ex-namorada. Culpa-a de tê-lo abandonado no período mais difícil (ajustamento projetivo), quando ele ainda se ressentia da morte de seu pai, vítima de violência urbana. Começa a relatar o acidente, o qual considera uma tragédia que mudou radicalmente sua vida. Bento, que nunca havia passado por nenhuma perda ou frustração, viu seu pai ser baleado e morrer em seus braços: "Por que Deus permitiu que algo assim me acontecesse(?)". Para frustrar essas projeções todas pergunto: "Quem enfim abandonou quem?". Bento então reconhece que, em algum sentido, na cena do crime, ele abandonara seu pai. Assustado, não foi capaz de prestar o socorro imediato que talvez tivesse salvado a sua vida. Sente-se envergonhado e, numa guinada introjetiva, me pergunta: "O que eu devo fazer para me livrar desse sentimento?". Frustro essa solicitação com nova pergunta: "Você costuma fazer isso, pedir às pessoas o que você mesmo deve fazer(?)". Bento então responde: "Não, só a meu pai". Ao que retruco: "E como você faz agora, que seu pai morreu(?)". Bento então se apercebe do estado de estagnação em que se encontra. Vive seus dias preso a lembranças, fotografias, objetos, frases ditas por seu pai, insensível aos apelos do mundo à sua volta, não permitindo que nenhum excitamento se constitua, pois isso significaria voltar a viver sem seu pai (ajustamento confluente). E quando, finalmente, surge a oportunidade para Bento formular algo sobre a "função" do pai em sua vida; quando surge para Bento a ocasião de ele se apropriar de algo que essa função evita, qual excitamento ela inibe: algo diferente acontece, uma nova relação de campo se estabelece. Bento não consegue mais falar. As longas "dissertações" sobre o ser-médico desapareceram e no lugar delas uma apatia generalizada se deixa perceber. Recobra a fala e diz não sentir nada, como se nada mais existisse, nada mais importasse, nem mesmo a morte de seu pai. Minha intuição então é que a inibição reprimida estabeleceu a inversão na orientação temporal dos ajustamentos. É como se, agora, o que tinha de ser evitado fosse não o contato final com uma situação concreta na fronteira de contato. Bento agora estava a evitar o contato com uma situação inacabada, um excitamento não assimilado.

Começo a trabalhar no sentido de frustrar essa paralisia e intensificar o contato de Bento com a temática da "função" do pai em sua vida. Fico atento a todo e qualquer movimento ou sentimento que surja no decorrer de seus relatos. Peço a Bento para exagerar os movimentos de coceira que do nada ressurgem ali a minha frente. Então ele diz: "É como se eu não quisesse ver algo?". Mas nem bem faço o movimento facial para articular uma nova pergunta, ele se antecipa para dizer: "Não estou querendo olhar para a minha formatura". Ele manifesta preocupação em relação à data da formatura que se aproxima. Ele precisa melhorar até lá; a alergia não pode continuar. Ele precisa emagrecer. Mas, ao mesmo tempo, diz não querer formar-se, não gostar de cerimônias, de encontros familiares. Nesse momento faz uma inversão do afeto caracterizando um ajustamento introjetivo. Proponho em seguida que faça um exercício em que fantasie a cerimônia de sua formatura. A primeira imagem que surge é a de pessoas olhando para ele e pensando quão incompetente ele é. Peço que escolha uma pessoa e ele evoca a mãe. Quando, num exercício de cadeira vazia, o coloco no lugar da mãe, diz em prantos que não foi "suficientemente competente para salvar o pai; como seria então bom profissional(?)". Bento pula, assim, da projeção para a retroflexão. Ele então volta a coçar os olhos. Reparo que faz um movimento atípico para coçá-los, como se estivesse a tirar algo da frente deles. Pergunto então: "O que você está fazendo?". A resposta é "não quero mais saber do meu passado, dessa sombra que me persegue". Ao que retruco dizendo "e o que lhe reserva de pior o presente(?)", numa tentativa de fazê-lo sair da retroflexão. Ocasião em que retorna à cena no pronto-socorro. A hipótese de ter de atender alguém baleado o põe em situação de ansiedade extrema. Mais uma vez ele se depara com algo que, sem o pai, ele não se sente autorizado a fazer. Começa a conjecturar sobre as relações entre o fracasso no socorro ao pai e o mal-estar como assistente à mesa de cirurgia. E antes que ele pudesse amarrar tudo isso numa bela interpretação, encerro a sessão, na expectativa de que o estado de angústia ao qual chegou pudesse mobilizar nele outra coisa que não a reversão do fluxo ou, quem sabe, uma formação reativa.

Ora, no caso acima relatado, a inversão na orientação do processo de evitação do contato se deu, primeiramente, no momento da confluência. O contato final, que inicialmente estava sob o rígido controle do egotismo, foi se tornando uma possibilidade cada vez mais concreta, uma real ameaça ao êxito das ações produzidas pela inibição reprimida, uma ameaça à própria inibição, assim forçada a inverter a orientação desencadeada em decorrência das intervenções clínicas. A figura, a partir de então, deixou de ser a evitação de uma situação nova, mas a evitação de uma situação inacabada. De onde não se deve inferir uma lei geral segundo a qual as reversões somente aconteçam na confluência e no egotismo. Embora esse tenha sido o caso em algumas das sessões das quais Bento participara, a reversão não necessariamente precisa se dar nos extremos da vivência do contato (no pós-contato ou no contato final). Ela pode se dar em qualquer momento do processo (no pré-contato, no contatando e assim por diante), dependendo de quão ameaçadora ao êxito do ajustamento neurótico tenha sido a intervenção clínica.

A FUNÇÃO DO OLHAR CLÍNICO NO DESENCADEAMENTO DAS REVERSÕES

A manifestação de uma orientação ou de outra, a passagem de uma para outra – essas ocorrências, na maioria das vezes, têm relação com o "olhar" do clínico (e não com sua "visão" objetiva). De certa forma, ao se deixar arrebatar pela "geografia" da sessão, é o clínico quem "escolhe" por qual via a inibição reprimida irá trabalhar no consulente: da evitação do crescimento para a dessensibilização, da evitação da assimilação para o controle rigoroso. Se o clínico tomar a via da concretização do contato, considerará como ponto de partida a interrupção do excitamento no contato final. Se tomar a via da assimilação, considerará como ponto de partida a interrupção do excitamento no pós-contato. Pela via da realização, toda vez que o clínico frustrar, na fronteira de contato, a tentativa de controle ou evitação do contato final (ajustamento egotista), no ajustamento seguinte, junto ao novo dado, o consulente tentará uma retroação do excitamento, um afrouxamento do excitamento na direção da inconsciência. O consulente operará como se estivesse lidando com um fluxo de contato antigo. Nesse sentido, o consulente fará uma retroflexão, depois uma projeção e assim por diante, até a dessensibilização na confluência. Mas, pela via da assimilação, toda vez que o clínico frustrar a interrupção na etapa da confluência, no ajustamento seguinte, o consulente tentará um acirramento do controle, como se estivesse lidando com uma nova tarefa surgida de última hora. Nesse sentido, ele passará para a introjeção, desta para a projeção e assim sucessivamente, até o controle cerrado do egotismo.

Seja qual for a via pela qual o clínico se deixa arrebatar, cabe a ele promover, sistematicamente, a frustração das demandas que lhe são dirigidas: seja meu ídolo, mestre, réu, cuidador, fã...; ou, na orientação contrária, meu fã, cuidador, réu, mestre, ídolo... Para tanto, o clínico não tem de ficar tentando "identificar" qual o ajustamento que o consulente está fazendo, ou qual orientação ele está revertendo: aquela em direção ao contato final ou aquela em direção à assimilação. Isso seria desastroso, porquanto o clínico perderia o fluxo da experiência em favor de uma tentativa de monitoramento conceitual das etapas da sessão. O clínico abriria mão da "alteridade" em proveito daquilo que ele mesmo pudesse representar a partir de uma posição exterior, como se não participasse do campo terapêutico, da "geografia" da sessão. A confluência, a introjeção, a projeção, a retroflexão e o egotismo não são ocorrências objetivas para um observador exterior. Não são comportamentos que eu possa classificar. Isso seria tomar os ajustamentos neuróticos por personalidades – o que é perfeitamente possível, embora isso não caracterize uma intervenção clínica, mas uma sociologia. Para a clínica gestáltica dos ajustamentos neuróticos, confluência, introjeção, projeção, retroflexão e egotismo são laços sociais produzidos de maneira operativa, e por cujo meio uma inibição reprimida oferece ao clínico um lugar: modelo, mestre, réu... E não é de maneira reflexiva que um clínico pode se apropriar desse lugar. É preciso habitar esse laço para "percebê-lo". E percebê-lo é se deixar descentrar pelo apelo que nele se produz. É "senti-lo" na própria pele; entenda-se bem: sentir o apelo e não os sentimentos já vinculados a uma personalidade, já representados numa biografia personalista. Quando o clínico puder "perceber" esse apelo, mais além deste, aparecerá espontaneamente o excitamento que o consulente procura evitar, o "outro" que o consulente procura interromper; o que não quer dizer que tal excitamento vá aparecer ao clínico de maneira objetiva, afinal, trata-se do excitamento do outro, trata-se de algo que é outro. Ainda assim, o clínico "perceberá" o momento de pontuar, o momento de frustrar o ajustamento neurótico.

"FRUSTRAÇÃO HABILIDOSA" COMO ESTILO DE INTERVENÇÃO

A intervenção clínica nos ajustamentos neuróticos visa a estabelecer uma relação de campo, uma situação de contato em que possam figurar: por um lado, a inibição reprimida (que está a atuar nos ajustamentos neuróticos) e, por outro, a angústia característica da presença de algo que se repete como função id. No presente tópico, vamos discutir a ação do clínico no que tange ao surgimento da inibição reprimida. Tal ação, conforme já mencionamos, é a pontuação da forma como o consulente habitualmente interrompe seu próprio fluxo de excitamentos. Para fazer essa pontuação, também o vimos, o clínico precisa se deixar descentrar nos apelos que tais interrupções lhe dirigem. O que não quer dizer que deva ser condescendente com eles. Ao contrário, para Perls, muito especialmente, a intervenção gestáltica nos ajustamentos neuróticos é, fundamentalmente, uma tentativa de frustração habilidosa dos apelos veiculados por aqueles ajustamentos. Habilidosa em dois sentidos: a) primeiramente porque estabelecida em um contexto no qual o consulente está protegido e

b) também porque eticamente comprometida com a promoção da autonomia da função de ego no consulente – e não com a vaidade do clínico.

Para Perls (1973, p. 104), existem tantas formas de frustração habilidosa dos ajustamentos neuróticos quantas a criatividade do clínico permitir existirem. De modo geral, pode-se dizer que as frustrações habilidosas são intervenções clínicas, por cujo meio o clínico "não" atende ao apelo – que o consulente lhe dirige – para atuar como modelo, mestre, réu, cuidador, fã... Um simples olhar, um bocejo, uma interrupção da frase, o permanecer em silêncio, às vezes, são mais que suficientes para estabelecer tal frustração. Via de regra, se o clínico está descentrado no fluxo do consulente, essas atitudes estão integradas ao ajustamento que o consulente desempenha. Se este demanda, com seu falatório, "seja meu fã", o clínico pode inventar múltiplas maneiras de mostrar desinteresse ou desconfiança relativamente a esse ajustamento egotista, por exemplo, solicitando: "Conteme uma situação concreta em que você viveu isso sobre o que você está especulando". No caso de o ajustamento ser uma retroflexão, um pedido de cuidado, o clínico pode perguntar: "O fato de você me dizer que é um fracassado modifica, em alguma medida, a possibilidade de você realmente ser um fracassado?". Se logo a seguir o consulente fizer um ajustamento projetivo, acusando alguém ou o próprio clínico de alguma coisa, este pode propor ao consulente que troque de lugar com o acusado (num experimento de "cadeira vazia", por exemplo), e possa dizer o que acontece consigo nesse novo lugar. É freqüente, depois de intervenções que debelam um ajustamento projetivo, o consulente se aperceber de sua implicação na projeção e, imediatamente, se fixar em um propósito de mudança. Nesse sentido, ele pode solicitar ao clínico que lhe diga se o que ele está pensando fazer está certo. A esse pedido introjetivo ("seja meu mestre", meu "orientador"), o clínico pode "desorientar" dizendo: "O que lhe faz acreditar que você realmente quer mudar?". Isso pode levar o consulente a se deparar com suas próprias necessidades

Fenomenologia e Gestalt-terapia | 341

e, não as encontrando – como se presume num ajustamento confluente –, de chofre devolver a pergunta ao clínico: "O que eu devo querer? Você o sabe?". Para sair dessa condição de modelo – a quem o consulente "imita" reproduzindo o comportamento interrogativo –, o clínico pode pontuar a posição corporal, o tônus muscular, o tom de voz com o qual o consulente faz a pergunta. Talvez, então, para fugir do vazio que possa encontrar, o consulente inverta a seqüência de ajustamentos, ou comece pelo egotismo, mais uma vez. E essa dialética pode se prolongar nas sessões por meses, até que o clínico se torne mais íntimo dos ajustamentos e, por conseguinte, uma ameaça mais intensa à inibição reprimida. As possibilidades de acontecer uma formação reativa aumentam e, com ela, o risco de o consulente abandonar o tratamento ou, finalmente, entrar em contato com seus próprios excitamentos.

É importante não confundir as intervenções do clínico com "interpretações" sobre quais haveriam de ser os excitamentos que o consulente estaria a interromper. Diferentemente da postura interpretativa, a postura de confrontação não é uma tentativa de "costurar", dar sentido, buscar o excitamento inibido ou a inibição reprimida. Isso não só pouparia o consulente de fazer operar uma função de ego, como poderia expulsá-lo da terapia. O consulente poderia se sentir invadido, ou cobrado por palavras que, em verdade, foi o clínico quem as introduziu na sessão. Ou, então, o consulente poderia se sentir desbancado em seu lugar de consulente pelo próprio clínico, o qual, em seu afã de "dar sentido", acabaria vítima de suas próprias teses, tendo de defendê-las diante do consulente. Fatalmente, o consulente acabaria perdendo o interesse pela terapia, porquanto as discussões das sessões não versariam mais sobre palavras ou ações que fossem suas. Versariam, sim, sobre os interesses desse "consulente-gato", no qual o clínico se transformou.

Ou, num sentido inverso, as interpretações poderiam trabalhar em favor do êxito dos ajustamentos neuróticos, o que significa: ajudá-los a pulverizar a ansiedade advinda do excitamento inibido. O consulente sairia das sessões sentindo-se "confirmado", "cuidado", "vingado", "justificado" e, sobretudo, "iludido" sobre seu próprio processo. Clínico e consulente poderiam doravante estabelecer um pacto em torno do suposto êxito do tratamento, quando em verdade, o que se passa é algo bem diferente. Mesmo porque o suposto êxito do tratamento não vai além da porta do consultório; em seu cotidiano, o consulente continua acometido das mesmas dificuldades de antes. Razão pela qual, o consulente – por perceber a insignificância do processo terapêutico no contexto geral de sua vida – abandona o clínico.

Aliás, para o clínico, a ansiedade do consulente não é algo a ser aplacado, seja pela interpretação, pela sugestão, enfim, por qualquer tentativa de se "fazer pelo consulente". A presença da ansiedade indica que um excitamento inibido está sendo requisitado na fronteira e que a inibição não está conseguindo dar conta dele. É uma ocasião para a função de ego no consulente recuperar o posto (que a inibição reprimida lhe roubara) e criar, para o excitamento até então inibido, novos núcleos significativos, o que significa integrar a ansiedade a esses novos núcleos. A interpretação – se estabelecida pelo clínico – acabaria fazendo pelo consulente aquilo que, neste, seria tarefa da função de ego. Diferentemente da interpretação e de outras formas de "cuidado", a frustração equilibrada visa a escancarar a ansiedade e, assim, disponibilizá-la para a ação criativa da função de ego no consulente.

Essas objeções à interpretação não significam que Perls, Hefferline e Goodman desaconselhassem-na de todo. Os fundadores da GT reconhecem uma relativa funcionalidade para a interpretação quando – e somente quando – esta é desempenhada pelo consulente. Por um lado, a interpretação é uma maneira de o consulente "operar" com isso que a frustração habilidosa revelou, precisamente, a presença da ansiedade. Ou, por outro lado, ela é uma das formas com as quais o consulente pode "enfrentar" a própria inibição reprimida, depois que ela se manifestou em um experimento proposto pelo clínico.

Fenomenologia e Gestalt-terapia | 343

Um desses experimentos pode ser, por exemplo, a própria associação livre – desde que esta "não" seja entendida como a metabase de onde o analista retiraria o material para as interpretações. É preciso aqui apresentar as reservas de Perls, Hefferline e Goodman sobre a função da associação livre nas sessões terapêuticas.

> A genialidade da psicanálise foi mostrar que essas associações livres não se sucediam de fato meramente por essa lei de associação por partes; mais exatamente, elas tinham uma tendência a se organizar em todos ou conjuntos significativos, e a prosseguir numa determinada direção, e que esses conjuntos significativos tinham uma relação importante e significativa com o estímulo original, o detalhe do sonho, e com o problema subjacente do paciente. O paciente não estava de fato produzindo "mecanicamente" o fluxo, mas estava, embora não tivesse consciência disso, expressando determinadas tendências, retornando a certas necessidades emocionais e tentando preencher uma figura inacabada. Isto foi, naturalmente, uma prova fundamental da existência do inconsciente; o problema é se isto é útil para a psicoterapia. (PHG, 1951, p. 135)

Evidentemente, Perls, Hefferline e Goodman não utilizam a associação livre visando aos mesmos fins almejados pela psicanálise. Não se trata de esperar, por meio da associação livre, que o consulente se aperceba de um desejo inconsciente. A associação livre não é para eles uma metodologia de acesso ao inconsciente. Trata-se de uma provocação que o clínico dirige ao consulente ou, trata-se de um experimento de linguagem cujo propósito é quebrar o controle rígido (egotista) com o qual o consulente costumeiramente dissimula sua ansiedade.

> Existe uma virtude mais essencial na livre associação, mais próxima do uso que a psicanálise classicamente fez dela. A razão pela qual se pede ao paciente que faça associações livres em lugar de contar sua

história e responder a perguntas é naturalmente porque sua conversa costumeira é neuroticamente rígida, é uma integração falsa de sua experiência. A figura da qual tem consciência é confusa, obscura e desinteressante porque o fundo contém outras figuras reprimidas das quais ele *não tem consciência*, mas que distraem sua atenção, absorvem energia e impedem um desenvolvimento criativo. A livre associação rompe essa relação rígida entre figura e fundo, e permite que outras coisas venham para o primeiro plano. (PHG, 1951, p. 137)

Mas isso não significa, necessariamente, que o consulente consiga se apropriar dessas "outras coisas", desses invisíveis, da própria presença da inibição reprimida ou do excitamento inibido. De um modo geral, quem se apercebe disso é o clínico – e, com muita freqüência, apenas o clínico.

Note que o *terapeuta* está se concentrando no fluxo e criando figuras totais nele (achando-as e produzindo-as): presta atenção aos conjuntos, cronometra as associações que se prolongam e que indicam resistência, percebe o tom e a expressão facial. Desse modo torna-se consciente de algo sobre o paciente, a saber, o comportamento do paciente na inconsciência. Contudo, o objetivo da psicoterapia não é de o terapeuta ter consciência de algo a respeito do paciente, mas de o paciente ter consciência de si próprio. (PHG, 1951, p. 135-6)

E mesmo que o clínico se ocupe de explicar "ao paciente o que ele (o T) agora sabe sobre ele (o P)" (PHG, 1951, p. 136), tal não faz mais que corroborar o pedido neurótico dirigido ao clínico: explique-me, mostre-me como eu sou interessante, e assim por diante.

Dessa maneira, o paciente adquire, sem dúvida alguma, muitos conhecimentos interessantes a respeito de si próprio, mas é de se perguntar se ele intensifica por meio desses a *awareness* de si mesmo. Porque o conhecimento-sobre tem um certo caráter abstrato, não é pleno de interesse; além de, mais uma vez, estar ocorrendo no seu contexto costumeiro de introjeção da sabedoria de uma autoridade. Se pudesse vir a reconhecer o objeto do conhecimento como sendo ele mesmo, então esse tipo de conhecimento – do qual estávamos a par e não sabíamos que estávamos a par – seria íntimo e tremendamente pleno de interesse. O objetivo da terapia é fazer com que ele reconheça isso, mas este é exatamente o ponto de onde partimos em primeiro lugar. (PHG, 1951, p. 136)

Contra esse estado de coisas, Perls, Hefferline e Goodman exortam os clínicos a estabelecerem um uso da livre associação em que o próprio consulente se sinta responsável por seu discurso e capaz de estabelecer – agora sim – a interpretação daquilo que neste se produziu. Por outras palavras, o uso que um clínico pode fazer da livre associação é aquele em que se solicita ao consulente que este seja "parceiro no processo de interpretar" (PHG, 1951, p. 137). Para tanto, é importante que o clínico comece, por um lado, estabelecendo algumas interpretações, que funcionem de maneira didática, encorajando o consulente a fazê-las por si. Por outro, é fundamental que o clínico frustre essas interpretações, denunciando as tentativas de controle da ansiedade que nelas se produziu. Dessa forma, o consulente tem acesso, mais do que à ansiedade, ao modo como ele mesmo tenta aniquilá-la. Ele tem acesso a um estilo, a seu próprio modo de interpretar, o que significa: ele tem acesso a seu próprio modo de construir e desconstruir a presença da ansiedade, a presença do excitamento ansiogênico. A interpretação deixa de ser a expressão do interesse epistêmico do clínico, para se tornar uma instância ética, uma forma de comprometimento do consulente com seu próprio processo terapêutico, com a maneira como ele mesmo lida com suas situações inacabadas.

Desse ponto de vista, ele [o consulente] tem naturalmente que se tornar um parceiro no processo de interpretar. A noção aqui é de que a máxima "Conhece-te a ti próprio" é uma *ética humana*: não é algo que nos fazem quando estamos em dificuldades, mas algo que fazemos em prol de nós como seres humanos. (1951, p. 137; nosso grifo)

Ainda assim, essa aquisição do consulente relativamente ao seu estilo, ao seu modo de operar ou evitar a ansiedade, pode ser cooptada pela inibição reprimida.

O perigo da técnica seria que, pondo de lado o *self* que é responsável, que sente interesse e toma decisões, o paciente vinculasse seu novo conhecimento estritamente à sua verbalização, matizada agradavelmente por uma atmosfera afetuosa e uma platéia paternal amiga. Então, em lugar de curar a divisão, a técnica a embaralharia mais ainda. (PHG, 1951, p.136)

Com o passar das sessões é freqüente que as interpretações que o consulente produz relativamente a seu próprio processo comecem a favorecer ajustamentos egotistas. As interpretações começam a ser usadas em favor da evitação do contato final ou da assimilação dos excitamentos ansiogênicos que estejam sendo requisitados no aqui/agora da sessão. Momento em que, mais uma vez, o clínico deve propor novas frustrações habilidosas das estratégias de defesa implementadas pela inibição reprimida, até que enfim, na sessão, ocorra uma formação reativa.

De fato, o êxito da frustração habilidosa é alcançado quando, no consulente, a inibição reprimida não consegue mais disfarçar a ansiedade, sentindo-se obrigada a atuar contra o dado que esteja a mobilizar o excitamento ansiogênico, seja esse dado ou não o próprio clínico. Por outras palavras, o êxito da frustração habilidosa se deixa saber no momento em que o clínico pode testemunhar, da parte da fisiologia secundária no consulente, uma formação reativa. A inibição já não se sustenta diante das provocações do clínico. E, antes de permitir a plena manifestação da situação inacabada, ela ataca aquilo que, na fronteira de contato, intensifica o chamado por aquela situação.

Nesse momento, o clínico não vai mais perceber, no consulente, aqueles apelos que antes caracterizavam os ajustamentos neuróticos. Ele não vai mais ser requisitado a trabalhar pelo consulente, seja como modelo, mestre, vítima, cuidador ou fã. A configuração de campo agora é diferente e tudo o que o consulente quer é se ver livre da sessão, do clínico ou das intervenções que o clínico lhe dirige. Por conta disso, se o que estiver em questão – para o clínico – for o ataque à inibição em proveito da assimilação de um excitamento inibido, o consulente poderá se tornar mais agressivo, extremamente irônico ou insubordinado às propostas do clínico. Se o que estiver em questão for a utilização do excitamento inibido em favor da abertura de um novo campo, o consulente poderá intensificar sua dessensibilização, sua desorientação, não mais entender o que se passa na sessão, fazer uma passagem ao ato. No decurso da sessão, ele pode derrubar um objeto, desfalecer, tropeçar. Ou, logo após a sessão, ou mesmo antes de chegar até ela, o consulente pode perder a condução, bater o carro, torcer o tornozelo e assim por diante. Eis a ocasião, o segundo momento da intervenção, o momento da proposição do segundo recurso fundamental da intervenção gestáltica, que é o experimento de concentração nas polaridades, nas polaridades inerentes àquilo que o consulente esteja percebendo, sentindo, fazendo, dizendo...

ANGÚSTIA E EXPERIMENTO CLÍNICO

O desencadeamento de uma formação reativa no consulente é a prova de que o processo terapêutico cresce na direção do que se esperava, precisamente: a manifestação explícita da inibição reprimida, por um lado, e a liberação da função de ego, por outro. Mas a manifestação da primeira não implica necessariamente a liberação da segunda. Mesmo o consulente se apercebendo de suas próprias formações reativas, tal percepção não assegura à função de ego o controle sobre a situação, a condução do excitamento antes inibido até o contato final. Para tal, a função de ego precisa ser "treinada"; ela precisa ser iniciada nesse desafio. O consulente não sente mais aquela ansiedade de antes, porquanto o excitamento inibido está disponível. Em contrapartida, o consulente agora está tomado pela "angústia", que é o efeito daquele excitamento na função de ego. Aliás, para uma função de ego ativa na fronteira de contato, a co-presença de um excitamento antes inibido (e que restava no fundo como situação inacabada) sempre implica angústia. Esta não é mais que a tensão característica do momento de criação, do momento em que a função de ego está prestes a estabelecer o contato final entre um excitamento ainda investido de tensão material (e que, portanto, não havia sido assimilado) e um dado na fronteira de contato. A tarefa do clínico, nesse momento, é pontuar, não mais a ansiedade, mas a presença desse novo "estranho", que aparece nas "entrelinhas" da formação reativa ou depois que ela se dissipou – e antes que a inibição reprimida conseguisse se reorganizar. Trata-se desses "acontecimentos", sempre inesperados, tal como o chiste, o ato falho, as frases impensadas, as rememorações involuntárias, os olhares incertos pelos quais o consulente "vaza" em direção ao nada, os gestos habituais por cujo meio atua como se estivesse noutra geografia, noutra cena que não aquela da sessão. Apoiado nesses acontecimentos, devidamente pontuados, o clínico propõe "experimentos clínicos", por cujo meio o consulente possa assumir conseqüências, freqüentar possibilidades, exagerar posturas, dentre outras infinitas variáveis expressas junto àqueles acontecimentos. A intenção é que o consulente possa "derivar" pelas possibilidades que, de maneira operativa, ele mesmo anunciou, executou ou omitiu. O clínico desafia a função de ego no consulente a "escolher", a "deliberar", enfim, a "criar" campos de presença, até que este se aperceba de que não precisa mais da terapia para fazer isso.

Depois das formações reativas, os consulentes costumam esboçar um *pathós*", um espanto em decorrência do que acabaram de sentir, dizer ou fazer. Nesse momento, os excitamentos inibidos ficam à deriva, sem o controle da inibição reprimida, e ainda sem receberem a ação da função de ego. É um momento crítico, pois as "sonolências" do clínico – que se manifestam, sobretudo, quando este insiste em continuar a sessão mesmo não havendo mais nada a se fazer, ou quando permite ao consulente mudar de assunto para assim dissipar o mal-estar que porventura tenha se instalado na sessão – podem facilitar a reabilitação da inibição reprimida e a retomada dos ajustamentos neuróticos. Pontuar esse momento – o que sempre demanda do clínico uma extrema concentração no fluxo ou, o que é a mesma coisa, o pleno descentramento do clínico na sessão – é de fundamental importância para a mobilização da função de ego no consulente. Tal pontuação pode se dar das mais variadas formas, dependendo do estilo do clínico: este pode estabelecer o "corte" da sessão, mandando o consulente para casa antes do teto previsto para o término da consulta; ou, então, ele pode interromper o que o consulente estiver fazendo e lhe pedir para "repetir", "prestar atenção", enfim, se "apropriar" daquilo que esteja acontecendo consigo naquele instante, naquele consultório... Essa pontuação inaugura o estágio da "angústia", porquanto o "pontuado" é a maneira como o próprio fundo, antes inibido, emergiu na fronteira de contato depois que a inibição reprimida saiu de cena.

O clínico nunca sabe, e jamais saberá, o que é isso que está a gerar angústia no consulente. Nem mesmo este o sabe; só a sente. Trata-se de algo novo, com o qual o consulente não sabe lidar. Por um lado, ele poderia reabilitar a inibição reprimida – o que pode equivocadamente ser facilitado pelo clínico. Mas, por outro, ele pode se arriscar, pode se deixar conduzir por esse "estranho" que vem dele mesmo. "Experimento" é o nome dessa segunda alternativa, é a opção pelo risco, pela criação do inédito. Trata-se, em verdade, da recondução da função de ego ao governo do processo de contato. É muito importante aos terapeutas terem isso em conta, para não caírem no equívoco de acharem que "experimento" tem a ver com aquelas técnicas dramatúrgicas, aeróbicas, lingüísticas, dentre outras tão freqüentemente utilizadas no consultório, e que não raro acabam se tornando motivo de entretenimento ao próprio clínico. Tais técnicas podem sim ser utilizadas para mobilizar a função de ego no consulente no momento em que este esteja tomado pela angústia. Mas não é a técnica ela mesma o experimento, e, sim, a mobilização da função de ego no consulente. Esta não necessariamente precisa acontecer nas dependências do consultório, no decurso da sessão. Ela pode se dar, por exemplo, no caminho de volta do consulente para casa, dois dias depois da sessão, nos sonhos que o consulente venha a sonhar. O experimento não precisa sequer do testemunho do clínico. Por vezes, "abandonar" o consulente em sua angústia é o melhor que podemos fazer em proveito da mobilização da função de ego; o que, obviamente, não é certeza de que ele irá se dar "bem" ou "mal", pois, o bem-estar ou o mal-estar do consulente não é objeto da intervenção clínica nos ajustamentos neuróticos.

Outras vezes, acompanhar o consulente na elaboração de um experimento – na recondução do ego ao controle da situação – é algo muito importante para o êxito da experiência clínica. Afinal, não é incomum que – depois de um grave comprometimento da função de ego – os consulentes não consigam articular, por conta própria, uma situação de contato. O clínico pode colaborar solicitando aos consulentes que utilizem outros recursos, que não os mais acessíveis, para lidar com a angústia que estejam sentindo. No caso de um sonho, do qual tenham involuntariamente se lembrado, mas que não conseguem compreender, o clínico pode lhes pedir que tentem fazê-lo por outros meios, por exemplo, dramatizando os próprios sonhos na sessão. Evidentemente, não se trata de pedir aos consulentes que descubram, por meio dessa técnica, algo que se articula no subterrâneo das suas ações. Já não estamos mais trabalhando com algo reprimido, que pudesse ser interpretado. Trata-se, ao contrário, de possibilitar a eles a ocasião de se apropriarem de algo que possam fazer sem planejar, dizer sem pensar, criar sem precisar antes arquitetar. Mesmo se o clínico se limitar a pedir que os consulentes relatem uma segunda vez o sonho lembrado, mas agora reproduzindo cada personagem na primeira pessoa do singular, o importante é que, por meio dessa técnica, eles possam assumir aquilo que o relato de cada qual instituiu. Não se trata mais de uma interpretação, mas de um exercício de emancipação de um dizer e de um agir. O que se fez e o que se disse, ambos devem poder ser assumidos tal como se manifestaram, segundo o modo como se apresentaram. O que levou os fundadores da GT a falarem do experimento como uma sorte de "surrealismo". Há nos sonhos, como em todos os experimentos, a criação de uma nova Gestalt, de uma nova configuração, algo que está mais além da realidade (função personalidade), um real além da realidade, a polaridade[2] da inibição reprimida. Nesse sentido, dizem os autores:

> Suponhamos que o paciente aceite o sonho como seu próprio sonho, lembre-se dele e possa dizer que o sonhou em lugar de dizer que um sonho veio a ele. Se ele puder agora ligar novas palavras e pensamentos a esse ato, haverá um grande enriquecimento da linguagem. O sonho fala na linguagem de imagens da infância; a vantagem não é rememorar o conteúdo infantil, mas reaprender algo do sentimento e da atitude da fala infantil, recapturar o tom de visão eidética, e vincular o verbal e o pré-verbal. Contudo, desse ponto de vista, o melhor exercício seria talvez não a livre associação *a partir da* imagem e o emprego de frio conhecimento à imagem, mas exatamente o contrário: uma representação literária e pictórica cuidadosa desta (surrealismo). (PHG, 1951, p. 136-7)

Ora, o processo de reabilitação da função de ego, que define o experimento, não está amparado em regras, experiências paradigmáticas ou modelos que pudessem ajudar o consulente nesse desafio. Podemos, sem dúvida, descrever o estilo adotado por Perls e seus colaboradores. Ou, então, podemos descrever os diferentes momentos de um experimento, tal como na passagem a seguir, em que os autores procuram retratar a ambivalência característica desse momento clínico, que é o momento do experimento. Nele, o excitamento inibido já se manifesta por si disponível para a função de ego. Mas tal função ainda não tem autonomia suficiente para lidar com aquele; razão pela qual ela é freqüentemente atravessada pelo retorno da inibição reprimida. Um estado ansiogênico então se reconfigura, embora isso já não seja condição suficiente para a função de ego sair de cena. É inevitável que ela assuma o controle; exigindo-se do clínico que possa reconhecer esse conflito, favorecendo a criatividade no consulente.

1. O paciente, como parceiro ativo no experimento, concentra-se no que está realmente sentindo, pensando, fazendo, dizendo; ele tenta entrar em contato com isso mais intimamente em termos de imagem, sentimento do corpo, resposta motora, descrição verbal, etc.

2. Como é algo que o interessa intensamente, não precisa de modo deliberado prestar atenção a isto, mas isto lhe atrai a atenção. O contexto pode ser escolhido pelo terapeuta a partir do que ele conhece do paciente e de acordo com sua concepção científica de onde está a resistência.

3. É algo de que o paciente está vagamente consciente e de que se torna mais consciente devido ao exercício.

4. Ao fazer o exercício, o paciente é encorajado a seguir sua inclinação, a imaginar e exagerar livremente, pois trata-se de um jogo seguro. Ele emprega a atitude e a atitude exagerada na sua situação concreta: sua atitude em relação a si próprio, em relação ao terapeuta, seu comportamento costumeiro (na família, no sexo, no trabalho).

5. Alternadamente, ele inibe de modo exagerado a atitude e emprega a inibição nos mesmos contextos.

6. À medida que o contato torna-se mais íntimo e o conteúdo mais completo, ele fica ansioso. Isto constitui um estado de emergên-

cia sentida, mas a emergência é segura e controlável, e os dois parceiros sabem que ela o é.

7. O objetivo é que, na emergência segura, a intenção subjacente [a situação inacabada] – uma ação, atitude, objeto atual, memória – se torne dominante e reforce a figura.

8. O paciente aceita a nova figura como sendo sua própria, sentindo que "sou eu que estou sentindo, pensando e fazendo isso". (PHG, 1951, p. 95-6)

Mesmo a inibição reprimida tendo sido debelada, no experimento, pode voltar gerando um estado novamente ansiogênico, embora já sem a força de antes. O desafio para o clínico é oferecer novos fundos de experiência para que o consulente (na função de ego) possa se apropriar disso que para este já é evidente, precisamente, a emergência do excitamento antes inibido. Mas essa descrição não prescreve o que o clínico ou o consulente "devem fazer". Enquanto reabilitação da função de ego, o experimento é algo sempre inédito, uma criação inédita estabelecida pelo consulente.

Tal não implica que o experimento seja uma criação individual, solipsista. O consulente sempre pode contar com os excitamentos já assimilados, os quais restaram para ele como hábitos. Ou, ainda, ele também pode contar com as possibilidades de futuro abertas pelos dados na fronteira de contato. E, ainda que os hábitos e as possibilidades não assegurem, por si só, a realização do contato final para o excitamento antes inibido e agora disponível como angústia, é a partir deles que o agente criador pode voltar à cena, qual seja esse agente, a função de ego. O que significa que a função de ego não é uma criação a partir do nada. Ela é uma criação condicionada, feito liberdade de situação, que só pode ser exercida na mediação do mundo e dos homens, a partir do que neles é passado e em direção ao futuro. Trata-se de uma liberdade que se exerce num campo do qual o clínico também participa. Merleau-Ponty, ao comentar a maneira como o "tratamento psicanalítico" cura – o que de forma alguma se

deve às razões do analista ou aos méritos da metapsicologia psicanalítica –, descreve essa liberdade como uma sorte de criação engajada,
que se faz no âmbito da coexistência entre o clínico e o paciente.
Nas palavras de Merleau-Ponty (1945, p. 610):

> O tratamento psicanalítico não cura provocando uma tomada de
> consciência do passado, mas em primeiro lugar ligando o paciente
> ao seu médico por novas relações de existência. Não se trata de dar
> um assentimento científico à interpretação psicanalítica e de des-
> cobrir um sentido nocional do passado, trata-se de revivê-lo como
> significando isto ou aquilo, e o doente só chega a isso vendo seu pas-
> sado na perspectiva de sua coexistência com o médico. O complexo
> não é dissolvido por uma liberdade sem instrumentos, mas antes
> deslocado por uma nova pulsação do tempo que tem seus apoios e
> seus motivos.

Entendido como reabilitação da função de ego, o experimento
é uma criatividade que se constitui no campo. Ou, então, o experimento é a própria criatividade do campo – e não a manifestação
exterior de um poder espiritual que habitaria o clínico ou o consulente. O experimento é a solução que o consulente – a partir do que
ele pôde viver na relação terapêutica – encontrou para o excitamento antes inibido e agora ressurgido como angústia. Conforme Perls,
Hefferline e Goodman (1951, p. 173-4):

> [a] criatividade é inventar uma nova solução; inventá-la tanto no
> sentido de descobri-la quanto no de elaborá-la; contudo, essa nova
> maneira não poderia surgir no organismo ou no seu "inconscien-
> te", porque aí só há maneiras conservativas; nem poderia estar no
> ambiente novo como tal, porque mesmo se topássemos com ela aí,
> não a reconheceríamos como sendo nossa. Não obstante, o campo
> existente que se converte no momento seguinte é rico em novida-
> de potencial, e o contato é a realização. A invenção é original; é o

organismo que cresce, que assimila substâncias novas e se nutre de novas fontes de energia. O *self* não pode saber, de antemão, o que inventará, porque o conhecimento é a forma do que já ocorreu; e certamente um terapeuta não o sabe, porque não pode fazer crescer o crescimento de outra pessoa – ele simplesmente é parte do campo. Mas ao crescer o *self* se arrisca – arrisca-se com sofrimento caso tenha evitado durante muito tempo arriscar-se, e por conseguinte deve destruir muitos preconceitos, introjeções, ligações com o passado fixado, seguranças, planos e ambições; arrisca-se com excitamento se puder aceitar viver no presente. (1951, p. 173-4)

Ora, o experimento – enquanto reabilitação da função de ego – é aquilo que faz o campo crescer, é aquilo que introduz, na relação clínica, uma novidade que nem clínico nem consulente poderiam esperar. Seja no interior da sessão, ou no intervalo entre elas, se o clínico souber autorizar um experimento, então algo irá acontecer, uma transformação no consulente poderá ser percebida. O consulente se mostrará, após a vivência clínica (que funcionou como experimento), ou no retorno à sessão seguinte, investido de uma disposição para agir e, não raro, capaz de elaborar algo a respeito de si como nem mesmo o melhor dos hermeneutas poderia sonhar em fazer. Não é incomum, inclusive, que o consulente se mostre capaz de nomear o excitamento antes inibido. Nada disso, entretanto, se confunde com bem-estar, pois tal disposição pode estar empenhada, por exemplo, na retomada de um luto malfeito de uma agressão sofrida. O que, fundamentalmente, está diferente é que, ao contrário do que acontecia antes, quando enredado em seus próprios ajustamentos neuróticos; agora, o consulente não implicará mais o clínico em seus projetos. Aquele apelo de antes dá lugar a uma autonomia – a qual não está desprovida de gratidão. Diferentemente de antes, o consulente não precisa mais pedir amor ao clínico. O consulente agora aprendeu a amar, a cuidar, a agradecer, a sofrer... Mais ainda, ele aprendeu a habitar um campo, freqüentar um laço social, sem dele "depender". Doravante, ele pode seguir por si.

Considerações finais: "a alta"

O que se espera de uma intervenção gestáltica em ajustamentos neuróticos é que o protagonista social desses ajustamentos, precisamente, o consulente, possa desenvolver, não importa em quanto tempo de terapia, a capacidade para pontuar, ele próprio, o modo como se interrompe e que possa estabelecer, por ele mesmo, novos ajustamentos criadores. O que se espera é que ele possa praticar, por conta própria, a GT, não como profissão ou identidade social, mas como postura frente aos seus próprios excitamentos. Nesse sentido, espera-se dele que não precise de ninguém como modelo, lei, réu, cuidador, fã... Mas que, ainda assim, possa estabelecer laços sociais por cujo meio continue a criar, nos dados concretos da atualidade, possibilidades de repetição disso que ninguém jamais faz cessar, precisamente, a impessoalidade de excitamentos já realizados que arrastamos feito rabo de cometa, qual corpo habitual ou função id.

O momento da alta é sempre uma decisão do consulente. A menos que, por alguma razão extemporânea ao processo terapêutico, o clínico não possa mais continuar o ofício, é do consulente a prerrogativa de decidir quando parar. O que não quer dizer que a simples decisão de parar seja ela mesma uma alta. Os consulentes podem parar por outras razões, freqüentemente por terem encontrado, noutros tipos de laço social, a parceria necessária para sustentar os ajustamentos com os quais se ocupavam em disfarçar a ansiedade sentida. Mas, quando se trata de alta, o que se passa é algo muito diferente, não obstante o clínico nunca ter absoluta certeza das razões que levaram seu consulente a encerrar o processo. De toda sorte, pouco importa ao clínico ter essa certeza – caso ela fosse possível. Ao clínico importa a alta que, a cada sessão, ele dá a si mesmo: "Eu não dependo desse consulente para fazer o que faço, cobrar o que cobro, criar o que crio...". Se for capaz de renovar essa autorização de si, muito provavelmente poderá testemunhar a autorização de outros clínicos, formados em seu consultório, não como profissionais em psicoterapia, mas como agentes do contato nos campos em que estiverem inseridos.

O clínico sabe, a partir de seu próprio processo, que o momento da alta no consulente envolve muitas etapas. Ela começa a se configurar no momento em que, pela primeira vez, o consulente se mostra capaz de ir além da inibição reprimida. Tal significa dizer, a alta começa no momento em que o consulente desempenha uma formação reativa contra algum dado na fronteira de contato, o qual pode ser o próprio clínico. A inibição reprimida foi desmascarada e, com ela, a co-presença do excitamento não assimilado, investido de tensão material e, portanto, fonte de ansiedade. O consulente então abre mão dos ajustamentos neuróticos habituais em proveito daquele excitamento. Já não há mais a ansiedade de antes. Há em vez disso uma angústia, que o consulente trata de atravessar criando novos ajustamentos, novas *Gestalten*. Por meio dessas criações, as quais a GT chama de experimentos, o consulente ativa a função de ego antes alienada em favor da inibição reprimida. Ele se sente agora "energizado" para enfrentar, em quaisquer novas situações, os excitamentos de sempre, as repetições que fazem de sua vida a expressão singular desse campo do qual nunca está apartado e que, ademais, inclui o clínico.

Mas isso não significa que a inibição de antes deixou de existir. Nada que tenhamos vivido como situação de contato (mesmo aquelas situações que permaneceram abertas) escapa de ser retido – a menos que estejamos diante de um comprometimento da função id, o que exigirá da nossa parte ajustamentos psicóticos. Em não havendo tal comprometimento, aquilo que foi retido não se aniquila jamais, mesmo as inibições reprimidas devassadas no processo terapêutico. Elas continuam firmes e fortes, muito embora já não impliquem, como implicavam antes, um sentimento ansiogênico. Os consulentes que puderam atravessar suas próprias inibições reprimidas têm-nas como uma fortuna muito bem guardada e que, não obstante havê-los feito sofrer, ainda assim legaram muitas criações, criações sintomáticas, por meio das quais também obtiveram muita satisfação, obtiveram satisfação possível – como no caso dos ajustamentos neuróticos. Nesse sentido, não é incomum que os consulentes, depois de haverem efetivado a alta em relação aos seus próprios sintomas, continuem sentindo "saudades". Os consulentes já não sofrem como antes, mas nem por isso deixam de sentir, como um horizonte familiar co-presente, as criações de outrora. Dizendo de outro modo, eles ainda sentem, lado a lado com a angústia da criação, uma espécie de nostalgia daquilo que, por essa razão, tornam a repetir: os atos inibitórios de antes.

Eis então o clínico (ou, se quiserem, o clinicante): alguém que não apenas foi além de suas próprias inibições em proveito da criação, mas que também continua a sentir o que antes sentia, porquanto os atos, as inibições não podem ser preteridas. Mas ele já não se paralisa na inibição. Ele cria a partir dela. Continua a senti-la, como a uma paixão antiga, ou como a uma perda por morte inesperada, que deixou de doer, mas ainda paira no ar como bruma. Depois da alta, ninguém deixa de sofrer. Aprende a produzir com o sofrimento. Amplia-se.

NOTAS

1 Acompanhamos Walter Ribeiro (1998, p. 64), quando diz: "Fritz Perls, por exemplo, se cansou de dizer que a Gestalt-terapia não se interessa por problemas (mas se cansou também de cuidar deles em suas demonstrações), e talvez por isso, ou pelos eternos mal-entendidos teóricos (ou simples desconhecimento deles?), o que mais se vê é gestalt-terapeutas se debatendo e tentando resolver problemas sem a menor consciência do que estão fazendo e sem a menor consciência de que o propósito da terapia que buscam e que dizem estar praticando não é este. A resolução de problemas, em geral, faz o oposto do propósito da integração das partes alienadas: satisfaz a grandiosidade do terapeuta e desenvolve ainda mais o sistema de papéis de ambos".

2 É por meio da noção de experimento que Perls retoma, agora no campo da intervenção clínica, o pensamento diferencial de Friedlaender, do qual tratamos no terceiro capítulo deste livro. O experimento é sempre uma

tentativa de reabilitação da polaridade da inibição reprimida, precisamente, a função de ego. Ou, ainda, o experimento é sempre a intensificação da polaridade da ansiedade, que é a angústia. Trata-se de uma aposta do clínico na capacidade do consulente para criar não na direção da inibição dos excitamentos, mas da expansão deles junto a novos campos de presença.

Referências bibliográficas*

AQUINO, Tomás de. 1126. *Suma contra los gentiles*. Tomo II, livro IV. Madri: BAC, 1967.

ARISTÓTELES. *De Anima*. In: ANGIONI, Lucas. 1999. *Textos didáticos*, n. 38. Campinas: Unicamp, 1999.

BERNARD, Vincent. 2003. *Présent au monde: Paul Goodman*. Bordeaux: L'Exprimerie, 2003.

BRENTANO, Franz. 1874. *Psychologie du point de vue empirique*. Paris: Aubier, 1944.

BUBER, Martin. 1923. *Eu e Tu*. 2. ed. São Paulo: Cortez e Morais, 1979.

DARTIGUES, André. 1992. *O que é fenomenologia*. 3. ed. São Paulo: Moraes, 1992.

DERRIDA, Jacques. 1967. *A voz e o fenômeno*. Rio de Janeiro: Jorge Zahar, 1994.

_____. 2004. *Papel-máquina*. São Paulo: Estação Liberdade, 2004.

DEWEY, John. 1938. *Human nature and conduct: an introduction*. São Paulo: Abril, 1980.

_____. 1922. *Lógica: a teoria da investigação*. Nova York: Prometheus Books, 2002. (Coleção "Os Pensadores")

EHRENFELS, Christian Von. 1890. "Über Gestaltqualitäten". *Vierteljahrsschrift für wissenschafliche Philosophie*, n. 14, p. 249-92, 1890.

---

* Os autores optaram por incluir a data original de publicação das obras, além daquela referente à edição utilizada, para atribuir sentidos com relação ao contexto histórico.

FEDERN, Paul. 1949. Mental hygiene of the Ego in schyzophrenia. In: _____
_____. *Ego psychology and the psychosis*. Londres: Imago, 1953.

FREUD, Sigmund. 1900a. *Studienausgabe*. 10 volumes. Frankfurt: Fischer, 1969-79.

_____. 1900b *A interpretação dos sonhos*. Rio de Janeiro: Imago, 1999.

FREUD, Anna. 1946. *The ego and the mechanisms of defense*. Nova York: International Universities Press Inc., 1946.

FRIEDLAENDER, Salomon (Mynona). 1918. *Schöpferische Indifferenz*. Frankfurt: Verlag, 2001.

_____. 1935. *Das Magische Ich*. Frankfurt: Verlag, 2001.

FROM, Isadore; MILLER, Michael Vincent. 1997. "Introdução à edição do *The Gestalt Journal*". In: PERLS, Frederick; HEFFERLINE, Ralph; GOODMAN, Paul. *Gestalt-terapia*. São Paulo: Summus, 1997, p. 15-29.

GARCIA-ROZA, Luiz Alfredo. 1974. *Psicologia estrutural em Kurt Lewin*. 2. ed. Petrópolis: Vozes, 1974.

GELB, Adhémar. 1933. *Remarques générales sur l'utilisation des donneés pathologiques pour la psychologie et la philosophie du langage*. In: GELB, Adhémar; GOLDSTEIN, Kurt. *Essais sur le langage*. Paris: Minuit, 1987.

GILSON, Etiènne. 1955. *La psychologie descriptive selon Franz Brentano*. Paris: Vrin, 1955.

GINGER, Serge; GINGER, Anne. 1987. *Gestalt: uma terapia do contato*. São Paulo: Summus, 1995.

GOLDSTEIN, Kurt. 1933. "Analyse de l'aphasie et étude de l'essence". *Journal de Psychologie*. Paris, 1987, p. 257-345.

_____. 1939. *The organism*. Nova York: Urzone, 1995.

_____. 1949. *Human Nature*. Cambrigde: Harvard University Press, 1951.

_____. 1967. In: BORING, E.G.; LINDZEY, G.(eds.) *A history of psychology in autobiography*. Nova York: Appleton-Century-Crofts, 1967.

GOODMAN, Paul. 1972. *Little prayers and finite experience*. Nova York: Harper Collins, 1972.

GUILLAUME, Paul. 1937. *La psychologie de la forme*. Paris: Flammarion, 1937.

HEIDEGGER, Martin. 1927. *Ser e tempo*. v. 2. Petrópolis: Vozes, 1989.

362 | Marcos José Müller-Granzotto Rosane Lorena Müller-Granzotto

HOLANDA, Adriano F. 1998. *Diálogo e psicoterapia — Correlações entre Carl Rogers e Martin Buber.* São Paulo: Lemos, 1998.

HUSSERL, Edmund. 1890. "Textes extraits du tome XXII des Husserliana". In: HUSSERL; TWARDOWSKY. *Sur les objets intentionnels — 1893/1901.* Paris: Librairie Philosophique J.Vrin, 1993.

_____. 1891. *Philosophie der Arithmetik.* Haag: M. Nijhoff, 1970.

_____. 1893. *Lições para uma fenomenologia da consciência interna do tempo.* Lisboa: Imprensa Nacional — Casa da Moeda, 1994.

_____. 1900-1901. *Investigaciones lógicas.* 2. ed. v. I e II. Madri: Alianza, 1982.

_____. 1903. *Articles sur la logique.* Paris: Puf, 1975.

_____. 1907. *A idéia da fenomenologia.* Lisboa: Edições 70, 1996.

_____. 1913. *Idéias para uma fenomenologia pura e para uma filosofia fenomenológica.* São Paulo: Idéias e Letras, 2006.

_____. 1924. *Formal and transcendental logic.* Haag: M. Nijhoff, 1969.

_____. 1931. *Meditações cartesianas.* Trad. Frank de Oliveira. São Paulo: Madras, 2001.

_____. 1968. *Phänomenologische Psychologie.* Haag: M. Nijhoff, 1968.

_____. 1973a. *Zur Phänomenologie der Intersubjektivität.* Haag: M. Nijhoff, 1973. Erste Teil. (Husserliana. Bd XIII).

_____. 1973b. *Zur Phänomenologie der Intersubjektivität.* Haag: M. Nijhoff, 1973. Zweiter Teil. (Husserliana. Bd XIII).

_____. 1973c. *Zur Phänomenologie der Intersubjektivität.* Haag: M. Nijhoff, 1973. Dritter Teil. (Husserliana. Bd XIII).

KANT, Immanuel. 1781. *Crítica da razão pura.* São Paulo: Nova Cultural, 1982.

_____. 1790. *Crítica da faculdade do juízo.* Rio de Janeiro: Forense Universitária, 1993.

KOFFKA, Kurt. 1927. *Princípios de psicologia da Gestalt.* São Paulo: Cultrix, 1982

KÖHLER, Wolfgang. 1938. "On isomorphism". In: _____. *The place of value in a world of facts.* Nova York: Liveright Publisching Corporation, 1938.

_____. 1947. *Psicologia da Gestalt.* Belo Horizonte: Itatiaia, 1980.

LACAN, Jacques. 1964. *O seminário. Livro 11: os quatro conceitos fundamentais da psicanálise*. 2. ed. Rio de Janeiro: Zahar, 1998.

_____. 1972. *O seminário. Livro 20: mais, ainda*. 2. ed. Rio de Janeiro: Zahar, 1985.

LEIBNIZ, Gottlob. 1720. *Princípios de filosofia ou monadologia*. Lisboa: Imprensa Nacional – Casa da Moeda, 1987.

LEVINAS, Emmanuel. 1930. *Theorie de l'intuition dans la phénomenologie de Husserl*. Paris: Vrin, 1970.

_____. 1991. *Entre nós: ensaios sobre a alteridade*. Petrópolis: Vozes, 1997.

LEWIN, Kurt. 1936. *Princípios de psicologia topológica*. São Paulo: Cultrix, 1973.

LOCKE, John. 1690. *Ensaio acerca do entendimento humano*. São Paulo: Nova Cultural, 2000. Coleção "Os Pensadores".

LÖWENSTEIN; HARTMANN, Kriss. 1956. *Organization and pathology of thought*. Columbia: Columbia University Press, 1956.

MARX, H. Melvin; HILLIX, A. William. 1963. *Sistemas e teorias em psicologia*. 9 ed. São Paulo: Cultrix. 1993.

MERLEAU-PONTY, Maurice. 1942. *La structure du comportement*. Paris: Puf, 1942.

_____. 1945. *Fenomenologia da percepção*. 2. ed. São Paulo: Martins Fontes, 1996.

_____. 1947. *Humanisme et terreur*. Paris: Gallimard, 1947.

_____. 1949a. *Resumo de cursos na Sorbonne: psicossociologia e filosofia*. São Paulo: Papirus, 1990.

_____. 1949b. *Resumo de cursos na Sorbonne: filosofia e linguagem*. São Paulo: Papirus, 1990.

_____. 1953. *Éloge de la philosophie et autres essais*. Paris: Gallimard, 1953.

_____. 1955. *Les aventures de la dialectique*. Paris: Gallimard, 1955.

_____. 1957. *A natureza*. Texto estabelecido por Dominique Séglard. São Paulo: Martins Fontes, 2000.

_____. 1960. *Signos*. São Paulo: Martins Fontes, 1991.

_____. 1962. "Candidature au Collège de France – Un inédit de Merleau-Ponty". *Revue de métaphysique et de morale*, n. 67, p. 401-9, 1962.

_____. 1964a. *Le visible et l'invisible*. Paris: Gallimard, 1964.

_____. 1964b. *L'oeil et l'esprit*. Paris: Gallimard, 1964.

_____. 1966. *Sens et non-sens*. Paris: Nagel, 1966.

_____. 1969. *La prose du monde*. Paris: Gallimard, 1969.

_____. 1992. *O visível e o invisível*. São Paulo: Perspectiva, 1992.

_____. 2004. *O olho e o espírito*. São Paulo: Cosac & Naify, 2004.

MOURA, Carlos Alberto Ribeiro de. 1913. "Husserl: significação e fenômeno". *Doispontos*, v. 3, n. 1, abril de 2006, p. 37-61.

_____. 1989. *Crítica da razão na fenomenologia*. São Paulo: Nova Stella/Edusp, 1989.

_____. 2001. *Racionalidade e crise: estudos de história da filosofia moderna e contemporânea*. Curitiba/São Paulo: Discurso/UFPR, 2001.

MÜLLER, Georg Elias. 1923. *Komplextheorie und Gestalttheorie: Ein Beitrag zur Wahrnemungspsychologie*. Göttingen, 1923.

PERLS, Frederick; HEFFERLINE, Ralph; GOODMAN, Paul. 1951. *Gestalt-terapia*. São Paulo: Summus, 1997.

PERLS, Frederick. 1942. *Ego, fome e agressão*. São Paulo: Summus, 2002.

_____. 1947. *Planned Psychotherapy*, 1947. Disponível no site: www.gestalt.org

_____. 1969. *Escarafunchando Fritz: dentro e fora da lata de lixo*. São Paulo: Summus, 1979.

_____. 1973. *A abordagem Gestáltica e testemunha ocular da terapia*. Rio de Janeiro: Zahar, 1977.

PESSANHA, José Américo. 1988. "Consultoria". In: *Epicuro, Lucrécio, Cícero, Sêneca. Seleção de textos*. São Paulo: Nova Cultural, 1988. Coleção "Os Pensadores".

RIBEIRO, Walter. 1998. *Existência e essência – Desafios teóricos e práticos das psicoterapias relacionais*. São Paulo: Summus, 1998.

ROBINE, Jean-Marie. 1997. *Plis e déplis du self*. Bourdoux: Institut Français de Gestalt-thérapie, 1997.

_____. 2004. *S'apparaître à l'occasion d'un autre – Etudes pur la psychothérapie.* Bordeaux: L'Exprimerie, 2004.

ROSS, W. 1989. *Aristotelis: De Anima.* 2. ed. Oxford: Oxford Classical Texts, 1989.

RUBIN, Edgar. 1915. *Syncopleoede figurer.* Kobenhavn: Gyldendalske Boghandel, 1915.

_____. 1925. "Die Nichtexistenz der Aufmerksamkeit." *Psychologische Forschung*, 1925.

SIDEKUM, Antônio. 1979. *A intersubjetividade em Martin Buber.* Porto Alegre: EST/UCS, 1979.

SIMANKE, Richard Theisen. 2005. "Nem filósofo, nem antifilósofo: notas sobre o papel das referências filosóficas na construção da psicanálise lacaniana". *Natureza Humana*, v. 7, n. 1, p. 9-58, jan–jun de 2005.

SMUTS, Jan Christian. 1926. *Holism and evolution.* Danton: MacMillan, 1926.

SOKOLOWSKY, Robert. 2004. *Introdução à fenomenologia.* São Paulo: Loyola, 2004.

SPIEGELBERG, Herbert. 1960. *The phenomenological movement.* v. 2. Boston: M. Nijhoff, 1984.

STEIN, Ernildo. 2001. *Compreensão e finitude: estrutura e movimento da interrogação heideggeriana.* Porto Alegre: EdiPUCRS, 2001.

STOEHR, Taylor. 1994. *Here now next: Paul Goodman and the origins of Gestalt-therapy.* São Francisco: Jossey-Bass Publishers, 1994.

TELLEGEN, Thèrese Amelie. 1984. *Gestalt e grupos.* São Paulo: Summus, 1984.

TWARDOVSKI, Kasimir. 1894a. *On the content and object presentations.* Haag: M. Nijhoff, 1977.

_____. 1894b. "Sur la théorie du contenu et de l'objet des representation – une étude Psychologique". In: HUSSERL; TWARDOWSKY. *Sur les objets intentionnels – 1893/1901.* Paris: Librairie Philosophique J.Vrin, 1993.

VON ZUBEN, Newton Aquiles. 1977. "Introdução". In: BUBER, Martin. *Eu e Tu.* 2. ed. São Paulo: Moraes, 1977.

WERTHEIMER, M . 1923. "Untersuchungen zur Lehre von der Gestalt". *Psychologische Forschung*, v. II, n. 4, p. 301-50, 1923.

WUNDT, Wilhelm. 1894. *Human and animal psychology.* Nova York: Macmillan, 1894.

_____. 1904. *Principles of physiological psychology.* Nova York: Macmillan, 1904.

YONTEF, Gary. M. 1979. "Gestalt-therapy: clinical phenomenology". *Gestalt Journal,* Nova York, v. II, n. 1, 1979.

_____. 1981. *Mediocrity or excellence: an identity crisis in Gestalt therapy training.* Michigan: ERIC/CAPS, University of Michigan, 1981.

_____. 1984. "Modes of thinking in Gestalt-therapy". *Gestalt Journal,* Nova York, v. VII, n. 1, 1984.

_____. 1993. *Processo, diálogo e awareness.* São Paulo: Summus, 1998.

ZINKER, J. 1977. *El proceso creativo en la terápia guestáltica.* Buenos Aires: Paidós, 1977.

_____. 1994. *A elegância na psicoterapia.* São Paulo: Summus, 2001.

Sobre os autores

Marcos e Rosane Müller-Granzotto vivem em Florianópolis (SC), onde atuam como gestalt-terapeutas, pesquisadores e professores. Ensinam Fenomenologia e Gestalt-terapia em vários centros de formação em psicologia clínica brasileiros.

Marcos é filósofo e psicólogo clínico, com especial dedicação ao acompanhamento de consulentes que se ajustam psicoticamente. Formou-se em Gestalt-terapia no Instituto Gestalten e doutorou-se em História da Filosofia Contemporânea pela Universidade Federal do Rio de Janeiro (UFRJ). Atua também como professor nos programas de pós-graduação em Filosofia e em Literatura da Universidade Federal de Santa Catarina (UFSC). É autor do livro *Merleau-Ponty acerca da expressão* (EdiPUCRS, 2001).

Rosane é psicóloga, especialista em psicologia clínica e em ontologia, além de mestre em Filosofia pela Universidade Federal de Santa Catarina. Há 25 anos pratica clínica gestáltica e supervisiona gestalt-terapeutas em Santa Catarina. Formou-se no Gestalt Institute San Diego, com o casal Erving e Miriam Polster. É diretora do Instituto Gestalten, o primeiro núcleo formador de psicólogos clínicos com curso de especialização em Gestalt-terapia credenciado pelo Conselho Federal de Psicologia no Brasil.

www.gruposummus.com.br